U0434017

历史与理论

# Écrits sur l'histoire

# 论历史

（上）

〔法〕费尔南·布罗代尔（Fernand Braudel）著
刘北成　周立红　译

北京大学出版社
PEKING UNIVERSITY PRESS

著作权合同登记号 图字 01－2008－2694

图书在版编目(CIP)数据

论历史. 上/（法）费尔南·布罗代尔著；刘北成，周立红译. —北京：北京大学出版社，2021. 5

（历史与理论）

ISBN 978－7－301－32111－9

Ⅰ. ①论… Ⅱ. ①费…②刘…③周… Ⅲ. ①史学理论—文集 Ⅳ. ①K0-53

中国版本图书馆 CIP 数据核字(2021)第 059597 号

*Écrits sur l'histoire*

Fernand Braudel

© 1969, FLAMMARION, Paris

**中文简体版权由北京大学出版社拥有**

| | |
|---|---|
| 书　　名 | 论历史（上）<br>LUN LISHI（SHANG） |
| 著作责任者 | 〔法〕费尔南·布罗代尔（Fernand Braudel）著　刘北成　周立红 译 |
| 责任编辑 | 李学宜 |
| 标准书号 | ISBN 978－7－301－32111－9 |
| 出版发行 | 北京大学出版社 |
| 地　　址 | 北京市海淀区成府路 205 号　100871 |
| 网　　址 | http://www. pup. cn　　新浪微博：@北京大学出版社 |
| 电子信箱 | pkuwsz@ 126. com |
| 电　　话 | 邮购部 010－62752015　发行部 010－62750672　编辑部 010－62752025 |
| 印 刷 者 | 北京中科印刷有限公司 |
| 经 销 者 | 新华书店 |
| | 880 毫米 × 1230 毫米　A5　9. 75 印张　245 千字<br>2021 年 5 月第 1 版　2023 年 6 月第 3 次印刷 |
| 定　　价 | 78. 00 元 |

---

未经许可，不得以任何方式复制或抄袭本书之部分或全部内容。

**版权所有，侵权必究**

举报电话：010－62752024　　电子邮箱：fd@ pup. pku. edu. cn

图书如有印装质量问题，请与出版部联系，电话：010－62756370

# 目　录

## 第三部分　历史学和现时代

# 前　言

选编这部文集并不是我的想法。两三年前,我的波兰朋友,后来加上西班牙朋友,决定将我在过去二十年间发表的有关历史学本质的几篇论文结集翻译。最终就有了这部法文版论文集。假若不是这样的话,我会想到自己出版这样一部文集吗?在阅读了本书的校样后,我这样扪心自问。

与其他人一样,当我聆听自己的讲话录音时,辨认不出自己的声音。当我回顾自己昔日的思想时,我也不敢肯定能否马上就准确地辨认出它们来。逐篇重读这些文章,最重要的是使我回忆起种种往事。我仿佛再次与亨利·布伦瑞克(Henri Brunschwig)在吕贝克集中营大步走来走去——当时我们同陷囹圄;在瓦诺大街乔治·古尔维奇(Geogres Gurvitch)家用餐;更多的是与吕西安·费弗尔(Lucien Febvre)聊天,或者干脆听他谈论,正如那个晚上,在苏日(Souget)——费弗尔在汝拉山(Jura)的寓所,当时天色漆黑一片,我们在花园的雪松下促膝长谈。这些思想汲取自这些众多的回声和记忆——在那里,曾经听到的声音会自动地复活吗?这是我的思想吗?答案是,唯唯否否。自那时起已发生了那么多的事情,到今天又有那么多的新东西在困扰着我。因为我并非一个喜好论战的人,只是专注于我自己的道路、我自己的特殊道路;因为论战和对话这两者都是必不可少的,所以我就在此与自己进行对话和论战,逐渐客观地看待我显然负有责任的文字。正是因为这种情绪,我最近提笔重写《地中海》一书。

毫无疑问,本书没有做任何改写。除了对个别事实细节加以订正之外,所有的文章都以本来面目出现。这样做是合理的,因为我应该站在一定距离之外将它们视为一个整体。我很高兴地看到在它们之间有一种连贯性。我发现有一个固执的想法贯穿全书,即试图看看其他人文科学能给我们历史学这个特殊领域提供些什么启示,以及我们历史学家反过来能向我们的邻居们提供些什么——尽管他们不情愿向我们咨询,甚至对我们的建议不屑一听。这种想法至今还使我将我们的专业与其他如此鲜活的人文学科加以对照。

我已经说过,而且还要坚持再说,我们应该认识到,研究历史的主要途径就是将它视为一个长时段(La longue durée)。这当然不是唯一的途径,但借助它,可以揭示出无论过去的还是现在的所有重大的社会结构问题。它是唯一一种能将历史与现实结合成一个密不可分的整体的语言。或许我还有时间解释我有关这一极重要之见解的立场,有关历史学在我们身边正在形成的当代社会中的位置,以及有关历史学在历史学家所生活的社会扎根的方式。在我们这一行业,最使我着迷的一件事,就是历史学对人类生活所做的解释。这种生活正在我们眼前编织,它对变迁(changement)和传统(tradition)或赞同与缄默,或拒绝,或参与,或放弃。

眼前这部文集并没有囊括所有这些问题。它所能做的仅仅是勾画出它们的一般范围。但是,我无意为了弥补空缺,将我近几年的讲义塞进来,尽管它们探讨了人文科学的交汇(convergence)、统计学的地位和电脑的作用这类问题,也探讨了是否可能与社会心理学、心理分析以及逐渐具有科学特性的政治科学建立融洽关系的问题。我们面临的任务不只是要更新一些部分,而是要在整体上脱胎换骨。

对于重建人文科学来说,最困难之处总是涉及历史学和社会学之间极端重要的关系。社会学将古往今来的世界万象包罗其中。自从乔治·古尔维奇辞世以后,将社会学打碎成许多较小的部分已成为惯例和时髦。这就使我们这些门外汉更加难以把握和接近它。如今哪一位社会学家还会像乔治·古尔维奇那样对“总体社会”(la socété globale)做出解释呢?然而,为了尽可能地将我们自己与其他相近领域研究者的工作结合起来,我们所需要的正是这样一些手段和观念。最近我与几位社会科学领域内的专家进行讨论,其结果又一次使我失望。在讨论中,希瓦(I. Chiva)含笑规劝我以及所有的历史学家去建构我们自己的社会学,因为社会学家没有任何现成的东西可以提供给我们。然后,建构我们的经济学、我们的心理学……这可能吗?

说到此,我担心当谈及“统计历史学”时会有某些错觉或托词,即认为未来的历史学家“要么是电脑程序员,要么不能当历史学家”,这也是顺便挑一下拉杜里的不是。而我感兴趣的是电脑程序员编的程序。此时历史学家应该力求将人文科学汇聚在一起(我们能否借助信息技术为它们建立通用的语言?),而不是仅仅考虑完善他的本行。明天的历史学家要么建立起这种语言,要么就不能当历史学家。

1969年5月16日

于巴黎

# 第一部分

# 历史的时间

# 《地中海与菲利普二世时代的地中海世界》前言(节选)*

本书分为三个部分。每一部分都试图对整体的一个方面做出阐释。

第一部分研究一种几乎静止不动的历史,一种描述人与所处环境之关系的历史;一种缓慢地流动、缓慢地变化的历史,不断往复,不时出现一个个没有终点、一再重新开始的周期。我不想忽视这种历史,几乎处于时间之外,探讨的都是没有生命的事物;我也不满足于像那些传统的历史著作中的地理环境导言那样写这种历史。那些导言徒劳无益地置于很多书的开端,简单地罗列该地的矿藏、耕地和有花植物,以后就再也不提及它们了,似乎以后每年春天鲜花不再开放,似乎畜群在迁徙季节驻足不前,似乎船只不在海面上航行。而这些实际上随着季节的替嬗而变化。

在这种静止不变的历史之上,有一个节奏平缓的历史,如果这种表

* 节选自《地中海与菲利普二世时代的地中海世界》的前言。参见法文版 *La Méditerranée et le Monde méditerranéenà l, époque de Philippe II* (Paris: Armand Colin, 1949; 2d ed., 1966);英文版 *The Mediterranean and the Mediterranean World in the Age of Philip II*, trans. Sian Reynolds, 2 vols., New York: Harper and Row, 1972-1974。

述没有背离其意的话,我愿意称之为社会史(une histoire sociale),一种有关群体和集团的历史。这些潮波是如何激荡起整个地中海的生活呢?这是我在本书第二部分考虑的问题。我逐次考察了经济、国家、社会和文明。最后,为了更清楚地说明我的历史观,我试图揭示所有这些来自深层的力量如何作用于错综复杂的战争舞台。众所周知,战争并不是一个纯粹由个人承担责任的舞台。

最后,第三部分涉及的是传统的历史(l'histoire traditionnelle)。如果我们想要处理的不是人类的历史,而是个人的历史的话,这正是弗朗索瓦·西米昂(Fransois Simiand)所说的“事件的历史”(l'histoire événementielle)。这种历史是表面上的骚动,是潮汐的强烈运动所掀起的浪涛。这是由短暂、急促、紧张不安的波动构成的历史。最轻微的运动,根据定义,也是极端敏感的运动,它能引起这种历史的全部领域颤动。虽然就其性质而言,在各种历史中,它最激动人心、最富有人性,但它也是最危险的。我们应该提防那种依然躁动着激情的历史,正如同时代人踏着同我们一样的短暂生命的节奏而感受、描述、经历的历史。历史中有他们的愤怒、梦想和幻觉。在16世纪,继真正的文艺复兴之后,接踵而来的是穷人的、卑贱者的文艺复兴。这些人都渴望写作,渴望谈论自己和他人。所有这些珍贵的记载不恰当地覆盖了那个逝去的时代,占据不符合实际的空间,而给人以某种歪曲的画面。当一个历史学家阅读菲利普二世的某些文件,并使自己置身于后者的地位和时代时,他会发现,自己被带进一个古怪的世界而迷失了方位。诚然,这是一个激情盎然的世界,但也是一个盲目的世界。任何一个有活力的世界都会如此,我们今天的世界也是这样。我们会忽视历史的潜流——那些活水。而我们的脆弱的木船正在那些活水上打转,就像兰波

(Rimbaud)笔下的醉舟[1]一样。这是一个危险的世界。但是,我们若是预先在图上绘出那些往往没有声息的巨大潜流,便可以祓除它的符咒和妖术。这些潜流的真正意义只有当人们观察到它们在长时间的作用时才会显现。惊天动地的事件常常发生在一瞬间,但它们不过是一些更大的命运的表征。而且只有根据这些命运,事件才能得到解释。

因而我们把历史分为一系列的层次。更确切地说,将历史时间分为地理时间、社会时间和个人时间。或者说,一层一层剖析人的性格。或许,这正是人们最难以宽恕我的地方,尽管我坚持认为传统的划分法也破坏了活生生的历史实体的基本完整性;尽管与兰克(Ranke)和卡尔·布兰迪(Karl Brandi)相反,我认为叙述史学(l' histoire récit)并不是一种方法,尤其不是客观的方法,不过是一种历史哲学;尽管我主张并证明这些层次仅仅是阐释的手段,而且我也在需要的时候从一个层次转到另一个层次。然而,辩护又有何益?虽然人们会批评我拙劣地将本书的诸种部分拼凑到一起,但我还是希望人们会发现这些零件是根据我们历史研究的规则恰当地制造出来的。

我还希望人们不要指责我过大的雄心,即我想海纳百川的愿望和欲求。历史学或许不应该被判罚只能研究院墙高筑的花园。假使那样的话,难道它能完成它现在的一项任务,即回答当前令人忧心忡忡的问题并保持与那些既年轻又傲慢的人文科学的联系吗?1946 年,倘若没有意识到自己的职责和威力的雄心勃勃的历史学,难道当时会有任何一种人道主义吗?埃德蒙·法拉尔(Edmond Faral)于 1942 年写道:"正是对大历史(la grande histoire)的恐惧扼杀了历史。"但愿它能够再生!

---

[1] 诗人兰波著名诗篇中的意象。——译注

# 1950 年历史学的处境*

今天,历史学要承担巨大的但也极具挑战性的责任。也应该如此。因为从历史学的本质和变迁看,它一直依赖于具体的社会条件。“历史学是时代的产物。”因而它的忧虑正是那些重压在我们心头上的忧虑。如果它的方法、计划和那些昨天还似乎十分严谨可靠的答案,即它的所有观念竟然会在顷刻间崩毁,那么,这正与我们的思考、我们的工作,尤其是我们真实的经验所施加的重负有关。过去四十年间的那些经历对我们而言尤其残酷。它们粗暴地将我们抛回到我们的心灵深处,迫使我们考虑全人类的命运,也就是说,考虑最重大的历史问题。这正是一个令我们悲天悯人、历经磨难、深入反思和质疑一切的时代。此外,我们还要问,为什么历史撰述这门脆弱的艺术应该逃避我们当代的普遍危机呢?我们不是正在离开我们一直无暇理解或辨识其利弊、确定性和梦想的世界,或者说,20 世纪早期的世界吗?是的,我们正在告别它,更确切地说,它正在无情地悄悄离开我们。

---

* 本文为 1950 年 12 月 1 日布罗代尔在法兰西公学的就职演讲。

# 一

巨大的灾难或许并不必然产生真正的革命,但是却准确无误地预报革命,使人们感到有必要对宇宙进行思索,更确切地说,是重新思索。法国大革命多年来一直是世界上最富戏剧性的事件,这一革命风暴孕育了圣西门伯爵的思索,然后是他的门徒和敌人奥古斯特·孔德以及蒲鲁东、马克思的思索。这些思索迄今尚未停止折磨人的心灵和理性。再举一个离我们时代较近的小例子:在 1870—1871 年普法战争后的那个冬天,有哪一位旁观者能够比雅各布·布克哈特(Jacob Burckhardt)躲在他所钟爱的巴塞尔大学的围墙里更安全呢?然而他还是感到不安,陈述他的大历史(grande histoire)的愿望折磨着他。在他开授法国革命课程的那个学期,他做出一项后来看来十分正确的预言。他宣称,法国革命仅仅是第一步,是序幕,是一个周期、一个会持续下去的革命世纪的开端。的确,那是一个无尽头的世纪,它在欧洲以及全世界留下血的印迹。在 1871 年至 1914 年间,西方总算有了一个长长的喘息。但是这些相对和平的几乎无忧无虑的岁月使历史学的抱负大打折扣。似乎我们这一行业为了保持警觉状态而对于人类的苦难和明显的不安全有一种持续的要求。

1943 年,我带着某些激动阅读加斯通·鲁普内尔(Gaston Roupnel)的新著《历史与命运》(*Histoire et destin*)。这部卜算未来的著作充满幻想,几乎使人陷入梦境,但对"人类的苦难"充满悲悯。后来,他在给我的信中写道:"我于 1940 年 7 月初动手写(这部书)。当时,在热夫雷-尚贝坦(Gevrey-Chambertin)我所居住的小村庄里,我刚刚目睹了宽大的国家公路上逃难的人流。这些不幸的人,有的坐着汽车,有的乘着马车,有的步行。悲惨的人们,苦难的逃亡之路,还有军队、丢盔卸甲的士兵混杂其中……大恐慌,这就是法兰西!……在我的暮年、在我所有的无可医治的个人不幸上面,又添加了公众的、民族的不幸。”但是,在鲁普内尔的最后思考中,苦恼之风鼓起了历史学之船帆,历史学、伟大而勇敢的历史学再次启碇远航。米什莱(Michelet)再次成为他的上帝。他给我写道:“在我看来,米什莱的天才使整个历史学充满活力。”

我们的时代太富于灾难和革命、戏剧场面和意外事变了。社会现实,人类的基本现实已经以全新的模样揭示给我们。无论我们愿意与否,历史学家这一古老职业正在我们手中无休止地吐绿绽蕾。的确,多大的变化啊!所有的社会象征,或者说所有的象征,包括某些昨天我们会毫不犹豫地为之献身的东西,已经丧失意义。现在问题已不是我们能否生存,而是我们没有这些路标和指路灯能否平静地生存和思索。所有的理性概念都被扭曲,甚至被摧毁。我们这些门外汉无须通晓就可依赖的,迄 19 世纪曾经成为人的避难所和新的理性的科学,无情地日新月异地改变着,以至于呈现出截然不同的面目:它奇异美妙,却不太稳定;它变动不居,又难以接近。我们似乎不再有时间和机会与它重新建立行之有效的对话。所有的社会科学,包括历史学,虽然没有那样引人注目,但同样发生了根本性变化。这是一个新世界,为什么不会有一个新历史学呢?

在此让我们满怀温情地评论一下我们昔日的导师。或许稍有冒犯,但愿能得到宽恕。这里要说的是朗格诺瓦(Charles-Victor Langlois)和瑟诺博司(Charles Seignobos)合著的小册子《史学研究导论》(*Introduction aux édudes historiques*,李思纯译《史学原论》,商务印书馆,1923)。此书是在 1897 年问世的!它对于我们今天已经没有多少影响力了。但在昨天,在很多年里,它是最权威的著作。这一事实本身就足以令人思索。在这本年代久远、满篇皆是原理和小忠告的书中,我们不难发现在这个世纪早期所形成的历史学家的形象。设想有一位艺术家、风景画家,当他面对着树木、房舍、丘陵、阡陌时,他看到的是一片完整的安谧景色。同样,一位历史学家面对着的是过去的现实,但那是被细心验证的、拂去尘埃的、重构的现实。这位风景画家不应遗漏任何事物,无论是灌木,还是烟缕。当然画家本人应该被略去。压制观察者是最高目标,因为现实仿佛是某种令人惊讶但又不应被人吓跑的东西,因为历史仿佛以某种方式存在于我们的重构之外,处于纯粹事实的原始状态,由此也处于由天然的材料组成的状态。观察者就是错误之源,必须受到批评的监督。朗格诺瓦一本正经地写道:"溺水者的自然本能恰恰驱使他尽其所能地溺死自己。因而学习游泳即是养成抑制那些自发的动作而代之以其他动作的习惯。同理,批评态度并非自然的态度,只能学习得之,只有反复地实践才能变为自身的一部分。因而历史学家的最重要的工作是批评的工作,因为倘若一个人不预先抵抗其本能,他肯定会溺死。"

当然,这里丝毫无意反对考订(la critique)历史文献和材料。历史学的精神在根本上是批判的(critique)。但是,正如头脑敏锐的瑟诺博司有两三次力图表达的,这种精神不仅明显地表现为追求精确,更重要的是体现在重构(reconstraction)之中。难道有了这些告诫,就真的足以维持历史学所需要的活力和动力了吗?

自然,假如我们回溯得更远些,假如我们诉诸真正伟大的心灵,我们杰出的前辈古尔诺(Cournot)、保罗·拉孔贝(Paul Lacombe),或者诉诸真正伟大的历史学家,首先是米什莱,其次是兰克、布克哈特、甫斯特尔·德·库朗日(Fustel de Coulanges),这些天才会不准我们如此嘲笑的。然而,或许除了他们之中最伟大的米什莱——他的天才是那么富于启示和远见,其他人提供的答案几乎还是解答不了我们的问题。我们今天的历史学家意识到我们属于另一个时代,从事着另一种理智的探险。首先,我们的职业似乎对于我们来说不再是宁静、可靠的事业,不会自动地给予艰苦劳作和耐心以公平的奖赏。它不再给我们那种占有周围全部历史——只要我们有勇气献身,它就会屈服于我们——的安全感。确实,对于我们,没有比青年兰克在1817年的话更不可思议的了。他在对歌德进行激烈的指责时,兴奋地谈论"历史学的坚实基础"。

## 二

试图用几句话来讲述在我们的研究领域里有什么变化,特别是变化如何发生,为什么发生,一起头就注定是一个艰难的任务。因为需要我们提供许多具体的细节。阿尔伯特·蒂博代(Albert Thibaudet)主张,真正的动荡在智力方面总是很简单。那么这种简明的细小事实,这种有效的更新处于什么地方?当然,不可能在早已料到的历史哲学的衰落中找到——甚至在20世纪初以前,已经没有人再接受它的野心和草率的结论了。也不能在勉强形成的历史-科学(histoire-science)的衰落中找到。人们曾说:没有预言的能力,便没有科学;科学要么必须是能预言的,要么什么都不是。今天我们可以说,没有一门社会科学,包括历史学,是能预言的,因而按照旧的游戏规则,没有一门社会科学有资格索求高尚的科学头衔。此外,需要指出,没有一门科学不具有历史延续性,而这一点正是社会学家们(但不是所有历史学家)激烈质疑之处。但是有关科学这个模糊的字眼和围绕由此衍生的人为问题,争论的要点究竟是什么?我们也可以去参与更古典的但也更无益的有关历史学客观性和主观性的争论。而只要哲学家们——或许是受着习惯力量的驱使——喜欢在此兜圈子,只要他们缺乏勇气问自己,是否那些现实中最辉煌的科学并非同时既是客观又是主观的,我们就永远不会摆脱这个争论。我们这些毫不费力地就不相信这种对立的必然性的人将会很高兴地摆脱我们通常关于这个争论的方法问题的讨论。在画家与绘画之间的关系中,甚至我要冒昧地说,在绘画与风景之间的关系中,并未发现历史学中的这个问题。这个问题只存在于原野中,存在于生活中。

在我们看来,历史同生活本身一样是一个转瞬即逝的景象。它总是在运动,编织出难解难分的问题网络,而且能够依次呈现出千百种纷繁矛盾的外表。人们怎样才能对付如此复杂的活生生的实体,并且分解它,以便把握它,至少把握它的某些部分呢?在这方面,已经有过很多尝试,它们提前打消了我们的积极性。

因而,我们不再相信用这种或那种决定因素对历史的解释。不存在片面的历史。没有一件事物具有绝对的统治地位:无论是种族之间的冲突——他们的冲突和和解曾被视为塑造了整个人类的过去;或是导致进步或毁灭的强有力的经济节奏;或是经常的社会紧张关系;或是弥漫人世的唯灵论——兰克等人视之为个人的以及全部浩繁历史的升华;或是技术统治;或是人口膨胀——这种平静的膨胀最终给集体生活带来各种后果。但人类要比这复杂得多。

不过这些将繁复归结为简单或近于简单的尝试意味着我们的历史研究一个多世纪以来变得空前地丰富了。它们使我们沿着超越个人与特殊事件的道路逐渐地前进了。这种超越长期以来被预见、被预示、被隐约看见,但只是在我们时代才充分实现。这一点或许就是包含和概括了所有变化的决定性步骤。尽管如此,我们并不想否认事件的现实性和个人的作用。那样做就太幼稚了。但必须指出,在历史中,个人往往只是一个抽象的存在。在活生生的世界里,并不存在完全囿于自我的个人;所有的个人活动都植根于更复杂的现实之中,社会的现实如社会学所说,是"盘综错节的"现实(une réalité"entrecroisée")。问题不在于用个人遭到偶然性的侵袭来否认个人,而是用某种方式来超越他,识别他与独立于他的力量,反对将历史武断地归结为过分微妙的英雄的作用。我们不相信这种对于半人半神的崇拜,更直截了当地说,我们反对特赖奇克(Treitschke)傲慢而片面的宣言:"人造就历史。"不,历史也造就人,规范他们的命运——这是不以某个人命名的历史;它在深层处起作用,而且通常是默默地起作用;它的领域实际上广袤而不确定,但这正是我们现在应该加以探讨的。

生活,世界历史,以及所有的局部的历史,呈现给我们的是一系列的事件,换言之,是一系列短暂的戏剧性场面。而一场战役,一次政治家之间的冲突,一场重要的演讲,一次关键的通信,都是历史中的瞬间。在此我想起在巴伊亚(Bahia,巴西地名)附近的一个晚上,当时我入迷地看着萤火虫的"灯火表演"。它们微弱的磷光发亮,熄灭,再发亮,但并没有发出任何真正的光明来刺破黑夜。事件也是如此。在它们的光辉之外,黑暗依然笼罩着。还有一件往事能够更简明地说明我的论点。大约二十年前,美国有一部提前预告了很久的影片引起前所未有的轰动。据说它是第一部不折不扣地真实表现这场很不幸地成为第一次世界大战的战争的影片。在一个多小时里,我们重温了那场正规的冲突,参加了五十次军事检阅,英国国王乔治五世、比利时国王、意大利国王、德国皇帝或我们自己的总统雷蒙·普恩加莱(Raymond Poincaré)曾亲临阅兵式。我们有幸站在重大的军事和外交会议的出口,观看那些被遗忘的显赫人物鱼贯而出。胶卷由于年代久远而急促跳动,人们的动作如同幽灵而失真。至于真正的战争,是用三四个特技和几下拙劣的爆炸来描绘的,只是背景而已。

无疑,如同其他用于教诲的例子一样,这个例子讲得过分了些。不过,毕竟应该承认,那些编年史、传统历史以及兰克非常珍视的叙述史,提供给我们的有关过去和人们繁忙活动的图像往往正是如此地贫乏。是一缕光线而非光明,是一些事实而非人性。请注意,叙述的历史总是自命不凡地叙述"事物,恰如其实际所发生的"。兰克在做如此声明时是深信不疑的。然而,叙述的历史实际上以其特有的隐秘方式成为一种解释、一种真正的历史哲学。在叙述史学家看来,人们的生活屈从于戏剧性的偶然事件和那些偶然出现的特殊人物的行为。那些特殊人物常常不仅是他们自己命运的主宰,而且更是我们命运的主宰。因而,当他们谈及"一般历史"(histoire générale)时,他们真正想的是这类特殊命运之间的交织。因为,很显然,每位英雄只会与其他英雄相较量。我们都知道,这是虚妄的谬见。或更公道地说,这是一种过于狭隘的世界观。这个世界由于长久地被探究和回忆而为人熟知。在这个世界里,历史学家能够享受与君王们频繁交往的喜悦。而且,这个世界脱离了它的背景。在那里人们最后会相信历史不过是一种单调的游戏,总是不同,但又总是相似,如同有无数种组合的象棋游戏。这种游戏质疑那些在万物永恒而又无情的循环支配下永远相似的局势和相同的情感。

我们的任务正是超越历史学的第一个界限。探讨社会现实必须依其自身并为其自身。所谓社会现实,我是指集体生活、经济、制度、社会结构,简言之,各种文明的一切主要形式,现实的一切方面。先前的历史学家并未完全忽略这些方面。但除了少数杰出者外,他们都几乎总是将这些视为彩画幕布,只是用于解释或者似乎试图解释历史学家所志得意满地关注的特殊人物的行为。

这样必然产生了不可胜数的观点错误和推理错误。因为他们试图加以调和并塞入同一架构的,实际上是既无相同的时段又无相同方向的运动。其中某些属于人的时间,我们短暂生命的时间。另一些则参与社会时间,对于它们,一日一年没有重大意义,有时整个世纪也不过是片刻而已。不过,我们自然应该懂得,社会时间并非平均地流逝,而是有着不可胜数的各不相同的步调,时快时慢。它们几乎与编年史或传统历史的逐日计算的节奏毫无关联。我相信那种步调异常缓慢的各种文明的历史、文明深层的历史、文明结构与布局特征的历史的实在性。当然,任何文明最珍贵的繁荣期都是会完结的。它们会如火如荼,然后归于灭寂,以后再以其他形式兴盛起来。但是这些中断比人们所预期的更罕见,间隔也长得多。而且,甚至更重要的是,这些中断并没有摧毁一切。我的意思是,在一个特定文明的范围里,能够几乎完全更新社会内容,同时不触及将这一文明与毗邻文明明显区分开的根深蒂固的结构特征。

此外,有一种比文明史更缓慢的,几乎原地不动的历史。这就是人类与养育人类之地球的亲密关系的历史。这是一种无休止地自我重复的对话。它只有自我重复才得以延续。它在表面上可能并且的确有某些变化,但是它故步自封,仿佛由于某种原因而免于时间的触及和蹂躏。

## 三

假若我没说错的话,今天的历史学家开始意识到一种崭新的历史,一种沉重的历史。它的时间不能用我们早已确定的任何一种手段来度量。它也不是那种历史学家能够轻易发现的历史。事实上,任何一种历史都要求相应的渊博学识。我是否可以说,所有那些研究经济命运、社会结构以及文明的各种问题(往往是细枝末节)的人都会发现,他们面临的研究任务使 18 和 19 世纪最博学最著名的学者的劳动显得极其容易?为了获得一种新的历史,必须研究能回答这些新问题的浩繁的文献。实际上,我绝不相信,历史学家的传统工艺能与我们现在的抱负相提并论。由于这种新的历史所体现的危险和解决它时将遇到的困难,除非我们以团队形式合作,否则毫无希望。

全部过去都需要重构。即便我们想研究这些共同生活的最简单的情况,诸如一个特殊局势的短期的经济节奏,也会有无穷的任务冒出来,需要我们予以关注。譬如,考察 1580—1585 年间导致佛罗伦萨明显危机的那次相当严重的经济衰退。这次衰退来得很快,去得也很快。对佛罗伦萨内部及周围地区的研究依据如下一些可靠迹象提供了有关证据:如当时佛罗伦萨商人离开法国和高地德国而回国,更重要的是,有些商人卖掉他们的船只以便在托斯卡纳(Toscane)购买土地。然而,对于这次乍看起来相当明晰的危机,应该予以更仔细的诊断,应该借助连贯的价格系列来科学地加以确定。虽然这还是一项区域性的工作,但直接引出一个问题,即这次危机是否是托斯卡纳特有的,或者,它实际上是否为一场普遍的危机。很快,我们就会发现它在威尼斯(Venise)的踪迹,而且不难发现它在费拉拉(Ferrare)的踪迹。能感受到它突然攻击的最远的地方是哪里吗?不知道它的准确范围,我们就不能确定它的性质。那么,这不就意味着历史学家必须研究欧洲所有档案室的档案卷宗,搜寻出学者们通常忽略的价格系列吗?这是一次无止境的探险!而这整个任务是他回避不了的。极而言之,假若有位对中国和印度有兴趣的历史学家相信在 16 世纪远东支配着贵金属的流通,因而支配着全世界经济生活的节奏,他会马上指出,远东的胡椒和香料贸易有些不稳定的年代,其时间几乎完全与佛罗伦萨的困难年代相吻合。这种贸易从脆弱的葡萄牙人手里滑脱,被在印度洋和巽他海峡长期客居的狡猾的摩尔商人攫取,然后又落入印度的商旅之手,最后转到高地亚洲和中国。即便探索这样一个简单的题目,也会使我们周游世界。

关于这一时期,我本人与一些年轻的历史学家关心的是对 16 世纪总体局势的研究。我希望不久我能向你们谈谈这个题目。是否需要向你们说明,在处理这样一个题目时,我们需要关注整个世界?16 世纪的局势不仅包括威尼斯、里斯本、安特卫普、塞维利亚、里昂和米兰,而且包括波罗的海的复杂经济体、地中海的古老节奏、大西洋和伊比利亚人控制的太平洋(le pacifique des Ibériques)的主要水流、中国的平底帆船,以及甚至今天我所忽略的东西。此外,16 世纪的局势也是前继 15 世纪、后启 17 世纪的。构成这一局势的不仅有价格的全面运动,而且有这些价格的多样性和它们彼此的比较——一些比另一些上涨了多少。无疑,很可能是葡萄酒和不动产的价格领导着所有其他价格有规律地变化。这看来能够解释土地吸收,即吸引和固化暴发户的财富的情况。这里实质上也包含着一部完整的社会剧。它还能够解释那个受葡萄酒及其产业支配的侵略性文明:价格向它发布命令,于是船队就扩大,那些船只载着大桶从塞维利亚、葡萄牙海岸或吉伦特(Gironde)驶向北方。小篷马车(carretoni)的车队也是这样扩大的,它们每年通过布伦纳(Brenner)山口将新酿的弗留利和威尼斯葡萄酒运往德国——这些混浊的葡萄酒味道馥郁,蒙田(Montaigne)也会就地痛饮一番的。

甚至技术发展的历史,技术简史提供的画面也非常广阔,提出的问题也非常浩繁。(暂且不说那些经常被打断的、不确定的和注重细节的研究,因为我们手里的线索经常中断,更确切地说,我们所检验的文献时有遗漏。) 在 16 世纪,地中海,整个地中海是一系列戏剧性技术发展的场所。正是在那个时候大炮被安装在战船的狭长甲板上,虽然这只是逐渐发生的事。正是在那个时候这些诀窍使战船进入尼罗河上游沿岸的国家,进入近东的腹地。而每一次都带来可怕的后果……在当时另一出更无声的戏剧里,船艇的吨位奇异地慢慢下降。船体变得日益小而轻。威尼斯和拉古萨(Raguse)是大货船的出产地,那里的货船装载上千吨重的货物。它们是海上漂浮的庞然大物。然而,在一个短时间里,人们可以处处见到希腊的、普罗旺斯的、马赛的和北欧的小型帆船对于那些海上巨人的胜利。在马赛,是单桅帆船、双桅帆船和最小的三桅帆船的天下。人们得心应手地驾着小舟。它们很少能载重百吨。但是在需要的时候,这些袖珍船舶会证明它们的价值。最轻微的风就足以推动它们。它们可以驶入任何港口。它们可以在几天,甚至几小时内装载完货物,而拉古萨的大船装货需要几个星期,甚至几个月。

有一艘拉古萨的大船偶然截获了马赛的一只小艇,夺取了货物,并且将所有的船员抛进水中。所有与之竞争的船舶顷刻间销声匿迹了。大船与小船之间的整个海上斗争由此一举决定了胜负。但绝不能认为,这种斗争仅局限于地中海。在全部七个大洋,大船和小船彼此竞争,相互摧毁。大西洋上的斗争是当时规模最大的。伊比利亚人会入侵英格兰吗?这是在无敌船队存在之前、之时和之后最重要的问题。北欧人则劫掠伊比利亚半岛,于是便有征伐加地斯(Cadix)之举;他们还劫掠伊比利亚帝国,德雷克(Drake)、卡文迪什(Cavendish)以及许多其他人因此扬名。英国人控制着英吉利海峡,伊比利亚人则控制着直布罗陀。哪一项霸权最为有利呢?更具有决定性的问题依然是,是谁战胜了千吨重的葡萄牙和西班牙的武装商船与一两百吨,甚至不超过五十吨的北方小帆船？这个斗争常常是力量悬殊的。正如当时的版画所显示的，一艘伊比利亚大船被一群小人国的小船团团围住。这些小船骚扰着大船，使它遍体伤痕。它们一旦俘获了它，就夺取黄金、宝石和香料，然后放火焚烧掉这无用的庞然大物。但是，过去简单的概括能够说出这件事的奥秘吗？譬如，伊比利亚人的抵抗之所以持久，是因为如热那亚人所说，西班牙武装商船队承蒙上帝的指引坚持航行，几乎丝毫无损，而且它们抵达安的列斯群岛后满载白银而归；还因为新世界的矿产资源依然掌握在伊比利亚人手里。船舶的历史并不单纯是自身的历史，必须将它置于由那些围绕着和支撑着它的其他历史所构成的背景之中。因此，即便真理没有拒绝现身，也是又一次从我们眼前逃走了。

我再重复一遍，在我们积极地进行研究时，任何一个问题都变得越来越复杂；范围扩大了，深度增加了，新的工作领域层出不穷。16 世纪的帝国的使命是我今年将要向你们讲的题目，到那时，我还会有机会提到这点。帝国的使命，正如你们会猜想到的，并不单单属于 16 世纪。任何问题从来不会局限于单一的框架里。

现在我们离开经济领域、技术领域，转到文明的领域。要是我们能够留意那些隐伏的，几乎难以察觉的裂纹（它们在一两个世纪内才会变成深深的裂缝，而人类的全部生活和道德在此前后发生了变化），要是我们能够留意那些令人惊异的内部革命，那么随着强度增加，视域拓宽，并变得复杂起来，整个画面就慢慢变得清晰可辨了。一位年轻的意大利历史学家经过仔细研究，发现死亡观念和对死亡的描绘在 15 世纪中叶前后完全改变了。一道深深的裂缝出现了。过去死亡被视为一扇大开的门，整个人包括他的灵魂和几乎全部躯体都能通过它而无须事先蜷缩起来。现在这种平静的、走向来世的神圣死亡开始被人世间的死亡这种理性的最初迹象所取代。我对这场引人入胜的争辩总结得还不到位。但是,新的死亡的真正面貌是逐渐揭示出来的。它最初,或者说,似乎很早以前出现在莱茵河地区那些错综复杂的国家(les complexes pays rhénans)。这项研究就是沿着上述思想展开的。它使我们接触到了这种沉默而又专横的文明史。这样,我们就超出了通常的宗教改革的舞台,通过小心谨慎和耐心的研究来摸索我们的道路。我们必须去读那些祈祷书和遗嘱,去搜集附有肖像插图的文献,到诸如威尼斯那样精心保存档案的城镇去查阅反亵渎宗教法庭(Inquisitori contva Bestemmie)的文件,即那些有关道德约束的"黑色档案"。这些文件现在所具有的价值是永不失效的。

但是,你们知道,仅仅做这种必要的无休止的新资料搜寻工作是不够的,还必须依据一定的方法来仔细研究所有这些资料。无疑,这些方法,至少是其中某些方法可能每天都在发生变化。每隔十年或二十年,我们经济学和统计学的方法都失去了它们的价值,我们可能引起争议的成果都被抛弃。我们从研究工作的近期命运看到的正是这种情况。这些信息、这些资料都必须拿过来,依据人类本身加以重新考虑。我们必须尽可能地超越所有的细节去重新发现生活本身:生活中的种种力量是怎样结合的,它们是怎样交织和冲突的,它们的急流经常是怎样汇合的。必须在历史的总架构中重新捕获、重新安置一切。因为不论有什么根本的困难、对立和矛盾,我们都应该尊重历史的统一——它也是生活的统一。

你们会说,这项任务过于巨大了。我们专业中的困难始终是引人注目的。我们不想以任何方式否认这些困难。但是,我们的专业至少有着无可替代的优越性。我们不是能够在对历史局势做最初的研究时便察觉到何种特征对于未来发展有决定意义吗?在相互竞争的各种力量中,我们知道谁将取胜。我们能预先分辨出何者是“将会结出果实”的重大事件,未来最终属于谁。这是多么巨大的特权！我们现在的生活混杂着各种各样的事物。有谁能同样有把握地将其中持久的事物与短暂的现象区分开来？而现在,进行这种区分就是社会科学的研究的中心,知识的中心,人类命运的中心。它关系到人类最重大的问题。作为历史学家,我们不难加入这方面的讨论。譬如,谁能否认社会学家正在讨论的、关于我们社会命运的连续与间断这一重大问题首先是一个历史问题？如果说人类的命运有大的断裂,而且人们从来对任何事情都要在发生后的翌日重新加以研究,而事情发生当天的手段或思想都不再适用,那么这些断裂现象正是需要历史学加以解决的一个问题。在人类生活的各个不同时代之间是否存在某种罕见的、暂时的巧合呢？这是我们必须回答的一个重大问题。任何演进,无论多么缓慢,总有一天会大功告成的,而真正发生革命性变化的时期也就是事物臻于繁盛的时期。

## 四

历史学一直被生活本身带到潜伏着危险的海滩,正如我以前所说的,生活就是我们的学校。但是历史学并非独自出席生活的课堂,独自将其所理解的课程的结果描绘下来。事实上,历史学首先要借助于尚且年轻的人文科学的进步,后者对于当前的局势更为敏感。在过去五十年间,我们目睹了一系列傲慢的人文科学的诞生、复兴和发展,而且它们的进展每一次都先使我们历史学家惊愕、困惑,然后则大大地丰富了我们。历史学或许是这些新近成果的最大的受惠者。

有必要详细谈谈历史学是如何获益于地理学或政治经济学甚或社

会学的吗？与历史学有关的，影响极大的著作之一，也许是最有影响的著作，无疑一直是接受过历史学家的训练而以地理学为业的维达尔·德·拉·白兰士（Vidal de la Blache）的著作。我愿意直率地宣布，恰在埃内斯特·拉维斯（Ernest Lavisse）的法国史问世之前，于 1903 年出版的《法国地理图表》（*Tableau de la géographie de la France*）不仅是地理学派的巨著，而且是法国历史学派的巨著。同样，可以用一两句话来说明历史学在多大程度上受益于弗朗索瓦·西米昂的杰出工作。他由哲学家转为经济学家。很遗憾，他的声音在法兰西公学里稍纵即逝。他关于人们物质生活中的危机和节奏的种种发现促成了埃内斯特·拉布鲁斯（Ernest Labrousse）光彩夺目的著作。后者的研究成果，无疑是过去二十年内对于历史学最有创造性的贡献。再看看文明史能从马塞尔·莫斯（Marcel Mauss）的教诲中获得些什么。莫斯是法兰西学院的一个真正的荣耀人物。他教授给我们历史学家研究文明之间的交流以及文明衰落的技巧，并在最基本的现实中理解这些文明，而冲破往日那种膜拜任何昙花一现的名人的长期自我陶醉的历史学的樊篱——有谁能比他做得更好？最后，就我个人而言，我需要指出，乔治·古尔维奇的社会学，他的著作，特别是他那令人着迷的谈话鼓励我思考并给我指明新的方向。

这里无须举出大量的例子来说明，最近几年，历史学如何从邻近学科获益而变得丰富起来。它已经利用这些收获使自己焕然一新。

不过，历史学家由于他们所受过的训练以及有时是自己偏爱的限制，依然需要接受一些忠告。经常有这种情况，即整整一代人由于根深蒂固的传统的影响，会无动于衷地跨越一个有益的知识革命时期。幸运的是，也会有而且几乎总是有另一种情况，即某些人比其他人更敏锐,更能察觉到在他们的时代里冒出的新思想溪流。很显然,吕西安·费弗尔和马克·布洛赫于1929年在斯特拉斯堡创办《经济和社会史年鉴》(*Annales d' histoire économique et sociale*)对于法国历史学是一个决定性的时刻。我希望能允许我以适当的赞赏和感激的态度来谈论这一刊物,因为它已经有了累积二十年的艰苦工作和成功的财富,而我只是坐享其成的一个后来者。

在今天,强调并使人们相信这一运动最初就具有生机勃勃的独创性,最容易不过了。吕西安·费弗尔在他主编的这份刊物诞生之初写道:“当历史学家将他们经过考验的好方法应用到过去的文献的时候,越来越多的人正在投入对于当代社会和经济的研究,虽然有时不免有些狂热……当然,最好不过的是,每一位学者在从事他自己的正规专业、忙于开垦他自己的花园时,也应该努力注意邻人的工作。但是,往往由于院墙太高而被挡住了视线。倘若这些不同团体之间的智力交流更频繁一些,那么将会有多么丰富的关于方法和关于对事实解释的珍贵建议,将会有怎样的文化成果,将会在直觉上迈出怎样的一步!历史学的前途……就取决于这一点,对于明日将成为历史的事实的公正理解也取决于这一点。我们打算抗议的正是这种可怕的分裂。”

今天我愿意再次强调这些话。这些话虽然没有完全说服每一位历史学家,但是,不管愿意与否,事实上它对整个较年轻的一代发生了影响。这里说“不管愿意与否”,是因为《年鉴》如同其他任何强大的事物一样,一直既受到狂热的欢迎,也招致固执的反感。但是,它毕竟过去具备而且现在还具备历史学的逻辑和事实证据,以及居于研究工作的最前列的无可比拟的殊荣,尽管那种研究充满冒险。

面对在座的历史学家,我无须在此讲述这个长期而复杂的斗争故事。我也无须提及我的杰出前辈的工作是如何丰富多样和重要。诸位都熟知吕西安·费弗尔的《菲利普二世和弗朗什-孔泰地区》(*Philippe II et la Franche-Comté*)、《大地与人类演进》(*La Terre et l'évolution humaine*)、《莱茵河》(*Le Rhin*)、《路德》(*Luther*),他的名著《拉伯雷与16世纪的不信教》(*Rabelais et l'incroyance religieuse au XVIe siècle*),以及精巧之作《纳瓦尔的玛格丽特》(*Marguerite de Navarre*)。另一方面,我愿意强调指出的是,他不可胜数的文章和信函无疑是他对于他的时代的思想和论战所做的才智上的和人文上的主要贡献。在这些文章和信函里,他无拘无束地谈论各种题目、各种论文和各种观点。他津津乐道他的发现,并喜欢与人分享他的发现。这样,他的发现让任何曾经确实接近他的人都不能无动于衷。还不曾有人可以指出由他慷慨提供并广泛传播的思想种子的准确数目。而且我们也一直没能跟上他敏捷的思想去到处漫游。

无疑,除他之外,不曾有人能够在历史学与邻近社会科学之间的冲突和协调中为我们确定航线。不曾有人比他更适合来恢复我们对我们专业及其功效的信心。"体验历史"(Vivre l'histoire)是他的一篇文章的标题。这是个极好的标题,也是一个计划。历史学对于他从来不是一种不结果实的博学的游戏,一种为艺术的艺术,一种自足的学问,而是凭借一个珍贵的、精微的、复杂的坐标——时间——来解释人和社会。时间坐标,这是唯有我们历史学家才懂得如何把握的。没有它,无论过去还是现在的社会和个人都不能恢复生活的面貌和热情。

吕西安·费弗尔不仅对于整体、对人类生活所有方面的总体历史具有特殊的敏感,对历史学新的可能性洞若观火,而且他既能用一个人文主义者的高雅文化去感受,又能生动地表述在任何个人精神探险中的独特之处。这对于法国历史学来说,无疑是天助神佑。

我们大家都知道社会史有哪些危险,特别是在注视人类生活的深层运动时,会忘记了一个个与生活和命运搏斗的人,忘记(或许否认)每个个人具有的不能替代的东西。对有时指派在某些杰出人物身上的在创造历史方面的巨大角色提出挑战,绝不意味着否认个人作为个体的伟大以及一个人对他人命运的关注。

我刚才说过,在我们看来,人们(即便是最伟大的人们)似乎并不像我们史学前辈所想的那样自由,但是他们对于生活的兴趣绝没有因此而减弱,情况完全相反。困难并不在于在原则层次上调和对个人史和对社会史的不同需求,而在于同时保持对于二者的敏感,当对其中之一燃起热情时,并不轻视另一个。事实上,法国历史学在吕西安·费弗尔投身其中的集体命运的道路上前行时,一刻也没停止过对那些精神巅峰的关注。吕西安·费弗尔对路德、拉伯雷、米什莱、蒲鲁东和司汤达充满执着的热情。他从未舍弃过与这些真正的伟人们同行。这是他的一个独创性。我现在特别想到的是他最卓越的著作《路德》。我猜想,在这本书里,他曾自己设想面对着一个真正自由地支配自己命运和历史命运的人。如果此言不谬的话,这也只是在他叛逆的、富有创造力的生涯的早年,在德国的命运和他的时代的命运无情地堵塞了他的通路以前。

我不相信这种对于杰出人物的强烈兴趣会给吕西安·费弗尔带来一些矛盾。对于他,历史学依然是一项具有惊人的开放性的事业。他一直设法抗拒把他所有的新财富捆束在一起的追求完善的自发愿望。因为建构某种东西肯定总是要限制自身。难道不是这样吗?因而,这就是为什么(假若我没搞错的话)我们这一代所有伟大的历史学家,最伟大的因而也是最具有个性的人,在他思想的光照和冲击下感到自在。我无须强调马克·布洛赫、乔治·勒费弗尔(Georges Lefebvre)、马歇尔·巴塔隆(Marcel Bataillon)、埃内斯特·拉布鲁斯、安德烈·皮加尼奥尔(André Piganiol)和奥古斯丁·雷诺德(Augustin Renaudet)等人主要著作间的差异。二十年前他们会毫不费力地使自己去适应那种模糊地预感到的,然后又被有意识地提倡的历史学,这不是令人惊奇的事吗?

或许正是这种众多的可能性使法国历史学派具有现在的实力。法国学派?一个法国人勉强敢说出这个词,他发出这个词的音,但突然意识到内部如此多的纷争,以至于对是否重复这个词而犹豫不决。不过,从国外看,我们的形势显得并不那么复杂。一位年轻的英国教授最近写道:"如果会有一种新的启示进入我们历史学工作的话,那么它最可能来自法国:在当前这个世纪,法国看来应该承担德国在上个世纪扮演过的角色。"毋庸赘言,这样的评价对于我们不正是鼓舞和自豪的源泉吗?而且,它还使我们感到我们承担着非同一般的责任,同时也为与这种责任不相称而焦虑。

这种焦虑感看来几乎是有点偶然地出现在我演讲快结束的时候。但实际上,你们一定知道,早在我说出之前,它一直跟随着我。当一个人要在你们中间占据一席之地时,他怎么会不感到焦虑呢?幸好,我们可以求助于传统。至少有三种可行的躲避办法。首先是照本宣科,读讲稿。我向你们保证,这是我平生第一次屈就这种做法。这还不足以说明我的局促不安吗?其次,躲避在一套程序后面,用其最宝贵的观念做掩护,尽管这道屏风并不能遮掩多少。最后,回想所获得过的友谊和同情,这样就会感到不那么孤独。我怀着感激之情回忆起这些友谊和同情:我在十五年前进入法国高等研究实践学院,在那里获得同事们的积极支持;尤其是索邦大学研究历史的同事们,老一辈学人和同时代的学人,他们对我一直都很友善。正是他们的友善,使我在索邦结识了一批年轻的学生。还有一些亲爱的朋友也来了,他们也很照顾我。

我能到这所机构来,是由于奥古斯丁·雷诺德和马歇尔·巴塔隆的盛情好意。无疑,这是由于尽管我有很多不足,但我属于为数不多的研究16世纪的学者,还由于我衷心喜爱并将继续喜爱奥古斯丁·雷诺德所研究的意大利和马歇尔·巴塔隆所研究的西班牙。他们并不因为我研究的是16世纪的衰落期而苛求我:菲利普二世的西班牙绝不是伊拉斯谟的西班牙,而提香(Titian)和卡拉瓦乔(Caravaggio)的意大利绝没有"豪华者"洛伦佐和米开朗琪罗所照亮的佛罗伦萨的那种令人难忘的辉煌。前者是16世纪的黄昏啊!吕西安·费弗尔曾谈到1560年以后出生的那些迟到的不幸的人们。的确,他们是不幸的。他们经历了种种打击、种种意外以及其他人或命运所策划的种种背叛。他们尝尽了种种辛酸,经历了一场场徒劳的叛乱。在他们周围和他们中间有着怎样无法平息的战争啊!这些不幸的人们与我们如同难兄难弟!

多谢你们,我亲爱的同事们,将1933年恢复起来的近代文明史讲座保留了下来,并且让确保它延续的荣誉落到了我身上。这是一份非常沉重的荣誉。友情、同情、善意或是对这一任务的热情——凭良心而不虚伪地说,使我们不担心接替一个人的使命。就是今天,这一巨大的任务也须依赖这个人才能完成,我在他著作的页边处,在他不知疲倦的思想的烙印里思考着这一任务的具体内涵。他就是我们伟大的、亲爱的吕西安·费弗尔。对于法兰西公学更为荣耀的一件事是,正是他在此让人们多年后重又听到了儒勒·米什莱的声音,人们才有可能相信这一声音永远不会沉寂。

# 第二部分

# 历史学和其他人文科学

# 历史学和社会科学：长时段*

人文科学有一个普遍的危机，即它们都被自己的进步搞得不知所措。究其原因，至少一方面是由于新知识层出不穷，另一方面则由于虽然有合作的需要，这一合作的智力组织还有待开创。无论情愿与否，在人文科学之中，没有一门学科能够不受其他更活跃的学科的进步的影响，无论这种影响是直接的还是间接的。但是，它们仍旧与一种倒退的、狡诈的，再也不能给它们充当架构的人文主义较量着。古老的和新近的研究必然要汇聚在一起，这一点可以说人们今天已猜到了。因此，所有的学科都不同程度地敏锐地关注着自己在整个庞大聚合体中的位置。

多做些定义，多发些脾气，人文科学就能解决这些困难吗？无疑，各个人文学科看来正是这样想的。今天它们正在比以往更为繁忙地阐释它们各自的目标、方法和优越性——这样做既不冒风险，也不费力。它们争先恐后地为边界线进行诡辩。而那些边界线有的把它们区分开来，有的并没区分开它们，有的在它们和科学学科的邻居之间并没划出合适的界线。实际上，它们每一个都死抱着留在或回到自己家里的梦

---

* 原载《年鉴：经济、社会和文明》（*Annales E. S. C.*），第4期（1958年），“争论与战斗”（Débats et combats），第725—753页。

想。只有少数孤零零的学者设法将它们结合在一起。列维-斯特劳斯(Claude Lévi-Strauss)[1]力求使“结构”人类学靠近语言学的程序、“无意识”历史学的领域和年少气盛的“定性”数学(mathématiques qualitatives)。他倾向于一种能够将人类学、政治经济学、语言学等等结合起来的、名为交流科学(science de la communication,又译传播科学)的科学。但是,实际上,有谁准备这样跨越边界,这样重新组合呢?地理学还是动不动就想脱离历史学呢。

不过,说句公道话,那些争执和拒绝也有某种意义。在其他学科面前证实自己的存在的愿望是获取新知识所必不可少的基础:拒绝某个人意味着已经认识他。而且,虽然没有明确的表白,但各门社会科学都在彼此强加于人,每一学科都试图借口自己具有“完备性”来涵盖整个社会。每一学科都侵犯它的邻人,但又始终相信它还在自己的领域里。经济学发现社会学正在包围它。历史学可能是所有的人文科学中建构最差的。它吸收许多邻人所获悉的各种教益,然后又努力使它们产生反响。这样,尽管有人有所保留,有人反对,还有人不闻不问、自得其乐,但是“共同市场”的各种出发点已在筹划之中。今后几年,这种“共同市场”很值得一试,即便各个学科或许有时更乐于重新采用自己特有的某种方法。

不过,目前最重要的还是首先聚集在一起。在美国,这种聚集采用对于现代世界不同地区的文化进行集体研究的形式。这种“区域研究”最重要的是由一组社会科学家对当代政治巨灵(monstres poli-

---

〔1〕 列维-斯特劳斯:《结构人类学》(Claude Levi-Strauss, *Structural Anthropology*, Trans. Claire Jacobson and Brooke Grundfest Schoepf, London: Allen Lane, the Penguin Press, 1968, 1:300 and passim)。

tiques)——中国、印度、苏联、拉丁美洲和美国——所做的研究。理解这些政治巨灵是关系到人类生死存亡的大问题！但重要的是，在交流方法和知识时，每一位参加者不应再埋头于个人具体的研究工作，像以前那样对其他人的所说、所写、所想不闻不问。同样重要的是，这种集合不应有所遗漏，应让各门社会科学都参加进来。在重视那些看来能提供很多东西的较新学科时，也不应忽略那些较古老的学科，前者承诺的多，但并不总能兑现。然而，在美国人的这些研究中，分派给地理学的位置几乎等于零，给历史学的位置也极其可怜，更不要说是哪类历史学了！

社会科学的其他学科很不了解我们这一学科在过去二三十年间经历的那场危机。因而它们不仅容易误解历史学家的工作，而且也容易误解历史学虽然没有很好地宣传但却一心一意为之服务的社会实在的一个方面——社会时间，人们生活中的多种多样的相互矛盾的时间。这些时间不仅构成了过去，而且构成了现在的社会生活。在各门人文科学之间的论战中，我们有理由竭尽全力地指出历史学的重要性和用途，或者说时段的辩证法的重要性和用途，如同它摆脱这个职业，摆脱了历史学家的反复观察一样；对处于社会现实中的我们来说，没有什么比这种瞬时与缓慢流逝的时间之间的活生生的、难解难分、无限重复的对立更为重要。无论研究过去还是研究现在，认清社会时间的这种多元性对于建立人文科学的共同方法论是不可或缺的。

所以，我打算详细地讨论历史学和历史中的时间。这样做，主要不是为了现在这本杂志的读者——他们已经是我们这个领域的专家了，而是为了在邻近人文学科中工作的人：经济学家、人种志学家、人种学家（或人类学家）、社会学家、心理学家、语言学家、人口学家、地理学家，甚至社会数学家或统计学家等我们所有的邻人。我们多年来一直在注意他们的实验和研究,因为在我们看来,这样能使我们用新的眼光来看历史学。因此,或许我们也应该向他们提供一些东西。不管我们是否意识到或接受与否,在近年来历史学的试验和努力中,产生了日益明确的关于时间的多元性质和长时段的特殊价值的思想。这个最新的思想甚至会比历史本身——各种各样的历史——更能引起我们的社会科学四邻的关注和兴趣。

## 历史学和时段

任何历史研究都关心如何分解过去的时间,根据或多或少有意识的偏爱或排斥选择不同的编年现实。传统历史学关心的是短时段、个人和事件。长久以来,我们已经习惯了它的那种急匆匆的、戏剧性的、短促的叙述节奏。

新的经济和社会史偏重研究周期性运动,因此关注的是相应的时段。它一直醉心于研究价格周期性升降的假象与现实。这样,今天除了叙述(或传统的“宣叙调”)之外,还有一种对局势的描述。这种描述考察的是历史时间的大段落,以 10 年、20 年、50 年为一段进行研究。

除了这第二种描述,我们还发现了一种更持久的历史,用世纪来度量的历史——长时段甚至是超长时段的历史(l' histoire de longue, même de très longue durée)。无论好坏,这是我所惯用的一个概念,目的是区别于弗朗索瓦·西米昂在保罗·拉孔贝之后不久所命名的“事件的历史”。这些名称无关紧要。重要的是,我们的讨论将在时间的这两极——瞬间和长时段之间进行。

这些词汇的含义并不是绝对严格的。譬如,就我而言,我愿意将“事件”限定在短时段内:一个事件是一次爆炸,如 16 世纪人们所说的令人震惊的消息(nouvelle sonnante)。它的迷人烟雾填满了当代人的心灵,但是它不可能持久,人们刚刚勉强看到它的光亮。

无疑,哲学家会对我们说,这样的限定就挖空了这个词汇的大部分含义。一个事件在必要时可以表现为一系列的意义和关联。它有时表明非常深远的运动。而且,借助于昔日历史学家所珍视的"原因"和"结果"的游戏(无论这种游戏是否牵强附会),它可以占有比它自身的时段长得多的时间。因为它具有无限的延伸性,所以它可以不受限制地与所有的事件、所有的基本现实结为伉俪。于是这些事件似乎便不可分割了。正是借助这种叠加事件的方式,克罗齐(Benedetto Croce)才能宣称任何事件都体现了全部历史和全人类,因而人们可以在任何事件中随意地发现全部历史和全人类。当然,这是假设在那个事件断片上叠加任何乍看起来似乎它并不包含的东西,但这就需要知道什么东西适宜或不适宜叠加上去。萨特最近有些想法似乎是在推荐这种聪明但危险的游戏。[1]

因此,为了明确起见,我们宁愿用"短时段"取代"事件史"。短时段所对应的是个人、日常生活、我们的错觉、我们的瞬间印象,特别是编年史作者和新闻记者的时间。值得指出的是,除了重大历史事件之外,编年史和报纸还向我们提供各种凡人琐事:一场火灾、一次火车撞车、小麦价格、一次犯罪、一次剧场演出、一场洪水等等。因此,很显然,不仅在政治中,而且在各种生活领域——经济、社会、文学、制度、宗教,甚至地理(一阵狂风、一场暴雨)中,都有短时段在起作用。

乍看之下,过去似乎正是由这样一堆各种各样的事实构成的,其中

---

〔1〕 萨特:《方法问题》(Jean-Paul Sartre, "Questions de methode", *Les Temps Modernes* nos. 139 and 140 [1957])。

有些引人注目,有些则模糊不清,而且不断地重复发生。这些事实成为微观社会学、或者说人类关系社会学以及微观历史学的日常研究对象。但是,这堆事实并没有构成科学思想自由耕种的全部现实和全部深厚的历史。因此,社会科学几乎有一种对于事件的憎恶。而且,人们不无理由地说,短时段是所有时段中最变化莫测、最具欺骗性的。

譬如,我们一些历史学家显然也对传统历史、事件史持强烈的怀疑态度,认为它是一个很容易与政治史混淆的标签。这种说法并不太准确,因为政治史并不必然要叙述事件,它也没有被迫如此。然而就总体而言,除了那些下笔千言却几乎没有时间厚度将其分开的矫揉造作的通论[1],除了必须很好地提供对长时段的解释外,过去数百年的历史学几乎总是以“重大事件”的剧本为中心的政治史。它一直用短时段进行研究,并研究短时段。或许这是当时为了取得在科学地掌握劳动工具和严格方法方面的进步而必须付出的代价。文献的大量发现致使历史学家相信,真实的文献就包含着全部真相。路易·阿尔方(Louis Halphen)[2]不久前还写道:“我们需要做的只是任凭一篇又一篇文献拉着我们前进,就好像这些文献在向我们展示自己,目的是让人觉得一系列事实几乎是自动地在我们眼前重新构造出来。”在进入19世纪末时,这种新生的历史(l’histoire à l’état naissant)的理想导致了一种新的追求精确的编年史风格,于是一种根据外交信件和国会辩论记录阐述的事件史逐步产生了。18世纪以及19世纪初的历史学家曾经在某种程度上注意到某些长时段的远景。以后只有很少的杰出人物,如米

---

〔1〕 诸如《1500年的欧洲》《1800年的世界》《宗教改革前夜的德国》,等等。

〔2〕 阿尔方:《历史学导论》(Louis Halphen, *Introduction à l’histoire*, Paris: P. U. F., 1946),第50页。

什莱、兰克、布克哈特、库朗日能够再发现这一点。如果我们承认在过去数百年间这种对短时段的超越是历史学中最珍贵的成果，那么我们就能理解制度史、宗教史和文明史的非凡作用以及古典研究(其中，考古学需要跨越广阔的编年史空间)的开拓作用。不久前，它们已经拯救了我们的职业。

近来对19世纪传统历史的突破并不意味着完全抛弃了短时段。我们知道，这一突破有利于经济和社会史的研究，但却有害于政治史。这一突破引起了震荡、无可否认的更新，并不可避免地带来了方法的变化以及兴趣中心的转移。计量历史学(histoire quantitative)随之问世，而且还大有潜力可挖。

但是，最重要的是，传统历史学的时间发生了变化。一日、一年曾经对政治史学家来说好像是很有用的量器。因为时间毕竟是由每日积累而成。但是，价格曲线、人口级数、工资运动、利率变动、生产力研究(与其说实现了还不如说是梦想)、流通的严密分析等都需要有更大的量器。

一种新的历史叙述出现了。它描述局势、周期、甚至周期间隙(intercycle)，可涵盖10年、25年乃至康德拉捷夫(Kondratiev)的经典周期——50年。譬如，假若我们不考虑任何短暂的表面浮动，那么欧洲的价格在1791年至1817年间是上升的，在1817年至1852年间是下降的。这一缓慢的升降往复运动是欧洲主宰的时代的一个完整的周期间隙，差不多也是整个世界的周期间隙。当然，这些年代上的时期并没有绝对的意义。弗朗索瓦·佩鲁(Francois Perroux)[1]愿意向我们提供其他的(或许更有效的)诸如经济成长、收入或国民生产总值等尺度

---

〔1〕 参见其《经济发展的普遍原理》(*Théorie Genérale du progrès economique*, Cahiers de l'I. S. E. A., 1957)。

度量的分期线。但是目前所有这类争论都无关紧要。已经清楚的是,历史学家可以利用新的时间概念,被提升到阐释层次的时间概念,可以试着按照对应那些曲线的新参考点来划分和解释历史。

譬如,埃内斯特·拉布鲁斯和他的学生们在上一次罗马国际历史科学大会(1955 年)上发表了他们的宣言,然后开始从量化方面对社会史进行广泛的研究。如果我没有误解他们意图的话,那么我认为,他们的研究势必会进一步明确社会局势甚至社会结构的性质,但并不会提前向我们保证这种局势与经济局势具有相同的快慢变化。而且,经济局势和社会局势这两位高贵的绅士不会使我们忽视其他因素,虽然后者的运动由于缺少精确的度量办法而难于(或许不能确定)明确。科学、技术、政治制度、观念装置、文明(这里还是要用这个有用的词)都具有它们各自生活和发展的节奏。而新的局势的历史只有在它包含了上述各个部分时才成型。

这种局势的和谐组合由于超越了自身,理所当然应该直接引出长时段的概念。但是,由于不胜枚举的原因,这种超越还没有成为常规,甚至就在我们眼前还发生着返回到短时段的现象。或许这是因为似乎更有必要(或者说更急迫)的是将"周期的"历史和短时段的传统历史编织在一起,而不是向前探索未知领域。用军事术语讲,就是要巩固取得的防御阵地。埃内斯特·拉布鲁斯在 1933 年发表的第一部重要著作里,研究了 18 世纪法国的价格总运动[1],持续百年之久的价格运动。而在 1943 年,在法国 25 年间出现的最重要的一部历史著作里,同一个埃内斯特·拉布鲁斯在探究作为法国大革命最有力的源泉之一、

---

〔1〕《18 世纪法国价格和收入变动提纲》(*Esquisse du mouvement des prix et des revenus en France au XVIII$^e$ siècle*, 2 vols, Paris: Dalloz, 1933)。

最主要的跳板之一的1774—1791年的萧条时，还是屈从了这种需要，用回了不太庞大的时间尺度。而且他还对半周期间隙这个大的度量尺度提出质疑。在1948年巴黎国际大会上做的学术报告《革命是如何诞生的？》中，他试图把一种短时间的经济上的悲怆（新风格）与一种政治上的悲怆（非常古老的风格），也就是革命日子的政治上的悲怆联系在一起。于是，我们又重新完全陷入短时段。当然，这是合法、有用的程序，这揭示了多少东西啊！历史学家自然非常愿意充当导演。因此怎么能期望他来废弃短时段的戏剧以及这一古老行当全部最好的诀窍呢？

在比周期和周期间隙更高的层次上，有一个经济学家所说的长期趋势。但是，他们并没有一直研究它。至今只有少数经济学家对它感兴趣。他们对结构性危机的思考没有被迫接受历史证据的考验，基本上还处于设想和假说的阶段，勉强进入很近的历史中，回溯到1929年，最远到1870年。[1] 但是，它们是对长时段历史学的有用的介绍。它们提供了第一把钥匙。

第二把更有用的钥匙就是结构这个字眼。无论好坏，这个概念支配着长时段的种种问题。社会问题的研究者们将结构解释为现实与社会大众之间的相当固定的关系的一种组织，指的是这种关系的协调一致。在我们历史学家看来，一个结构自然是一种集合、一座建筑物，但更重要的是，它是在一段长时期里由时间任意支配并连续传递的现实。

---

〔1〕 克莱门斯：《经济结构理论绪论》（Considered in René Clémens, *Prolégo-mènes d'une théorie de la structure economique*, Paris: Domat-Montchrestien, 1952），又可参见约翰·阿克曼：《周期与结构》，载《经济杂志》（Johann Akerman, "Cycle et structure", *Revue economique*, no.1 [1950]）。

某些结构有很长的寿命,因而它们成为经历无数代人而稳定不变的因素。它们挡在历史的路上,阻遏历史的流逝,并以此规定历史。而另一些结构会迅速分裂。但所有的结构都同时既是历史的基础又是历史的障碍。作为障碍,它们本身就是人及其经验无法逾越的界限(在数学里称之为"包络线")。只要想一想冲破某些地理架构、某些生物界的现实、某些生产力的限制,甚至特定的精神桎梏(思维架构也会成为长时段的牢笼)有多么困难。

最容易想到的一个例子还是地理制约。多少世纪以来,人类一直是气候、植物、动物种群、农作物以及整个慢慢建立起来的生态平衡的囚徒。人类若逃离它们就要冒天翻地覆的危险。看一看进山放牧在山区居民生活中的地位,以及深深扎根于沿海布局中的某些海上生活因素的持久性,看一看城市不变的定居点、道路和商业的持久性,还有文明的地理舞台的令人惊愕的固定性吧。

在庞大的文化领域内,有着同样持久或残存的因素。E. R. 库尔提乌斯(Ernst Robert Curtius)在其杰作《欧洲文学与拉丁中世纪》(终于有了法文译本)[1]中研究了使后期罗马帝国的拉丁文明得以延续的那个文化系统。尽管有时后者通过节选歪曲前者,但这一文明是被自己沉重的遗产压垮的。直到13、14世纪民族文学诞生之前,知识精英的文明摄取的是不变的题目、不变的比喻、不变的陈词滥调。吕西安·费弗尔的《拉伯雷与16世纪的不信教》[2]循着类似的思想路线,试图确

〔1〕 库尔提乌斯:《欧洲文学与拉丁中世纪》(Ernst Robert Curtius, *Europaïsche Literatur und lateinisches Mittelalter*, Berne, 1948)。

〔2〕 Paris, Albin Michel, 1943; 3d ed., 1969.

定拉伯雷的时代法国思想的心智装置。这套观念在拉伯雷之前和之后的很长时间内调节着生活、思考和信仰的方式，并事先就无情地限制住了最自由的思考者的智力冒险。阿方斯·迪普龙(Alphonse Dupront)所研究的题目[1]，看来也是法国历史学派内最新的研究战线之一。迪普龙认为，14世纪以后，也就是说"真正的"十字军东征以后，在西方，十字军的观念在一个长时段里持续了下来，它无限重复地跨越了最丰富多样的社会、阶层和心理，并一直延续给19世纪的人。在另一相关领域，皮埃尔·弗兰卡斯特尔(Pierre Francastel)所著的《绘画与社会》(*Peinture et société*)一书[2]指出从佛罗伦萨文艺复兴的初期开始，"几何"绘画空间一直延续了下来，直到我们这个世纪初立体派和理性绘画(peintvre intellectuelle)改变了它为止。在科学史上也有类似的情况。很多宇宙模式都是不完善的解释，但是它们通常也持续存在若干世纪。当它们被抛弃时已经使用了很长的时期了。直到伽利略、笛卡儿和牛顿的时代之前，亚里士多德的宇宙观始终是(或几乎是)无人怀疑的。根深蒂固的几何学的宇宙观的降临使它销声匿迹了。更晚些时候，几何学的宇宙观也因爱因斯坦革命崩溃了。[3]

---

[1] 《十字军东征的神话：宗教社会学的考察》("Le mythe de croisade: Essai de sociologie religiouse")，索邦大学博士论文。

[2] 皮埃尔·弗兰卡斯特尔：《绘画与社会》(Pierre Francastel, *Peinture et société: Naissance et destruction d´un espace plastique, de la Renaissance au cubisme*, Lyon: Audin, 1951)。

[3] 关于其他的论据，我愿推荐一些雄辩有力的文章，这些文章都提出了类似的论点，譬如奥托·布伦纳(Otto Brunner)论欧洲社会史的文章(*Historische Zeitshrift*, vol. 177, no. 3)；布特曼(R. Bultmann)论人文主义的文章(Ibid., vol. 176, no. 1)；乔治·勒费弗尔(Georges Lefebvre)论开明专制的文章(*Annales historiques de la Revolution française*, no. 144 [1949]，和哈通(F. Hartung)的同类题材的文章("*Historische Zeitschrift*", vol. 180, no. 1)。

很显然,荒谬的是我们很难从历史研究刚刚获得不可否认的成就的领域——经济领域——识别出长时段。所有的周期、间周期和结构性危机都可能掩盖某些人称之为文明[1]的系统的规律和持续性。这里所谓的文明,是指全部的旧思想和行动习惯,以及固定的模式。它们不易被打破,甚至有时还反对整套逻辑。

但是,还是让我们举个简明的例子来说明我们的论点。手边就有一个欧洲范围内的经济体系例子。可以用足够明确的几句话和普遍的规则来说明这个体系:从 14 世纪到 18 世纪,我们有把握地说,直到 1750 年,这个体系几乎一直完好地维持着。在这些世纪里,经济活动依赖于增长困难的人口,正如 1350—1450 年和 1630—1730 年间的人口剧减所表明的那样。[2] 在这些世纪里,水和船在流通方面大获全胜,在内陆定居就阻碍发展并导致劣势。那些发展起来的大的欧洲居住点都分布在海岸。少数的例外也只是证明这条规则,例如香槟(Champagne)的市场和莱比锡(Leipzig)的市场分别在这个时期之初和 18 世纪衰落了。至于这个体系的其他特点,我们可以举出商人的优势;贵金属如金、银,甚至铜的显著作用——它们无休止的兴衰运动,只是由于 16 世纪末信贷的决定性发展才减弱了;由季节性的农业危机反复引起的严重困难、经济生活基础的脆弱;以及一两个外贸路线(即从 12 世纪到 16 世纪与东方国家的贸易和 18 世纪的殖民地贸易)所扮演的乍看起来不相称的角色。

这些是我想说明的,或者继很多人之后我想提出的西欧商业资本

---

[1] 勒内·库尔坦:《巴西的经济文明》(René Courtin, *La Civilisation economique du Brèsil*, Paris: Librairie de Mèdicis, 1941)。

[2] 这是就法国而言。在西班牙,从 16 世纪末人口明显地衰减。

主义这一延续了长时段的阶段的主要特征。在我们至今还深受其影响的18世纪和工业革命的动荡发生以前的四五个世纪里虽然发生过很多明显的变化,但经济生活还是有某种连续性。这些共同的特征一直持续着,尽管在它们周围其他的连续性无数次地颠倒破裂,以致完全改变了世界的面目。

在各种历史时间之中,长时段常常似乎是一个令人讨厌的、复杂的,但又总是新颖的角色。让它在历史学的要害处占有一席之地就不是按照常规发展我们的研究工作和好奇心所能做到的。这也不是指在一次选择中,长时段是唯一的受益者。对于一个历史学家来说,接受长时段就必须准备改变自己的风格、态度,必须彻底改造自己的思维,而采用崭新的思考社会事物的概念。这意味着逐渐习惯一种比较缓慢的、有时近乎停滞的时间。在这个层面上,而不是在其他任何层面上(对此,后面将详述),人们能够正当地从苛求的历史时间图式中解脱出来,以后有了其他的关注和问题,便可以用新眼光再回顾这一图式。总之,相对于这种缓慢的、层积的历史而言,整体的历史可以重新思考,正如要从底层结构开始一样。无数的层面和无数次历史时间的剧变都能根据这些深层结构、这种半停滞的基础得到解释。所有事物都围绕这个基础转。

我并不打算用上述文字来定义历史学家的这一职业,但它定义了这一职业的一个概念。在我们经历了近些年的狂风暴雨之后,那些居然相信我们发现了真正的原理、清晰的界限和正确的学派的人,虽不能说天真但也算幸福。事实上,所有的社会科学研究时时在发生变化,原因既在于它们各自的发展,也在于社会科学整体的积极发展。历史学也不例外。现在运动还没有平息下来,这些学科的时代还没有到来。从朗格诺瓦和瑟诺博司到马克·布洛赫是一段很长的路。但是在布洛赫以后,车轮从未停止过转动。在我看来,历史学是所有可能的历史学的总和,是多种专业和昨天、今天、明天的观点的集合。

在我看来,唯一的错误是在这些历史学中选择其一而摒除其他。这就犯了,也将会犯那种"唯历史的"历史学的错误。我们知道,说服所有的历史学家相信这一点是很不容易的。说服所有的社会科学更不容易,因为它们热烈地期望把我们赶回到我们原来所熟悉的那种历史学。这样,我们就要花费很多时间和努力来让人接受历史学这一古老名称下发生的所有变化和革新。然而一个新的历史"科学"已经诞生了,而且在继续探究和转变。早在1900年问世的《历史综合评论》(*Revue de synthèse historique*)以及于1929年问世的《年鉴》就已经预告它的出现了。历史学家希望将他们的注意力集中到所有的人文学科上。正是这一点使我们的专业有了陌生的边界和偏好。所以不能设想在历史学家和社会科学家之间存在着与昨天一样的屏障和差别。所有的人文科学,包括历史学在内,都彼此受到影响。它们说同样的语言,或者说可以说同样的语言。

当我们置身于1558年或1958年时,如果想对整个世界有所了解的话,就应该阐明各种不同的力量、潮流和特殊运动,然后将它们作为一个整体来处理。在这项研究中,我们必须时时注意区分长期持续的运动和短暂的爆发,后者在其产生的时刻就会被察觉,而前者则在跨越一段时间距离后才能被发现。1558年的法国显得非常阴暗,但1558年的世界不是在毫无光彩的那一年年初诞生的。我们现在这个多事之秋的1958年也是同样。每一"当前的事件"都聚合了不同起源、不同节奏的运动:今天的时间起源于昨天、前天和从前的时间。

## 有关短时段的争论

上述真理自然是些陈词滥调。但是，社会科学对这类往事的研究几乎毫无兴趣。这并不是说我们可以激烈地指控它们，说它们一贯不接受历史或持续的时间作为它们的研究的必要尺度。从表面上看，它们对我们是很欢迎的；它们在"历时性的"（diachronique）研究中将历史重新引入，一直都有理论上的考虑。

尽管有这种客观的承认，但是应该指出，由于其口味和潜在的本能，或许还由于训练的结果，社会科学总是想规避历史解释。它们通过两种几乎对立的方式来规避它。一种叙述的方式是事件，我们可以靠经验社会学进行社会研究，这种经验社会学轻视一切历史，局限于短期的事实和对现实生活的调查得来的事实；另一种方式完全地而又简单地超越时间，以"交流科学"的名义想出一种几乎无时间性结构的数学表达。这后一种最新方式显然是唯一真正能引起我们兴趣的方式。但是，第一种事件叙述的方式仍旧有很多拥护者，以至于这个问题的两个方面值得轮流考察。

我们已经申明我们对仅仅充斥着事件的历史学不予信任。公平地说，如果过分关注事件是有罪的话，那么历史学虽然遭到的指责最厉害，但不是唯一的罪人。所有的社会科学都犯有这个过失。经济学家、人口学家、地理学家都正在昨天与今天的要求之间寻找平衡，但他们平衡得很拙劣。为了谨慎起见，他们大概需要长期维持这种平衡。这对于人口学家、几乎理所当然地还有地理学家（特别是我国的由白兰士学派培养出来的地理学家）是很容易的，而且义不容辞。但是对于经济学家就勉为其难了。因为他们被紧紧地束缚在极其短命的当前事件上,他们几乎既不回顾1945年以前的历史,也不前瞻超过几年、甚至几个月的未来。我认为所有的经济思想都被这些暂时的限制束缚住了。经济学家会说,回溯到1945年以前,研究从前的经济情况是历史学家的事。经济学家就是如此亲手割让上乘的研究领域,尽管他们并不否认它的价值。他们已经习惯于听任当前的事件和政府的支配。

人种志学家和人种学家的立场既没有这样清楚,也没有这样令人不安。他们之中有些人极力强调,在他们的专业里应用历史学的一些方法既不可能(知识分子总是被这种不可能所迷惑),也没什么益处。不过,马林诺夫斯基(Malinowski)及其弟子几乎不会这样断然拒绝历史学。的确,人类学怎么可能对于历史学没有兴趣呢?正如列维-斯特劳斯[1]喜欢说的:历史学和人类学二者都是同样的精神的探险。没有一个社会——无论它多么粗俗——没有显露出"事件的印记";也没有一个社会,历史在其中销声匿迹。这是那种既无须抱怨也无须强求的事情。

然而在社会学的范围里,我们有关短时段的边界的争论则必然相当激烈。社会学对于当代舞台的研究似乎在无数方面进行着,从社会学到心理学再到经济学,而且不论在我们这里还是在国外,这些研究还在激增当中。它们用特有的方式断定目前的时刻具有"火山的"热度和丰富的财富,因而其价值不可取代。历史的时间是枯竭的、单调的、死寂的,尤其还是重构的——再强调一下:**重构的**。有什么必要返回到历史的时间呢?难道它真的就像人们爱说的那样是僵死的重构的吗?无疑,历史学家能够极其容易地使这个决定因素脱离某个过去的时代。用亨利·皮雷纳(Henri Pirenne)的话说,他能够毫无困难地区分出"重

[1] 列维-斯特劳斯:《结构人类学》,第23页。

要事件”,即“那些产生后果的事件”。这种过分的简化是既明显又危险的。但是,为了获得这种眼力(即这种及时向前走的能力),使我们现在混乱不堪的、因充斥着琐事异兆而几乎不可理喻的生活有可能露出本相和简单化,今天的探险者会有什么不肯付出的呢?列维-斯特劳斯宣称,与柏拉图同时代的人谈一个小时,胜于遍读有关古希腊文明是否具有连贯性的经典论文。[1] 我对此完全赞成。但这是因为他已在多年间听到了许多被从死寂中拯救出来的希腊人的声音。历史学家为他铺平了道路。在现在的希腊生活一小时,对当代希腊是否具有连贯性会毫无所知,或者所知有限。

更准确地说,一个现状的研究者只有进行重构,提出理论和解释,不被表面的现实所迷惑,而是对其大肆删节,超越它,才能画出结构的“精细”线条。这些方法能使他摆脱既定情势,以便更好地把握这一情势。而这些方法都是重构行为。我非常怀疑社会学为现状拍摄的照片会比历史学为过去绘制的肖像更“真实”,这种照片越是努力避免“重构性”就会越不真实。

菲利普·阿里耶斯(Philippe Ariès)[2]强调在历史解释中“身处异地感”(dépaysement)和意外的重要性。譬如,你返回16世纪,你会碰见某种奇怪的事物,对于你这个20世纪的人显得奇怪的事物。为什么有这种差别?这是一个必须着手回答的问题。但我想说,这种意外、身处异地感、拉开距离是通向知识的大路,对于理解我们周围的因过于贴近而无法看清的一切同样是必要的。在伦敦生活一年,你不会对英国了解很多。相反,由于受到那些使你惊讶的事物的启发,你会突然开始

---

〔1〕《躺着的第奥根尼》(“Diogène couche”, *Les Temps Modernes*, no. 195, p. 17)。

〔2〕《历史时间》(*Les Temps de l' histoire*, Paris: Plon, 1954),尤其是第298页以下。

理解法国的某些根深蒂固的特有的方面和以前熟视无睹的事物。在理解现在的时候,站在过去也能使人产生身处异地感。[1]

在这方面,历史学家和社会科学家永远会在死的文献和太活泼的证据之间、在遥远的过去和太贴近的现在之间各执一端。但是,我不相信这是一个十分重要的问题。因为过去和现在是互惠地照亮着对方。此外,在全神贯注地研究现在的狭窄区域时,注意力必然会被引到任何快速运动的、真真假假引人注目的、刚刚变化的、喧闹的、易于见到的事物上。同历史科学的事件一样令人讨厌的每个事件等待着捕获急急忙忙的研究者,诸如在某个波利尼西亚部落逗留三个月的人种史学家,在最新研究中老调重弹的工业社会学家以及想用措辞狡猾的调查表和组合起来的穿孔卡片就完全搞清楚某种社会机制的人。社会问题是一个更为狡猾的游戏。

实际上,我们这些人文科学对一个年轻姑娘从她位于十六区的住所到她的音乐教师那里和到巴黎政治学院的运动路线又有什么兴趣呢?一项关于巴黎地区规模浩大而又出色的调查就是关于这个问题的。我们可以把这些行动路线画成一幅好看的地图。但是,假若她学习的是农艺学,或者去滑水,她往返的三角路线就会是另一个样子了。在一张地图上查看某大公司的职员住宅分布也很惬意。但是,假若我没有一张更早的地图加以比较,假若两张地图在时间上的间隔不足以记录下一个真正的变化中的一切,那么我们要研究什么问题呢?如果没有问题的话,研究就是白费劲。任何为研究而研究的兴趣至多限于搜集资料。但是,甚至这些资料本身对于将来的研究也不都是有用的。

---

[1] 雄巴尔·德·劳韦:《巴黎及其郊区》(P. Chombart de Lauwe, *Paris et l'agglomération parisienne*, Paris: P. U. F., 1952, 1:106)。

我们应该警惕为艺术而艺术。

同样，我怀疑是否对任何城市的任何研究都能像研究奥塞尔[1]（Auxerre）或多菲内地区的维埃纳[2]（Vienne en Dauphine）那样，成为不考虑历史时段的社会学研究课题。任何城市，任何充满危机、断裂、故障和谋略的关系紧张的社会，必须根据环绕它的许多农村和邻近城市群来考察它。历史学家理查德·哈普克（Richard Häpke）是首批做这种研究的人之一。同样，还应考虑那种在时间上稍微久远的，有时是极其久远的运动——它使整个区域富有生机。如果我们记住城乡之间有怎样的交往，工商业间出现什么样的竞争的话，那么，我们就会认为对于认识所讨论的运动是处于兴盛期还是衰落期，所讨论的是某种遥远的复现或是单调的重复不仅不是无关紧要的，相反是至关重要的。

做个简要的总结。吕西安·费弗尔在其生命的最后十年据说曾反复申明："历史学既是有关过去的科学，也是有关现在的科学。"历史学这门时段的辩证法难道不是用自己的方式对社会的全部现实进行的一种解说吗？不也就是对当代社会的一种解说吗？而且，它的教训提醒我们要谨慎地对待事件：不要只考虑短时段，不要相信最吵闹的演员才是最可靠的——还存在着其他的比较安静的演员。似乎人们早先并不懂得这一点！

---

〔1〕 弗雷尔、贝特尔海姆：《一个普通的法国城市：1950 年的奥塞尔》（Suzanne Frère and Charles Bettelheim, *Une Ville française moyenne: Auxerre en* 1950, Cahiers des Sciences politiques, no. 17 ,Paris：Armand Colin, 1951）。

〔2〕 克莱芒、克西迪亚斯：《罗纳河上的维埃纳：一个法国城市的社会学》（Pierre Clément and Nelly Xydias, Vienne sur-le-Rhône：Sociologie d' une citè *française*, *Cahiers des Sciences Politiques*, no. 71 ,Paris：Armand Colin, 1955）。

## 交流科学和社会数学

或许我们不应该在短时段的动荡边界上滞留。那里正在展开一场辩论,实际上,没有多大意思,更没有让人意想不到的益处。必不可少的争论是在其他地方,在我们的邻人们中间,是由有"交流"科学和数学双重头衔的社会科学中的最新试验引发的。

但是,这不是用档案材料就能辩明的。我的意思是,要想证明不存在任何能够回避历史时间的社会研究殊非易事,因为现在有一种社会研究至少在表面上尝试着完全置身于历史时间之外。

在这些新的论战中,凡是愿意倾听我们论证的读者,无论是赞成还是反对我们的观点,都会根据自己的立场对这些并非全新的、但恢复了活力并一直在我们面前出现的术语逐一加以权衡。显然这里不必再谈事件和长时段,也毋庸详述结构,虽然这个字眼及所指的这个事物并非完全确定和无可争议。[1] 也毋庸细说共时性(synchronie)和历时性(diachronie),它们是自我规定的,虽然它们在对社会问题的具体研究中发挥的作用并不像看上去那么容易描述。事实上,就历史学的语言所涉及的范围(我所能想象到的范围)而言,不可能有完美的共时性。设想一个突然的停顿,其时所有的时段都静止不动,这本身几乎是荒诞不经的,或者换个说法,是极其虚假的。同样,只有依据无数不同的时间河流上的漂流运动才能想象一个沿着时间溪流的漂流运动。

这些简短的撮要和告诫暂时应该够用了。但是我们需要更明确地

---

〔1〕 参见关于"结构"的研讨会(6th section of the Ecole Pratique des Hautes Études, typed summary, 1978)。

阐述有关无意识历史、模式和社会数学的见解。此外，这些阐述涉及了各种社会科学中的争论之点，或者我希望会很快涉及这一点。

无意识历史当然是社会发展中的无意识因素的历史。“人们创造他们自己的历史，但是他们并不知道他们在创造它。”[1]马克思的格言点出了问题，但并没有解释问题。事实上，短时段、“微观时间”（micro-temps）、“事件”这样一个问题又一次以一种新的名称摆在我们面前。人们总是觉得，经历他们的时间就能够抓住时间在每日之间的转换。但是难道不是如很多历史学家所公认的，这种清醒的有意识的历史是一种妄想吗？在昨天，语言学还相信人们能够从字词中推衍出一切。历史学则幻想着它能从事件中推衍出一切。当代不少人乐于相信一切源出于雅尔塔协定或波茨坦协定、奠边府或萨吉耶-西迪-优素福（Sakhiet-Sidi-Youssef）的战役，或者另一个确实具有不同重要性的事件——苏联人造卫星的发射。而无意识历史则是在这些光亮之外行进着。人们不得不承认在某个远处存在着社会无意识。而且还承认，（科学地讲，）可以想象，这种无意识比我们所熟识的发光的表面更丰富多彩。在科学意义上愈丰富，就意味着开发利用愈简单容易，但发现并不更容易，从发光的表面到幽黑的深层，从喧闹到寂静，这一步既困难又侥幸。同样可以说，虽然“无意识”历史部分地属于局势的时间，尤其属于结构的时间，但它常常比人们所乐于承认的还要容易被觉察出来。每个人都对超越个人生活之外的民众历史有一种感情，的确，相对于民众历史的规律和方向，他对它的力量和推动力更为了解。这种意识不仅是最近才有的（与经济史有关的内容），但在今天或许日益鲜明了。这是一种思想革命。它使这一半模糊的领域面对

[1] 转引自列维-斯特劳斯：《结构人类学》第一卷，第23页。

纯粹事件的历史,使之在后者旁边占据越来越大的地方,甚至侵犯后者的领域。

在这一探索中,历史学并非孤军作战(完全相反,它所做的一切乃是追随着其他学科进入这个领域,并且采纳新的社会科学的眼界为自己所用),新的认识和研究工具已经被创造出来:这就是模型,它们或多或少已得到改进,但有时仍是手工制作的。模型只是一些假说,是用等式或函数式将一些解释紧密地结合在一起的体系。譬如,甲等于乙,或甲决定乙,某某现实若没有另一方就不会出现。这些经常的紧密的联系就表现为两个因子之间的关系。这种精心构造的模型使我们得以超越时间和空间,去质疑我们所观察的社会环境——这个模型就是依据它制造的——之外的其他具有同样性质的社会环境。这就是它的持久价值。

这些解释系统依据使用者的性格、计算及目的而千变万化:或简单或复杂、或定性或定量、或静态或动态、或是机械的或是统计的。这最后一种区分,我受益于列维-斯特劳斯。一个机械模型应该有与所直接研究的现实同样的范围,这种现实的范围有限,只涉及很小的人群(人种学者研究原始社会的情况正是这样)。当研究较大的社会,出现大量的数字时,就需要计算平均数,这就需要构造统计模型。但这些有时会引起争议的定义没有什么了不起!

在我看来,在建立一个社会科学通用的程式之前,最重要的是确定模型的功能和边界——过分扩展范围这种创造性的想法似乎是危险的。由此也需要用时段的概念来考察模型,因为在我看来,这些模型暗含的时段相当严格地取决于那些解释的含义和价值。

为了说得更清楚一些，我们从历史模型[1]——我的意思是由历史学家构造的模型——中选取一些例子。作为模型，它们相当粗糙和简陋，常常并不那么符合一个真正的科学法则的严密要求，而且从来没有因使用一种革命性的数学语言来表述而感到不安——模型总是有自己的方式。

前面我们已讨论过14—18世纪的商业资本主义。这是能够从马克思的著作中提取出来的几个模型中的一个。它仅能完全应用于某一特定时间的社会中的某一特定族系，尽管它对所有的推断是开放的。

这个模式不同于我在早先的一本书[2]中曾勾画的16—18世纪意大利城市的经济发展周期的模式。这些意大利城市先是商业城市，然后成为"工业"城市，最后以金融见长。最后一种活动兴起最缓慢，但衰亡也最缓慢。虽然这个图式事实上不如商业资本主义的结构那么包罗万象，但是它更容易在时间和空间上加以拓展。它记录了能够在很多相同的环境中反复发生的现象（某些人会称之为动力结构，但是历史上的任何结构至少有一个基本的动力）。或许可以对弗兰克·斯普纳（Frank Spooner）和我设计的16世纪前后贵重金属的历史模式[3]做出同样的评价。在这段历史中，金、银、铜等贵重金属及其灵活的替身——信贷，都扮演了各自的角色。某一方的"战略"压制另一方的

---

〔1〕 在此还应该论及经济学家创造的"模式"，它的确一直启迪着我们。

〔2〕《菲利普二世时代的地中海和地中海世界》（*The Mediterranean and the Mediterranean World in the Age of Philip II*, trans. Sian Reynolds, 2 vols., New York: Harper & Row, 1972-1974）。

〔3〕 布罗代尔、斯普纳：《货币金属和16世纪的经济——向罗马国际会议提交的报告》（Fernand Braudel and Frank Spooner, *Les Métaux Monetaires et l'economie au XVI^e siecle*, *Rapports au Congrès international de Rome* 4 [1955]: 233-264）。

“战略”。将这一模式从16世纪特有的动荡不安的世界移至他处并不特别困难。16世纪不过是被我们选取研究的。经济学家在研究今天低度开发国家的特殊案例时,也试图验证旧有的货币计量理论,这种理论毕竟也是一种特有的模式。[1]

不过,与美国年轻的社会历史学家西格蒙·戴蒙德(Sigmund Diamond)设计的模式的时段[2]相比,前述各种模式的时段是短暂的。戴蒙德惊奇地发现,皮尔庞特·摩根(Pierpont Morgan)那个时代的美国大银行家统治阶层使用着两种语言,一种是他们阶层内部使用的语言,另一种是对外的语言。后者实际上是一种对公共舆论的辩护,即将金融家的成功描绘成自我奋斗者(self-made man)的典型胜利和民族繁荣的必要条件。戴蒙德在这双重语言中看到了所有统治阶层都具有的习惯性反应。他们感觉到他们的声望在消逝,他们的特权受到威胁。为了掩饰自己,他们必须将自己的面目与城市或民族的面目、自己的私利与公众利益混淆起来。西格蒙德·戴蒙德乐于用同样的方法来解释王朝或帝国的观念的演化,诸如英国王朝、罗马帝国。因而这一构思清晰的模式能流传若干世纪。它预设了某些具体的社会条件,但这些条件是历史能够慷慨地提供的:它因此对比前述任何模式的时段都要长得多的时段是有效的,但同时它又对一些更具体、更精细的事实产生了疑问。

此时,数学家会说,这种模式近似于社会数学家所钟爱的、几乎无

---

〔1〕 亚历山大·沙贝尔:《经济结构和货币理论》(Alexandre Chabert, *Structure economique et theorie monétaire*, Publications, du Centre d'Études economiques ,Paris: Armand Colin, 1956)。

〔2〕 西格蒙特·戴蒙德:《美国商人的声誉》(Sigmund Diamond, *The Reputation of the American Businessman*, Cambridge, Mass., 1955)。

时间性的模式。而几乎无时间性，实际上就是在很长的长时段的、黑暗的、还未曾修建好的小路上游历。

上述解释不过是对这些模式的科学与理论的很不充分的介绍。而且，历史学家远未站在前沿。他们的模式差不多是一堆说明。而我们的同事们在研究交流理论或定性数学方面不仅雄心勃勃，而且已处领先地位。他们的这项研究力图把理论与信息语言联系起来。他们的长处，而且是很大的长处，在于将这种精微语言——数学——吸收到他们的领域里。但只要稍不留意，这项才能就会摆脱控制，不翼而飞。只有老天知道它跑到哪里。信息或交流科学和定性数学已在社会数学的切实惠助下结合起来。因此，我们也必须尽力试着用它们的火来点亮我们的灯。

社会数学[1]至少是由三种语言组成的，而且它们还有余地来混合和演化出更多的语言。数学家还没有发挥完他们的创造力。不管怎样，不只有一门数学(une mathématique)，或只有这门数学(la mathématique)(或者这只是一种说法)。“人们不应说代数、几何，而应说一门代数学、一门几何学。”(吉尔巴德[Th. Guilbaud]的说法)这一点并不使我们的问题或他们的问题变得容易些。那三种语言分别是：必然事实(即给定一个条件，必然会出现另一个事实后果)的语言，这是传统数学的领地；始于帕斯卡(Pascal)的或然事实(les faits aléatoires)的语言，这是概率计算的领地；限定事实(les faits conditionnés)的语言，限定事实既不是被决定的也不是随机的，而是在一定限制下的行为，依靠的是

---

〔1〕 见《社会科学国际简报》(*Bulletin internationale des sciences sociales*, UNESCO, vol. 6, no. 4)，这一期的标题是“数学与社会科学”(*Les Mathematiques et les sciences sociales*)。整个一期杂志都很有意思，特别是列维-斯特劳斯的文章。

某种游戏规则,即冯·纽曼(von Neumann)和摩根斯坦(Morgenstern)的游戏中的“战略”轴线。[1] 这些成功的战略并不只受其创始人的原则与胆量的支配。游戏战略[2]由于应用了集合、群以及概率计算而开辟了通向“定量”数学的道路,所以从观察到数学公式的推进就不必再走测量和长时间统计计算的艰难之路。可以说,我们可以直接从对社会现实的观察推进到数学公式和计算机。

当然,计算机的进料必须预先加工好,因为它并不能吞食和嚼碎所有食品。此外,正是依据真正的机器,依据其运行的规则,信息科学(science de l'information)酝酿并发展起来,为的是最大限度地在物质方面促进 communications(交流、传播)。笔者绝不是这些复杂领域的专家。旨在创造翻译机器的研究工作——我仅仅是从远处注意它,但还是注意它——使我和很多人沉思良久。无论如何有两个事实存在着:(1)这样的机器,这样的数学可能性的确存在;(2)社会应该为社会数学做好自身准备,因为它不再是我们所熟悉的价格曲线、工资和出生率图表那种旧式数学。

现在,当新数学的机理常常逃避我们时,我们所能做的一件事是将社会现实准备好以便新数学能加以利用、攻丝和切割。这种初期处理迄今几乎一直完全是用老办法:挑选某个统一的有限的观察对象,诸如一个“原始”部落或一个人口统计的“独立群体”(isolate),其中的一切几乎都可以直接看到和触摸到,然后,在这样区分出来的因素之间建立各种可能的联系、各种可能的游戏。这种被严格限定的联系提供了方

---

[1] 《游戏理论与经济行为》(*The Theory of Games and Economic Behavior*, Princeton, 1944)。另见让·富拉斯蒂耶(Jean Fourastie)的精彩总结(*Critique*, no. 51[October 1951])。

[2] 又译博弈论。——译注

程式,数学从中将能得出一切可能的结论和延伸,以提出能将它们总括起来的或者说能充分考虑它们的模式。

显然,在这些领域存在着无数进行研究的突破口,但是,一个例子胜过任何冗长的解释。我们有一个出色的向导——列维-斯特劳斯,让我们跟他学吧。他能向我们介绍其中一个研究领域,他称之为交流科学[1]的领域。

“在任何社会,”列维-斯特劳斯写道[2],“交流至少在三个层次上进行:妇女的交流、货物和服务的交流,信息的交流。”我们会同意,在不同的层次上存在着不同的语言,但它们终究是语言。假若如此,我们就有权利把它们当成一些语言,甚至当成这种语言来对待,将它们直接或间接地与由语言学、特别是音位学造成的惊人进步联系起来,这种进步“肯定会在社会科学中起着诸如核物理在严密科学中所起过的同样的更新作用”。[3] 这言过其实了,但有时就需要这样,正当历史学陷于事件的网罗时,陷于词(word)的网罗(词与客体的关系、词的历史演化)的语言学却由于音位的革命而获得了自由。人们懂得了,词的基础是音的单位,即音素,在那里无须注意它的意义,但要留心它的位置、它的发音、这些音的组成、亚音素的结构,以及语言的整个潜在的无意识现实。基于世界各种语言中都出现的数十个音素,新的数学计算着手工作,从而使语言学(至少是其中一方面)在最近二十年中走出社会研究的领地,进入“严密科学的高峰”地带。

---

[1] 以下引文均出自列维-斯特劳斯的新著《结构人类学》。

[2] 《结构人类学》,1:296。

[3] 《结构人类学》,1:33。

将语言的意义拓宽到亲属关系的基本结构、神话、礼仪和经济交换,就是试着攀登虽然艰难但有益于身心健康的抵达顶峰的山径。列维-斯特劳斯在首先探讨婚姻交换时就显示了这种勇气。婚姻交换是第一层次的语言,是人类最基本的交流。无论原始社会还是其他社会,没有一个社会不禁止乱伦和核心家族内的婚配。因而,这是一种语言。在这种语言下面,他寻找一个相当于音素的基本因素。他在1949年的论文[1]中用最简单的形式提出这个因素,即亲属关系的“原子”:男人,他的妻子,他们的孩子,以及孩子的舅舅。依据这个四角因素和全部已知的众多原始世界中的婚姻制度,数学家可以得到所有可能的组合和解决办法。凭借数学家安德烈·威尔(André Weill)的帮助,列维-斯特劳斯成功地把人类学家的观察资料变成了数学术语。这个不受限制的模式应该能够证明那个制度的正当性和稳定性,指出那个制度所暗含的解决办法。

这个研究的程序是清楚的:越过表面的观察以达到无意识的或不太有意识的因素的区域,然后把现实简化为微小的因素,微小的同一的片段。这些因素的关系应能精确地加以分析。正是在这个“(某种,我采用了这种谨慎说法)微观社会学的舞台上人们有希望发现最普遍的结构法则,正如语言学家在亚音素层次或物理学家在低于分子的层次(即原子层次)发现了他们最普遍的结构法则”。[2] 当然,这种活动还可以沿着其他方向继续发展。譬如,最富有教益的大概是看看列维-斯特劳斯是如何研究神话以及如何轻松愉快地研讨烹饪(这另一种语

---

[1] 《亲属关系的基本结构》(*Les Structures elementaires de la parenté*, Paris: P. U. F., 1949),参见《结构人类学》,1:36-51。

[2] 《结构人类学》, 1:35。

言)的。他把神话简化为一系列的基本单位,即神话元素(mythèmes),把烹饪书的语言(并不完全信以为真)简化成"美味元素"(gustèmes)。每一次,他都在探寻最深的、最无意识的层次。当我说话时,我并不关心我的句子的音素;当我坐在饭桌前时,除了极其例外的情况,我也不关心烹饪方面的"美味元素",即便确实有什么美味元素。但是,每一次,各种因素的微妙细致的相互作用都伴随着我。凡是在这些简单而神秘的关系所在之处,社会学研究的最后步骤都应该是竭力把握隐藏在各种语言背后的关系,以便把它们转换成摩尔斯电码,即万能的数学语言。这正是新的社会数学的抱负。但是,或许我可以说,这是另外一个话题了。

还是让我们回到时段的问题上吧。我说过,模式有各种不同的持续性:它们的有效期与它们所处理的现实的时间一样长。而且,对于社会研究者来说,时间的长度是最基本的,因为比根深蒂固的生活结构更重要的是这些结构的断裂点,是相互矛盾的压力所造成的它们或快或慢的损坏。

我有时把模式比喻为船。一旦造好了船,我所感兴趣的是,放它下水,看它是否能浮在水面上,然后使它按着我的意愿在时间的水流中上下漂浮。重要的是,看它在什么时候不能再漂浮反而下沉。譬如,在我看来,斯普纳和我所提出的关于贵重金属的相互作用的解释几乎不能应用于15世纪以前的时代。根据记载,在15世纪以前,贵重金属之间的竞争无比激烈,而以后的观察者并没有指出这一点。这就需要我们寻找原因。正如当我们顺流而下时[1],我们必须明白,我们过于简陋

[1] 意指从15世纪到现代的顺向研究。——译注

的大船的航行为什么变得愈益困难,以致到18世纪在信贷的异常的推动下而变得不可能了。在我看来,研究工作是从社会现实到模式、再回到社会现实的无穷过程,是由一系列的调整和耐心地重新开始的旅程组成的。因此,模式也就是对结构进行解释的尝试,是控制和比较的工具。它能够检验某特定结构的坚实性和寿命。假若我依据现在的情况构造了一个模式,那么我喜欢立刻把它放回现实中,然后,使它在时间的河流中溯源而上,如果可能的话,直至它的发源地。此后,我将依据其他社会现实的相应运动,估计出它直到下一次中止时的可能寿命。或者,我可以不把它放到时间和空间中,而将它作为一个比较的因素用以研究其他多亏它而重新焕发出光彩的现实。

定性数学的模式正如它们迄今显示给我们的那样,很不适宜进行这样的旅行,这首先是因为它们为了规避一些意外事件、形势和断裂而沿着无数的时间道路的一条、很长的具有特别长的时段的一条行进。我这样想是错的吗?我想再次求助于列维-斯特劳斯,因为他在这个领域的试验在我看来是最具有智慧、条理最清晰的,是最牢固地植根于任何研究都要作为出发点和复归之所的社会经验。我们可以注意到,他总是对发展非常缓慢的、几乎永恒的现象提出质疑。各种亲属关系体系之所以持久存在是因为如果没有一定比例的亲属关系就不可能有人类生活,因而对于一个要生存下来的小团体,它必须向外部世界开放:禁止乱伦在长时段内都是存在的。神话也是缓慢的演化,与寿命极长的结构相对应。我们无须费心选取最古老的神话,就能搜集各种版本的俄狄浦斯神话,但问题在于把这些多种多样的版本排列起来,并揭示出支配它们的潜在的深层的关系。但是,假若我们的同事感兴趣的不是神话，而是，譬如说，“马基雅维里主义”[1]所表现的影像及后来的种种解说，他探寻的是这个在16世纪中叶出现的相当简单的、传播广泛的学说的基本因素。无论在哪里，甚至在马基雅维里主义的结构本身，都会发现断裂和颠覆，因为它并不是那种具有神话的戏剧性和几乎永恒的坚实性的体系。它对于任何影响和反应，对于历史上各种各样的狂风暴雨都很敏感。简而言之，它并不使自己孤独地存在于长时段平静、单调的大路上。因而，列维-斯特劳斯在寻求数学化的结构时，所推荐的方法不仅适用于微观社会学的层次，而且在无穷小的时段与极端的长时段相遇时也有效。

这意味着这种革命性的定性数学只能沿着极端的长时段走下去吗？如果真是这样，那么我们经过一番艰苦的努力所发现的真理都绝对是永恒的人类的真理。而人人都懂的道理，凝结民族智慧的格言往往出自悲伤者之口。重要的真理能够对全部社会生活的根茎做出全新的解释。但是问题还不仅止于此。

我实际上并不相信那些试验或类似的试验不能在长时段的范围外来进行。我们提供给定性社会数学的不是数字而是联系、关系。必须相当严格地限定它们以便于我们分派给它们一种数学符号。在此基础上我们就能够研究这些符号在数学上的各种可能性，同时再也不必为它们所表达的社会现实所困扰。于是所得结论的全部价值就依赖于最初观察的价值和一种选择，这种选择排除掉观察到的现实中的基本因素，并确定这种现实之间的关系。我们因此能懂得为什么社会数学偏爱列维-斯特劳斯所说的机械模式，即基于相当狭小的团体的模式。在

[1] 按照游戏战略，我在谈到定性数学时很谨慎。至于古典模式和经济学家所使用的模式，需要进行另外一番讨论。

这种团体中,个人都可以被直接观察到,一种高度同质的社会生活必然允许确定简单、具体、很少变化无常的人类关系。

另一方面,所谓统计学模式处理的是大型复杂的社会,在这种社会里,只能根据平均数,即根据传统数学来进行研究。但是只要一获得平均数,研究者就应该以团体为基础而不是以个人为基础确立那些我们所讨论的和定性数学的设计所必需的基本关系,没有什么能阻止我们求助于它。据我所知,在这方面还没有人这样做过任何的尝试。但我们已开始了尝试。目前无论人们研究的是心理学,还是经济学或人类学,所有的实验都是按我在谈列维-斯特劳斯时所讨论的方式进行的。但是定性社会数学只有在受到问题丛生而且生活节奏多种多样的现代社会的攻击之后才能得到证明,我敢保证,这种冒险会吸引我们的社会数学家;我还保证,它会导致对新的数学采纳的方法做必要的修正,因为这门新数学并不能只局限在我所说的太长的长时段中活动。它应该重新发现生活的多样性,所有的生活中的运动,所有的时段,所有的断裂和变化。

## 历史学家的时间和社会学家的时间

在社会数学的无时间领域内涉猎一番后,我现在再回到时间和时段的问题上来。或许我是一个不可救药的历史学家,所以社会学家设法回避时间问题使我又一次感到惊讶。但是,问题在于他们的时间不同于我们的时间,他们的时间不那么紧要和具体,而且并不占据他们的问题和反思的中心。

的确,历史学家从来不能摆脱历史时间的问题:时间粘着他的思想,一如泥土粘着园丁的铁铲。当然,或许他渴望摆脱它。1940 年的哀伤曾促使加斯通·鲁普内尔就这个问题写下能够使任何真诚的历史学家都感到痛苦的话语。[1] 杰出的保罗·拉孔贝早就做出类似的反思："时间本身什么都不是，客观地说，它仅仅是我们的一个概念。"[2] 但是，这种说法真的能提供一条隐退之路吗？我自己在令人沮丧的俘虏生活期间也曾竭力想逃避编年史上的那些艰难岁月（1940—1945年）。把事件及其发生的时间推到一边，是一种置身局外、自我保护的方式。其目的在于高瞻远瞩，更好地评估它们，而不至于完全身陷其中。从短时段转向较长的时段，然后转向深远的视域（只要它存在，它肯定是智者的时段），这时就可以重新思考一切，重新建构周围的一切。历史学家怎么会不被这种前景所吸引！

不过，这种连续飞行并不能使历史学家最终跳出世界时间的束缚，跳出历史的时间。这种时间是非常专横的，因为它是不可逆转的，而且随着地球旋转的节奏而流逝。实际上，我们所能辨别的各种时段都是相互依存的。这种时间与其说是我们自己心智的产物，不如说是我们分解时间的方法。这些片段经过我们的劳动而重新组合。长时段、局势和事件，彼此能够融洽地相互配合，因为它们都是用同样的比例尺来度量的。同样地，如果能够富有想象力地理解这些时段中的一个，那么就能理解它们全体。尽管事物的主观方面都含有时间观念，但是痴迷其中的哲学家绝不会察觉历史时间、具体而普遍的时间的分量，譬如埃内斯特·拉布鲁斯在其大作的导言里所描绘的局势时间的分量。[3]

---

〔1〕《历史学与命运》（*Histore et destin*，Paris：Bernard Grasset，1943），第169页及以下。

〔2〕《历史综合评论》（*Revue de synthèse historique*）（1900），第32页。

〔3〕拉布鲁斯：《法国大革命前夕的法国经济危机》（Ernest Labrousse，*La Crise economique françalse a la veille de la Revolution française*，Paris：P. U. F.，1944），导论。

他就会像一个永远不变的旅游者,在一个强制推行永远不变的价值体系的世界里旅游,既不考虑自己抵达哪个国家,也不考虑这个国家有什么样的社会秩序。

对于历史学家来说,万物都有时间上的开端和终结。这种时间是数学上的、神圣的时间,是易于模拟的观念,是外在于人的(正如经济学家所说的"外来的")时间。它推动人们,强迫人们,把他们个人的时间涂抹上同样的色彩。它的确是这个世界上专横的时间。

社会学家当然不会喜欢这种过于简单化的观念。他们更喜欢加斯通·巴什拉(Gaston Bachelard)提出的时段辩证法(dialectique de la durée)。[1] 社会时间仅仅被视为社会现实的一个维度。它存在于这个现实之中,一如存在于既定个人身上,是一个特征符号。社会学家绝不会被这种沾沾自喜的时间所困扰,因为他可以任意地剪裁、拖延和调动它。我必须重申,历史的时间并不那么容易屈从于共时分析和历时分析这两种灵活的方法。不能把生活想象成一个机械装置,可以随心所欲地使它停顿下来,以显示其静物相。

社会学家的时间观念不可能被我们所接受。这种分歧比最初显露的更深刻。我们专业的深层结构不能接受它。我们的时间,一如经济学家的时间,是一种量度。如果一个社会学家告诉我们,一个结构的崩溃不过是为了实现重建,我们会欣然接受这种解释,会用历史研究来加以证实。但是,我们想知道沿一般轴线的运动(无论是正向运动还是反向运动)的准确时间长度。经济周期与物质生活的涨落变化是能够测量的。结构性社会危机同样能在时间上定位,并且借时间来定位。我们能够准确地给它定位,无论是通过它自身,还是通过相关结构的运

[1] 《时段辩证法》(*Dialectique de la durée*, 2d ed., Paris: P. U. F. m 1950)。

动。历史学家感兴趣的是这些运动相互交叉的方式，以及它们如何相互作用，它们如何结束。不论是什么事物，要想记录下来，必须使用历史学家的统一时间——因为这种时间能够成为所有现象的共同标准，而不能用社会现实的多种时间——因为后者只是针对不同现象的不同标准。

总而言之，历史学家只能阐述这种反对意见，即便是在涉及友好而亲切的乔治·古尔维奇的社会学领域时也是如此。最近有位哲学家评论说他"正在把社会学拉回到历史学的怀抱里"。[1] 但是，即便如此，历史学家既不能承认他的时段概念，也不能承认他的时间概念。古尔维奇所建构的社会大厦(是否可称之为模式?)具有五个基本建造层次：最深层次、社交(sociality)层次、社会集团层次、总体社会层次、时间层次。[2] 时间是脚手架上的最后一层。这种最新概念构造似乎是附加在这个整体上的。

乔治·古尔维奇的时间有各种样式。他分解出一系列的时间：长时段的和缓慢运动的时间、欺骗性时间和意外性时间、节奏不规则的时间、流逝均匀的时间、快慢交替的时间、快速流逝的时间、爆炸性时间。[3] 历史学家怎么可能完全接受它们呢？如果接受了这样斑驳的颜色，他就不可能重建单色的白光，而后者对于他是不可或缺的。历史学家很快就会懂得，这种变色龙似的时间纯粹是在已有的范畴上画蛇

---

〔1〕 格朗热(Gilles Granger, *Evenement et structure dans les sciences de l' homme*, Cahiers de l' Institut de Science Économique Appliquee, Série M., no. 1)，第41—42页。

〔2〕 参见我论战性很强的文章《乔治·古尔维奇与社会中断》("Georges Gurvitch et la discontinuité du social", *Annales E. S. C.* 3 [1953]: 347-361)。

〔3〕 引自古尔维奇：《社会决定论和人的自由》(Georges Gurvitch, *Déterminismes sociaux et libérté humaine*, Paris: P. U. F., 1955)，第38—40页及以下。

添足。在我们这位朋友建造的城市里,时间这个最后的来客很自然地同其他各种范畴和睦相处。它使自己根据“楼梯平台”、社交、集团、总体社会来适应城市里的居所及其需求。这实际上是在用另一种方式毫无修改地重写同一个方程式。各种社会现实都像贝壳一样藏匿自己特殊的时间或时间尺度。但是,我们历史学家能够从中有什么收益呢?这座理想城市的宏大建筑不过是死水一潭。根本没有历史。那里确有这个世界的时间,即历史的时间。但是它被囚禁起来,如同被披上公羊皮的风神。社会学家在根本上(在很大程度上是无意识的)嫉妒的不是历史学,而是历史学的时间。不管人们如何试图整理它或打碎它,它依然是一个难以驯服的现实。它是一个桎梏,历史学家从来不能摆脱它。社会学家看来几乎一直在设法避开它:或者专注于似乎停滞于某处的瞬间,或者专注于不特属于任何时代的重复现象。他们用最狭小的事件界限和无限扩展的长时段分别界定这两种运动,以此在思想上避开其中的矛盾。这种躲避正当吗?这正是历史学家同社会学家之间、甚至见解不同的历史学家之间的根本分歧所在。

本文过于直白,并且按照历史学家的惯例援引了过多的例证。我不知道,本文是否能得到社会学家以及其他学科朋友的认同。对此,我心怀疑虑。不过,在做结论时,我们不应只是重申已经反复阐述的主题。既然历史学就其性质而言应该特别注意时段和组成时段的所有运动,那么在我们看来,在这类东西中,长时段似乎是导向普遍观察和思考所有社会科学方法最有用的路线。难道还需要再三请求我们的邻近学科,让他们在其推理的某个阶段上最好将它们的事实和研究置放在这条轴线上吗?

对于并不赞成我观点的历史学家,这就是观点的急转弯了。他们本能地偏爱短时段的历史。大学那种神圣不可侵犯的课程又与这种短时段的历史串通一气。萨特在他最近的一些文章里,以传记和充斥事件的现实的名义支持了他们的观点。他反对马克思主义中既过分简单化又过于沉重的观点。将福楼拜“划入”资产阶级,或将丁托列托(Tintoretto)“划入”小资产阶级,等于什么也没说。〔1〕 我对此完全赞同。但是,在任何情况下,对于具体形势的研究——无论福楼拜、瓦莱里(Valéry)还是吉伦特派(Gironde)的对外政策——最终都使萨特去回溯其深层结构背景。他的研究从表面进入历史的深层,因而也就与我的见解不谋而合。如果这个沙漏能够两面颠倒——从事件到结构,最后从结构和模式到事件,那么就会更接近于我的见解。

马克思主义提出了许多模式。萨特以特殊性(le particulier)和个性(l'individuel)的名义来反对模式的僵化、简单化和不充分。我也会与他并肩造反(但有这样那样具体的、细微的差别),但不是反对模式,而是反对长期以来人们对它的自以为是的作用。马克思的天才及其影响的持久性的秘密,在于他第一个在历史长时段的基础上构造了真正的社会模式。但是这些模式由于被赋予放之四海皆准的法则效力和预先的、无意识的解释而被固定在简单的形式上。反之,假若它们被放回到生生不息的时间川流中,它们的网状结构将显示出来,因为它很牢固,编织得很好,它们便会不断地再现出来,但是重点会有变化。由于存在着易被其他法则和其他模式所限定的结构,因而它们有时变得模

---

〔1〕 引自古尔维奇:《社会决定论和人的自由》(Georges Gurvitch, *Déterminismes sociaux et libérté humaine*, Paris:P. U. F. , 1955),第38—40页及以下。又见萨特:《关于即将出版的有关丁托列托之书的片论》(Jena-Paul Sartre, “Fragment d'un livre à paraître sur le Tintoret”, *Les Temps Modernes* [November 1957])。

糊,有时则变得鲜明。在这方面,上一个世纪最有效的社会分析方法的创造潜力一直受到限制。除非用长时段,否则它就不可能恢复它的活力和青春。难道我还需要补充说,当代马克思主义不正是反映了任何致力于纯粹模式、为模式而模式的社会科学所面临的危险吗?

在结语中我强调的是,长时段仅仅是在社会科学之间的冲撞中所产生的一种可能的共同语言。当然还有其他语言。我已充分地指出了新的社会数学所做的试验。这些新数学很吸引我,但是,在经济学里明显获得成功的旧数学(或许这是人文科学中的最大进步),也不应该被轻蔑地抛弃。在这个古典的领域里还需要进行大量的计算,但是也已有了一批工作人员和一些计算机,工作人员的水平在日益提高,计算机的性能在日益完善。我非常相信大组统计数字的有效性,相信有必要将计算和研究工作推及越来越远的过去。我们的研究工作覆盖了整个18世纪的欧洲,而且甚至对17世纪,更有甚者,对16世纪也略显了身手。回溯到令人难以置信的久远年代的统计数字,用它们的通用语言向我们揭示了中国的深层历史。[1] 无疑,为了更好地认识事物,统计学把它简化了。不过,任何科学都是把复杂变为简单。

但是,我们不要忘记最后一种语言、最后一组模式,实际上即是:有必要将任何社会现实都归结到其发生地点。我们可以称之为地理学或生态学,而无须在术语的区别上花费太多时间。地理学经常过分地把自己视为世界本身。这太可悲了。它需要一个不是考虑时间和地点,而是考虑地点和社会现实的维达尔·德·拉·白兰士。如果有这样一

---

〔1〕 Otto Berkelbach, Van der Sprenkel, "Population Statistics of Ming China", B. S. O. A. S., 1953; Marianne Rieger, "Zur Finanzund Agrargeschichte der Ming Dynastie, 1368-1643", *Sinica*, 1932.

个人，地理学的研究就会首先将各种人文科学的问题置于它的舞台上。对于社会学家，生态学这个词是回避说地理学的一个方式，同样是躲避所有由地点所提出和揭示的需要仔细研究的问题的一个方式。当然，他们并非一直承认这一点。空间模式是社会现实借以形象化的图表，通过它，社会现实至少可以部分地变得清楚了。它们是真正适用于各种不同时间运动(特别是长时段)、各种社会范畴的模式。然而令人惊讶的是，社会科学有意忽视它们。我经常想，法国社会科学的优势之一正是维达尔·德·拉·白兰士创始的地理学派，背弃他的思想和教诲实乃无可慰藉的损失。所有的社会科学必须"给'日益增强'的有关人类的地理学观念"一席之地[1]，这是维达尔·德·拉·白兰士早在1903年提出的要求。

由于本文有实践上的目标，因而在实践层次上，我希望社会科学至少暂时搁置诸如有关它们相互的边界，诸如什么是或不是社会科学、什么是或不是结构的争论。它们最好试着去探索那些跨越我们研究工作的路线。如果确有这样的路线，它们可以用以指导某些集体研究，可以促成初步的合作。我个人愿意把数学化、空间还原(réduction à l'espace)、长时段等称作这种路线，但是，我也非常想知道其他专家如何建议，因为必须指出的是，本文被安排在"争论与战斗"[2]专栏内并非出于偶然。本文提出了而不是解决了一些问题。很不幸，我们一旦越出自己的专业领域就面临着明显的风险。所以，本文的目的仅仅是抛砖引玉。

---

[1] 维达尔·德·拉·白兰士：《历史综合杂志》(P. Vidal de la Blache, *Revue de synthèse historique*, 1903)，第239页。

[2] 《年鉴》杂志的著名专栏。

# 人文科学的统一性和多样性*

乍一看,人文科学触动我们的并不是它们的统一性(至少对于那些在人文科学的发展中起些作用的人来说)——这种统一性是难以规划和促成的,而是它们那种固有的、古老的、明显的多样性,一句话,结构上的多样性。它们首先严格地说是它们自己,因而表现为如此众多的不同"国度",如此众多的语言,如此众多的职业——这不那么令人信服。它们都有自己的规则,自己的学术围墙,自己的场域,不能相互通约。

然而,展现出一种景象并不是进行推理,但这种景象能取代所有的解释,能避免解释中遇到的困难,能掩盖解释的不足。因此,让我们来做一简单的设想:所有的人文学科都对同一景观感兴趣,即对人在过去、现在和将来的活动这种景观感兴趣。而且我们还设想,这样一幅画面是前后连贯的,应该明确指出这一点。人文科学为观察这幅全景画提供了众多观察点。每一个点都有独特的视角,有不同的视野、色彩和编年记录。从每一点截取的风景片断就像儿童拼图玩具里的碎片一样需要有一个整体的图案,而且只有与这预定的图案联系起来才有用。但不幸的是,它们并没有结合在一起,而且互不相干。因此,每一次从

---

* 原载《高等教育评论》(*Revue de l' enseignement supérieure*),第1期(1960年),第17—22页。

各个观察点看到的人类情况显得各不相同。这样观察到的片断却被有规律地提升,获得“全景”的殊荣。即便观察者小心翼翼,而且他通常的确小心翼翼,但正是这些解释本身常常不知不觉地使他走得太远。一个经济学家区分经济结构,同时想象环绕着、支持着或强制着它们的非经济结构。这可能看起来完全无害而且合乎情理,但是这意味着他按照自己的想象一举拼合了整个拼图。人口学家也不相上下,主张他的标准可以单独支配和解释一切。他有自己有效的、惯用的测试方法。在他看来,这些方法足以使他把握人类整体,至少可以揭示他所把握的整体的人或实质性的人的那个方面。社会学家、历史学家、地理学家、心理学家、人种志学家常常更为天真。简言之,一个明显的事实是,每一门社会科学都具有帝国主义的扩张性,无论它们会如何否认这一点。它们都倾向于把自己的结论表达为人类的总体图像。

一个做事认真而且假设以前从未涉足这一领域因而绝无偏见的观察者不会不问,在各个学科的不同观点之间,在强加给他的各种解释之间,在强加给他的理论,即那些更高层的解释之间可以建立起什么样的联系?如果这位思想清新而毫无成见的目击者能够实际地浏览这一风景,又会怎么样呢?他会设法找出一种联系。不过,人文科学所处理的“现实”并不是我们所拙劣地比喻的画面,或者说它至少是被重造的画面,就像自然科学里的画面一样。而自然状态的现实只是一堆需要加以整理的观察资料。

此外,如果我们遗弃各个人文科学的观察点,这就等于说抛弃了非常丰富的经验,而强迫自己来重做这一切。但是有谁能在黑暗中踽踽而行呢?今天有谁能够单打独斗地重新系统地阐述全部已知的知识,超越它们,赋予它们以活力,使它们具有单一的语言,科学的语言?阻碍这项事业的并不是获取如此多的知识,而是如何使用它们。他需要拥有我们所有人已掌握的全部适当的技艺和能力。但这些技艺和能力只是在我们各自的专业里获得的,而且常常要经过很长的学徒期。生命是短促的,不允许我们之中任何人掌握如此多样的领域。经济学家只能作为经济学家,社会学家只能作为社会学家,地理学家只能作为地理学家,如此等等。聪明人会说,无疑这样更好,每个人都说他的母语,讨论他知道的事情,譬如讨论他自己的商店、他自己的生意。

或许这是对的。但是,人文科学随着它们领地的扩展和完善,正越来越需要认识它们自己的弱点。它们愈是想获得更大的效能就愈是与敌对的社会现实相撞。它们在实际运用领域中的每一次失败因而就成为检验它们的有效性甚至它们的存在理由的一种工具。而且,假如这些科学是完善的,它们自身的进步也会使它们自动地结合在一起。它们识别出的有倾向性的规则,它们的计算,它们认为能够从中做出的预见等等,所有这些阐释应该加在一起,以阐明在浩繁的人类事实里一致的基本线索、一致的根深蒂固的运动、一致的趋向。但是,我们非常清楚,实际上绝非如此。我们周围的社会依然罕为人知,令人难以应付,它的大多数行为是不可预见的。

人们在不时地试着跨越学科边界进行对话。没有什么比这更能证明人文科学目前是不能用将某一门归并到另一门的方法来简化的。我相信历史学乐于投身到这类会谈和讨论。这里说的是某一种历史学,而不是传统的那种。后者在一种遭人斥骂的惰性作用下统治着我们的课堂,而且还将统治下去。这种惰性会长期存在下去,这是由于它得到了老派学者的支持,还由于当我们不再是危险的革命者,而是被资产阶级化——因为有一个在心智上可怕的资产阶级——后,一些机构向我们敞开了大门。历史学适合进行这些对话。它的结构并不严密,它对一切邻近的科学都是开放的。但是这些对话常常在实践中表明完全是枉然的。还有什么样的社会学家不会对历史学做出一百零一次的错误判定呢？当他碰到吕西安·费弗尔，他招呼后者像是在招呼夏尔·瑟诺博司。对于他们，历史学还是昨天的样子，是关于偶然性的，关于与众不同的叙述的、重构的时间的细微的科学，而且就各种理由看，说它是“科学”大半是荒唐的。如果历史学宣称是借助过去研究现在，是对时段或者说对时段的不同形式的思考，那么社会学家和哲学家只会耸肩而笑。但是这就意味着无视当代历史学的各种趋向和这些趋向的重要苗头，而不给他们第二个机会；意味着忘记了历史学家在过去二三十年间已经离开这种轻易的、意义不大的学识有多远了。索邦大学有一篇博士论文，题目是《十字军东征的神话：宗教社会学的考察》（作者是阿方斯·迪普龙），这一事实本身很能说明深入社会心理学、潜在的现实、“更深的层次”的研究——简言之，深入某些人所说的“无意识”历史的研究——并不仅仅是一个简单的理论程序。

我们还可以列举其他的成就、革新和不可胜数的其他证据。但是，我们不必过多地抱怨。我要重申，问题并不在于为那些不愿按我们的口味理解历史的人定义历史，也不是编撰一本冗长的陈情书来挑他们的过错。而且错误并不是单方面的。“投桃报李”是显而易见的。

我们历史学家也倾向于用我们自己的方式——这方式并不好，而且显然还很落伍——来看待我们的毗邻科学。这样，学科间的误解就产生了。实际上，要想对这些多样化的领域真正有所理解，就必须长时间地熟悉它们，积极地参与它们，抛弃心中的任何偏见和习惯。这不是很容易的。暂时介入社会或政治经济学研究的某些先锋领域毕竟是容易做到的，但对于实现真正的目标则不够。我们需要看到的是这样的研究如何与整体相联系，如何表述它的新方向，但这不是人人都力所能及的任务。仅仅读阿方斯·迪普龙的论文是不够的，必须参阅其他的人——吕西安·费弗尔、马克·布洛赫、布雷蒙神父(l'abbé Bremond)等人——的著作。仅仅追随弗朗索瓦·佩鲁的权威性思考是不够的,还必须考虑它的确切背景,注意它的起源和它如何通过认同和否认而被整合进尚在变化的整个经济学思想里。

我近来竭力反对直接对"真实生活"进行加工的社会研究,因为它是过于短暂因而不真实的现状的俘虏。同时,我也曾反对没有充分重视"长时段"的那种政治经济学,因为它过分拘泥于政府的有限任务、局限于眼前不可靠的现实。[1] 人们振振有词地反驳我:这种直接来自生活的社会学并不处于社会学研究的前列,而且,沃尔特·罗斯托(Walt Rostow)和维托德·库拉(Witold Kula)要我相信经济学在最近有价值的研究里已经试着包容长时段的问题,这些问题甚至成为它的支撑。因此这是一个普遍的困难。假若我们不够小心,有些疏忽,过于简单化,或在相互帮助上反应迟钝,那么那些越过了我们樊篱的讨论不管表面如何仍不会成为当代人之间的对话。我们的对话、讨论以及颇有争议的契合进展得比理智的时间要慢。我们应该调好我们大家的钟表,否则会陷于徒劳而虚假的误会。这是于事无补的。

无论如何,我不相信人文科学的共同市场能够基于一系列的双边协定或通过可以逐步扩大范围的局部关税同盟建立起来,如果它在历史上从来没有形成的话。两种很相似的科学互相排斥,似乎它们都带有相同的电荷。地理学和历史学的"大学"同盟在昨天还有助于它们双方的荣耀,现在已经以必然的解体而告终了。你可以与历史学家或地理学家进行讨论,但是假若你是经济学家或社会学家,这样做时,你

---

[1] 参见我的文章《历史学和社会科学:长时段》("Histoire et sciences sociales: La longue durée"),《年鉴》,1958年;以及罗斯托和库拉的回应文章,见《年鉴》,1959年、1960年。

会感到自己比以前更像是一位经济学家或社会学家。实际上,这些有限的联盟需要更多的伙伴关系。对于我们大家来说,明智的办法应该是一起降低我们通常的关税。这种做法会鼓励思想和技术的自由流通。虽然它们从一门人文科学流向另一门时肯定会被修改,但是它们至少会开始粗略创造出一种共同语言。如果某些词从一个小领域转到另一个小领域时能够有实际上相同的意义和共振,这就迈出了一大步。使用通用的言辞(即文学语言)既是历史学的长处,也是它的弱点。亨利·皮伦常常建议历史学保留这个特权。因而我们这一学科是所有的人文学科中最具文学性和可读性的,也是最向广大公众开放的。但是共同的科学研究需要一定的"基本"词汇。允许我们的词语、公式甚至口号在比今天更大的程度上从一门学科流向另一门学科,就将能获得这种词汇。

在这方面,克洛德·列维-斯特劳斯试着展示引进社会数学(或定性数学)有什么影响,这是同时引进了一种语言,一种精神和一些技术。无疑,明天我们将必须采用一种新的总体观来辨别在人文科学的范围里什么可以数学化,什么不可以。没有任何东西担保我们不必在这两条路之间进行选择。

我们还可以举出一个不太重要、也不太惹人注目的例子。在当今的政治经济学里,最关键的事情无疑是"模式化",制造"模型"。重要的是在现实的复杂网络中的结构里辨别出相对稳定的关系的简单头绪。因为预先做了很多限定,所以无论何等简化的模式都能深入现实,概括它的联系,正当地超越它特殊的偶然性。这正是列昂季耶夫(Léontieff)及其仿效者所做的。在这种情况下,在如此构建的模式的框架里使用纯算术方法进行推理似乎是最正当不过的了。尽管这种做法有相当新的名称,但这种模式不过是最古典的论证方法的一种明确形式而已。我们一直在不知不觉地使用模式,一如莫里哀(Molière)笔下的菇尔丹(M. Jourdain)[1]一直在用散文讲话。实际上,在所有的人文科学里都可以找到模式。一幅地理图就是一个模式。年轻的文学批评家非常乐于塞在我们大文豪的著作下面的精神分析学家的那类“铁栅”(grids)(参见罗兰·巴特[Roland Barthes]论米什莱的一针见血的短札)也是模式。乔治·古尔维奇的多样化的社会学充满了模式。历史学也有自己的模式——它怎么可能把模式拒之门外呢?我最近读了纽伦堡的同行赫尔曼·凯伦本兹(Hermann Kellenbenz)的一篇杰作,是关于15—18世纪南德地区的“企业家”的历史文章,它遵循着与阿瑟·科尔(Authur Cole)的宽厚热烈的个性所激励的哈佛商业研究中心相同的路线。实际上,这篇文章和阿瑟·科尔复杂的著作都不过是熊彼特(Schumpeter)“模式”的历史学家的翻版。在熊彼特看来,企业家(就这个词的理想意义来说)是“手艺人,是造成资本、土地和劳动新结合的经济进步中的创造性要素”。在整个历史中他们一直是这样的。凯伦本兹指出:“熊彼特的定义首先是一个模式,一个理想化的类型。”历史学家在处理一个模式时总是喜欢把它放到偶然事件中,使它漂浮起来,如同一艘船在时间的特殊水面上航行。可以预言,从15世纪到18世纪南德的企业家有各种不同的性格和类型。但是玩兴正浓的历史学家不断地拆开这只船而破坏了“模式化”的好处。除非他重造这只船,或选出另外的船只,或将各具特色的不同模式彼此联系起来,然后根据它们在不同历史时期的演替来解释它们,否则他不可能回到任何一般法则。

---

[1] 莫里哀(1622—1673),法国著名戏剧家;菇尔丹是他的著名剧作《贵人迷》中的人物,他发现四十年来他都用散文说话,但自己居然不知道。——译注

这样,模式化就会使我们的学科脱离对特殊性的偏爱,因为光靠这一点并不够。历史运动本身就是一个包罗很广的说明。譬如,如果文学批评家、历史学家和社会学家就精神分析学家的铁栅展开讨论的话,那么我们会不想问"这些铁栅是否适用于所有的时代,如果它们有什么演变的话,那么对于这一演变的研究是否与对铁栅本身的研究同等重要"这些问题吗?

最近在里昂文学院,我出席了题为"1874—1902 年西班牙的学校与教育"的博士论文[1]答辩。这篇论文论述的是围绕学校教育的宗教大冲突这一 19 世纪的遗产。西班牙提供了一个在很多国家发生的表面上五花八门但实质上是宗教冲突的例子。一切看来都有利于将这方面的讨论加以模式化。假设这样做了,而且各种要素也都各就其位:大众教育的需要;盲目敌对的激情;教会、国家、财政预算等等。这整个理论大厦会更好地帮助我们从全局上理解这一持久的、确切地说尚未结束的危机。假如我们掌握了这个模式,回顾 1874—1902 年间的西班牙,我们历史学家首先关注的大概是将这一模式特殊化,分解它的机制以便从容不迫地核实它并添加新的部件,从而使它更接近多样而有个性的生活,使它走出科学的简单化的领域。不过假如我们再回到这个模式,回到各种各样的模式上来,从而能够发现已经有了——如果有的话——什么发展,那就锦上添花了。

我们的论证可以到此结束了。模式肯定能够有效地通行于所有的人文科学,甚至在那些预先看来不像能适用它的地方也是如此。

---

[1] 参见伊冯娜·蒂兰(Yvonne Turin)的论文(Paris: Presses Universitaires de France)。

类似的例子可以举出很多。但是它们只是有关人文科学融洽的汇聚的次要方法。它们充其量不过表现了处处可见的纠缠在一起的少量线头。但是,从人文科学总体来看,还是有可能做得更好一些,以便将整体的运动,即那种并不打乱一切而是能够深入地改变问题和行为的融合(confluences)组织起来。

我们的波兰同事用"复合研究"(d'études complexes)这个很实用的术语称呼这些协调一致的运动。亚历山大·盖伊什托尔(Aleksander Gieysztor)进一步阐述道:这个术语是指不同行业的专家从事一个课题的研究,这一课题受到一两个,甚至三个社会现象分类原则,如地理、编年或这一课题具有的性质的限制。在这方面,我们的美国同事所做的区域研究也是"复合研究",他们的原则是将若干人文科学聚在一起,研究当代世界的大文化区并说明其特点,特别是俄国、中国、美洲、印度这些庞然大物,但我不敢把欧洲归入此类。

所以,在人文科学的广袤领域里我们已经进行了一些商议,组织了几次会谈,建立了一些联盟,并合作了一些课题。这样的尝试甚至并不特别新颖。至少我能发现他们的一个重要先例,即亨利·贝尔(Henri Berr)出版的《历史综合评论》(*Revue de Synthese Historique*),它已再次证明自己是当代运动的真正先锋。不过,那些尝试是旧已有之还是新生事物又有何妨,反正它们是必须做的实验。而且,由于它们的成功,至少是在实现将社会科学联合起来的任务方面的成功,显得大有争议,在详细的考察之后,还应一再地重复进行这些实验。即便是现在肯定也能勾画出若干重要规则,这些规则还应从一开始就支配着整个讨论。

我们一开始就必须接受这种可能性,即这些尝试终究会改变边界,会移动重心,改变这些领域的争议点和传统的势力范围。这种情况毫无例外地适用于所有的人文科学。这意味着应该普遍地抛弃"民族主义”精神。我们必须认识到路标不能靠运气建立,它们事先就应该被排列整齐,确定出组合和重新组合的轴心,即 A. 盖伊什托尔所说的化简为地点和时间,但同样也是化简为数目和生物性。

最后,也是最重要的是,所有的人文科学都要像这样受到检查,无论是最经典的,最古老的,还是最新的。那些最新的科学宁愿称自己为社会科学。它们乐于组成当今世界的四五门“主要”科学。我则想坚持说,各种研究都可以对于统一体的建议有一份贡献。希腊碑铭学与哲学,亨利·洛吉耶(Henri Laugier)的生物学以及由拉扎斯菲尔德(Lazarsfeld)这样才气焕发的人所做的民意调查都同样重要。看来我们太需要举行一次大公会议了。

区域研究在规范领域里的失败应该成为我们的前车之鉴。如果说这些失败是可以理解的,那是因为区域研究所引起的或是自身所进行的工作绝不是微不足道的。或许我们在哈佛、哥伦比亚的同事以及在西雅图勇敢的研究小组成员还没有充分地扩展他们集合的圈子。他们在研究印度和中国时在天地狭小的现状中冒险,而很少求助于历史学家,至少据我所知也从未求助于地理学家。社会学家、(广义上的)经济学家、心理学家、语言学家自己真的能动员起人文科学的全部力量吗?我认为不能。但是,我愿重申,这样的总动员是唯一至少能暂时奏效的工作方法。

这篇论文我以前已经提交过几次。现在借《高等教育评论》一角刊出,提请读者指正。法国没有世界上最好的经济学家、历史学家和社会学家。但是我们有最好的一个研究员群体。况且,国家科研中心(C. N. R. S.)的政策的优越性至少在一点上是毋庸置疑的,即几乎在所有学科里我们都有接受过研究训练、并雄心勃勃立志献身于研究的一批年轻人。其他什么地方都绝对不可能临时拼凑起这样一批年轻人。不久,人文之家(Maison des Sciences de l' Homme)将把巴黎这个广阔领域中所有有价值的研究中心和实验室合并起来。我们不仅拥有年轻人的力量和各种新方法,同时,我们有囊括所有经典人文"科学"必不可少的框架。这种架构无比珍贵,而且无疑在世界上是独一无二的。没有它就不可能有任何决定性的行动。不要错过这个双重甚或三重的机遇。让我们推动这个在全世界已经明朗化的走向统一的运动向前发展吧。如果必要的话,我们要不断加速这种运动的发展,这将是可能的,在心智上也将是有利的。如果等到明天,那就太迟了。

# 历史学和社会学*

我尽量用简短的开场白来说明这一章的背景。我所说的社会学，几乎总是指埃米尔·涂尔干(Emile Durkheim)和弗朗索瓦·西米昂在20世纪初所期望的那种总体科学。社会学现在还不是这样的科学，即便它注定永远不会完全成为这样的科学，但是它在不断地向此趋近。我所说的历史学，是指那种以科学态度进行的研究；必要时，我甚至称之为一种科学。但它是一种复合的科学，并不是只有一种历史学，一种历史学家的专业，而是有很多种专业、很多种历史学，有各种各样的研究、观点和可能性，而且明天还会出现更多的研究、观点和可能性。然而，和哲学家一样，社会学家往往也认为历史学是一种规则已完全彻底固定下来的学科。为了让他们明白，我应该说，正如有许多种对待现在的态度，同样也存在着许多有争议的、也值得争议的把握过去的方式；在某种意义上，历史学甚至可以被看作一种关于现在的研究。

因此，在此不是要给通常各种有关历史学和社会学的关系的问题提供一个答案，甚至根本就不想做这种尝试；在此，也不会给这两个相邻学科的无休无止和变化多端的争论做出一个总结——这两个学科彼

---

* 本文是作者为乔治·古尔维奇主编的《论社会学》(两卷，巴黎，法兰西大学出版社，1958—1960年)第四章写的导言。——译注

此既不忽视,但也互不理解,在争论中完全片面地界定自身。正如有一些问题是虚假的问题,有一些争论也是虚假的。其实,社会学家和历史学家几乎从未有过真正的对话。当弗朗索瓦·西米昂同夏尔·瑟诺博司辩论时,他以为是在同历史学对话,而实际上他只是在同某一种历史对话,即亨利·贝尔所说的"历史学化的历史"(l' histoire historisante)。[1] 大约同时,他与奥塞尔(Henri Hauser)论战。他所面对的无疑是同时代人中最有才华的历史学家,但后者也是一个固守自己职业中的前人成就和古老规则的、极其杰出又极其敏锐的辩论家。他应该同保罗·拉孔贝打交道,这样便能有一个旗鼓相当的对手。那样的话,他就可能会发现自己同拉孔贝有一致之处,但他敢冒这种风险吗?

只有当双方都情愿争论,准备"拿起剑来"[2]时——这是好激动又善戏谑的历史学家拉孔贝在1909年回答一位批评者时的说法——争论才可能发生。按我的想象,这位历史学的献身者对"科学的历史学"极其热衷,因而能够很容易地同社会学家西米昂达成谅解。对此,只要稍微留意就能发现。拉孔贝在试图摆脱我们专业中的挫折和无法克服的困难时,不是甚至想避免使用时间概念吗?"时间!"他写道,"本身毫无意义,客观地说,它不过是我们的一个观念。"[3]不幸的是,

---

〔1〕 这场著名的争论也围绕着保罗·拉孔贝的著作《作为科学的历史学》(*De l' Histoire considérée comme science*, Paris, 1894)展开过。西米昂的文章《历史学方法和社会科学》("Methode Historique et science social", *Revue de synthese historique* [1903]: 1-22 and 129-157),实际上用的副标题是"论拉孔贝先生和瑟诺博司先生的近著"("Etude de critique dapres les ouvrages recent de M. Lacombe et de M. Seignobos"),但是拉孔贝的著作很难看到。

〔2〕 克塞诺波尔(Xénopol, in *Revue de synthèse historique*, no. 2[1900]),第135页。

〔3〕《克塞诺波尔先生理解的历史科学》("La Science de l' histoire d' après M. Xénopol", *Revue de synthèse thstorique* [1900]),第32页。

西米昂只是附带地质疑了一下拉孔贝,便把矛头对准了其他顽固不化的对手。实际上,一直存在着能够与一种社会学达成一致的历史学,或者相反,与社会学自相残杀的历史学。乔治·古尔维奇在其有关历史社会学论辩的文章中——据我所知这是这方面最新的文章——表示,对亨利·马卢(Henri Marrou)的观点难以苟同,但很容易与我取得一致。[1] 假如我们更仔细地考察,就可能会发现,历史学家和社会学家之间既不会有争执,也不会有完美的和谐。

## 一

第一个重要的告诫是,我们应该努力按照历史学在最新定义中的形象来描述历史学,因为所有的学科都在不断地重新界定自己和检验自己。每一个历史学家都必须了解这个灵活的专业里的变化。无论他是否情愿,他本人也必然在促成这些变化。而这个专业由于新知识、新目标和新热情的出现,也由于人文科学的总体发展而日新月异。所有的社会科学都彼此传染,历史学与其他学科一样也会受到流行病的侵袭,从而导致功能、方法和形象的变化。

如果我们回顾这个世纪的情况,我们至少应该有十种以上的分析方法,上千种不同的历史观,另外还有一些历史学家情愿用研究著作来体现自己的特殊解释和观点,而不是在正规讨论中提出它们(由此产生了哲学家的可笑指责,说历史学家从来搞不清楚自己写的是哪一类历史)。

---

〔1〕《历史与社会学的延续与断裂》("Continuité et discontinuité en histoire et en sociologie", *Annales E. S. C.*, [1957]),第 73—84 页。

在这个回顾系列的开端,我们首推朗格诺瓦与瑟诺博司合写的《历史研究导论》[1],因为任何人都会这样做的。此外,我们应该注意年轻的保罗·芒图(Paul Mantoux)撰写的生气勃勃的文章(1903年)[2]。然后,较晚些时候,在雷蒙·阿隆(Raymond Aron)表达哲学家历史观的经典之作《历史哲学导论》[3]发表之后,我们看到马克·布洛赫的《历史学家的技艺》[4]。这是作者去世后发表的未完成稿,毫无疑问,如果作者不是那样悲惨地猝亡的话,最后的定稿会有很大的变化。下一个就是吕西安·费弗尔自己编选的才华横溢的文集《为历史学而战斗》。[5] 我们不应忽视路易·阿尔方的那篇短文[6],菲利普·阿里耶斯的那部生动的著作[7],埃里克·达德尔(Eric Dardel)的存在主义论文[8],安德烈·皮加尼奥尔(Andre Piganiol)的文章[9],以及亨

---

〔1〕 夏尔·瑟诺博司:《社会科学应用的历史学方法》(Charles Seignobos, *La Méthode Historique Appliquée aux sciences sociales*, Paris, 1901)。

〔2〕 《历史学与社会学》("Histoire et sociologie", *Revue de synthèse historique* [1903]),第121—140页。

〔3〕 2d ed., Paris, 1948; first edition published in 1938.

〔4〕 《为历史学或历史学家的职业而辩护》(*Apologie pour l'histoire ou métier d'historien*, Paris, 1949)。参见斯滕格(J. Stengers)有关这本书富有洞察力的评论,《马克·布洛赫与历史学》("Marc Bloch et l'histoire," *Annales E. S. C.* [1953], pp. 329-337)。

〔5〕 Paris, 1953.

〔6〕 《历史学导论》(*Introduction á l'histoire*, Paris, 1946)。

〔7〕 《历史时间》(*Le Temps de l'histoire*, Paris, 1954)。

〔8〕 《历史:具体科学》(*Histoire: Science du concret*, Paris, 1946)。

〔9〕 《什么是历史学》("Qu'est-ce que l'histoire?", *Revue de métaphysique et de morale* [1955]:225-247)。

利·马卢的引人入胜的精细辩论[1]——尽管马卢的文章在我看来或许过于囿于古代史的事件，过于陷入韦伯(Max Weber)的思路，因而过于纠缠客观性问题。社会研究的客观性和主观性问题在19世纪曾激发了对科学方法的发现。但在今天它还真的具有头等重要性吗？无论如何，它不是我们独有的问题。正如马卢指出的，科学研究中的弱点只有通过我们加倍地小心和诚实才能克服。但是，请不要超出各种限度来夸大历史学家的作用。

上面只是粗略地列举了一部分有关的法国文献，但这个简短的书目已经使我们能够看到以往的各种争论，因为这些论著是同这些争论密切相关的。然而，另一方面，这些论著远不能表明当代历史学的极其广阔的多样性——而这是最重要的事情。大体上可以说，今天历史学的基本动向并不是在这条或那条道路之间、在不同观点之间进行选择，而是对各种纷至沓来的定义兼收并蓄。这是因为所有这些不同类型的历史学都属于我们。

在20世纪初，人们追随着米什莱的说法，过于兴奋地宣布，历史学即“过去的复活”。非常漂亮的说法，非常漂亮的计划！“历史学的任务就是祭奠过去，祭奠过去的一切”，芒图于1908年这样写道。的确，过去有什么还存留着呢？我们这位年轻的历史学家早在1903年就欣然答道：“凡是只发生一次的特殊事物就是历史学的领地。”[2]这是一个古典的回答，是哲学家和社会学家最乐于赋予历史学的形象。1936

---

[1] 《论历史认识》(*De la Connaissance historique*,1954)，可以再补充上马卢的两篇精彩的论历史编纂学的报告，见 *Revue historique* (1953)，第256—270页，以及 *Revue historique* (1957)，第270—289页。

[2] 芒图:《历史学与社会学》(Mantoux,“Histoire et sociologie”)，第122页。

年,我与哲学家布列耶尔(Émile Brehier)同船前往巴西。当我们友好地讨论这个问题时,他坚持这个观点。在他看来,任何在过去重复发生的事情都属于邻近的社会学领域,因此,过去并不完全属于我们(历史学)。不过,我们不必纠缠这个争论了。同其他历史学家一样,我也关注独一无二的事件——它只在一天开花,然后就凋谢,绝不会再次被人们看到。而且我相信,在任何社会里总是有成千上万的这种独一无二的事件。我还特别相信,如果说我们应该设法整个地把握这种社会,那么可以断言,它绝不会再整个地重演,因为它是由独一无二的暂时平衡构成的。

所以,我宁愿赞同阿里耶斯的做法,即在承认历史阶段和社会现实的差异的基础上建构他的历史学。但是,历史并不仅仅是差异、独特和新颖,即任何不会发生两次的事物。而且,新颖也绝不意味着一切都是新的。它是与重复和常态并存的。拉孔贝在谈到帕维亚(Pavia)战役(1525年2月24日)和罗克鲁瓦(Rocroi)战役(1643年5月19日)时注意到,在这些战役里也有些情况"源出于在这个时代的其他许多战役里也能看到的那种军队、战术、惯例和作战传统的体系"。[1] 帕维亚战役在某种程度上标志着近代战争的开端。它是一个事件,但它是以一群事件为背景的。的确,人们怎么会相信有一种完全局限于独一无二事件的历史学呢?西米昂在引述了拉孔贝的话后,补充说:"没有一件事实人们不能从中辨认出一个完全独特的方面和另一个源出于其社会背景的方面。前一个方面是偶然性的结果,而后一个方面是重复发

[1] 《克塞诺波尔先生理解的历史科学》("La Science de l' histoire d' après M. Xénopol", *Revue de synthèse thstorique* [1900]),第32页。

生的因素的产物。"[1]因此,从20世纪初,就有人抗议、至少是怀疑"历史学完全局限于个别事件"的说法。而且,上述值得注意的事例表明,有人怀疑和反对所谓"线性的""偶然性的"历史,或者说,拉孔贝试图终止他所说的"事件的历史"。

超越事件就意味着超越它借以寄寓的短时段,编年史的和新闻报道的时段,即那种能够让我们对过去的事件和生活获得生动感受的、人所能意识到的短暂时刻。这就意味着要探询,在高于事件流程的层次上是否存在着无意识的,或者某种程度上有意识的历史,但这种历史在很大程度上不被行动者(无论胜者还是败者)所意识:这些行动者创造了历史,但历史也裹挟着他们。

这种超出事件的历史探询,是由于不可避免地接触了其他人文学科而被迫进行的。在法国,它早在1900年就起步了。当时由亨利·贝尔创办的卓越的《历史综合评论》,我们现在回过头来阅读,也是很受鼓舞的。继之是1929年由费弗尔和布洛赫创办的《年鉴》展开的生气勃勃而成效卓著的战斗。

从那时起,历史学就忙于同时对付重复发生的事件和独一无二的事件、有意识和无意识的现实。从那时起,历史学家就期望同时成为(而且已经成为)经济学家、社会学家、人类学家、人口学家、心理学家和语言学家。这种在知识方面的聚会同时也是朋友的聚会和感情的交流。《年鉴》的创始人和灵魂费弗尔和布洛赫的朋友们建立了长久的人文科学研讨会。参加者有地理学家阿尔贝·德芒戎(Albert Demangeon)和朱尔·西翁(Jules Sion),社会学家莫里斯·哈布瓦赫(Muarice Halbwachs),心理学家夏尔·布隆代尔(Charles Blondel)和亨利·瓦隆

---

〔1〕 西米昂:《历史学方法》(Simiand, "Methode historique"),第18页。

(Henri Wallon),以及身兼哲学家、社会学家、经济学家的弗朗索瓦·西米昂。借他们的帮助,无论有益还是有弊,历史学占有了所有的人文科学。有了这些向导,历史学曾经徒劳地想变成一门关于人的普遍科学。这样它就沉溺于某种幼稚的帝国主义了。不过,它这样做的理由和方式与当时几乎所有的人文科学并无二致。那些人文学科当时还是弱小民族,但也都梦想在这个领域里吞噬、压倒与支配一切。

从那时起,历史学继续吞噬其他的人文科学。尽管这种活动如人们所期待的那样发生了变化,但尚未停止。在布洛赫的经典之作《历史学家的技艺》同大战后实际上由费弗尔单独指导的《年鉴》之间有非常大的差别。[1] 由于不太注意方法和方向,历史学家们几乎都没有意识到这一点。然而,1945 年以后,问题又重新被提出:历史学的地位和价值是什么?它曾经是关于过去的唯一研究,但它应该是这样的吗?在以往的岁日里它曾经竭力把各种人文科学绑在一起,那么这对于历史学的性质就没有不可避免的影响吗?在它自己的领域里,它可以是全部的人文科学,但是,过去的边界在哪里呢?

有些人开玩笑说,一切都是历史。列维-斯特劳斯不久前写道:"一切都是历史,所以昨天说的话是历史,一分钟前说的话也是历史。"[2]我可以把这句话变成,只要是说过的、想过的、做过的和经历过的,都是历史。但是,如果历史,无所不在的历史提出关于社会整体的问题,那么它总是在时间运动的基础上提出这些问题。时间的运动带

---

〔1〕 注意让·默雷特(Jean Meuvret)的文章《历史学与社会学》("Histoire et sociologie", *Revue Historique* [1938])显得多么睿智,而且像是另一时代的作品。

〔2〕《结构人类学》(*Structural Anthropology*, trans. Claire Jacobson and Brooke Grundfest, London: Schoepf. 1968),第 12 页。

着生活不停地前进,同时又偷走生活。它熄灭又重新点燃生活的火焰。历史学是时段的辩证法。通过时段,也因为有了时段,历史学才能研究社会,研究社会整体,从而研究过去,也研究现在,因为过去和现在是密不可分的。费弗尔在其生命的最后十年一再重申一个观点:"历史学是关于过去的科学,也是关于现在的科学。"

可以理解,笔者作为布洛赫和费弗尔创立的《年鉴》的继承者,面对那些不是责备我不像他们那样思考,就是责备我太像他们那样思考的社会学家,感到处境特殊,直想"拔剑相向"。在我看来,历史学是社会科学的一维,两者紧密相连。实际上,所有人文科学都要面对,也应该面对时间、时段和历史这些因素,人文科学诸个分支在将来不是走向对立,而是趋向融合。

## 二

我曾经写道(不仅是为了反驳乔治·古尔维奇),社会学和历史学构成统一的智力探险;它们不是同一块布料的前后两面,而是布料本身,是棉纱的整个实体。[1] 这种说法自然会引起争论,而且在字面上几乎是经不起推敲的。但是它充分表达了我的愿望,甚至可以说是我的迫切愿望,即把不同的人文科学统一起来,从而使它们少争吵而多处理共同的疑难。这样就会使它们摆脱一堆虚假的问题和无用的知识。而且,经过必要的剔除和调整,就可能出现既丰富又有创造性的新分歧。我们需要有新的动力来激励人文科学。

历史学和社会学经常汇聚到一起,相互认同,甚至融为一体。其原

---

〔1〕《年鉴:经济、社会和文明》(1957年),第73页。

因很简单。一方面,存在着趾高气扬的历史学的帝国主义。另一方面,二者的性质相似:历史学和社会学是仅有的两门总体科学。二者都能够把自己的研究扩展到任何社会现实的任何方面。只要历史学存在于有关过去的这个广阔领域中的所有人文科学之中,它就是一个综合者,一个交响乐作曲者。因此我相信,如果说这种时间现象的研究,即通向理解现实的所有门户,都是对历史学开放的,那么可以说,它已经用手指动过桌上的每一块馅饼了。而且它经常是同社会学一起进餐的。这是因为社会学也是一个综合者,而且无论它愿意与否,时段的辩证法强迫它转向过去。

即便我们按照老一套惯例把社会学看作"事实的科学——把那些事实拼凑在一起,构成人类的集体生活",即便我们把它看作是对于在沸沸扬扬的当代生活中形成的新结构的探讨,但是全部社会生活不都在它的研究和评估的范围内吗?除非同个体生活相对照或作为个体生活的一个方面,否则集体生活就无从考察。这是一个不断发生的两分现象。更新的现象的确存在,但它能存在,只是因为存在着旧的、并不总情愿被现实之火燃尽的事物——现实之火能迅速地燃烧一切,无论新旧木料。

所以,社会学家不应觉得自己是史学研习所之外的陌生人,他会在那里找到自己所需要的材料、工具,自己的词汇,自己的问题,甚至自己无法确定的疑难。当然,这种相似并非是全盘的,而且常常令人迷惑。因为这关系到教育、训练、专业、师承、职业感以及在各种文献资料中获取信息的技术等一系列事情(但是最后一点即便在历史学中也是同样的,关于中世纪的研究和关于19世纪的研究就要求有很不相同的处理文献的方法)。人们会说,历史学是建构最差的社会科学,因而最灵活最开放。或许,社会科学在我们历史学中比在社会学中出现得更频繁,尽管社会学的使命是把它们全部包罗进去。有一种经济史，我相信它的丰富性足以使贫乏的经济社会学无地自容。有一种极其出色的地理历史学和一种生气勃勃的历史地理学，社会学家的那种点彩派（pointilliste）生态学简直无法望其项背。有一种人口历史学（它是一门历史学，否则它就不会存在），在它的光芒之下，社会形态学（morphologie sociale）显得微不足道。还有一种社会史，虽然它朴实无华，但是同贫乏的类型社会学研究接触后，竟然会几乎无所收获。另外，甚至可以断言，沿着埃内斯特·拉布鲁斯及其弟子所制定的路线（罗马国际历史科学大会，1955 年）发展的计量历史学将能证明，在社会阶级的研究领域里，它比抽象的社会学明显地先进。后者在我看来过分偏执于马克思及其信徒所提出的社会阶级概念。

但是，我们应该把话题打住了。将社会学家正在尝试的同我们历史学家已经从事的工作逐项地相互对应，可能是太容易了。一方面是知识社会学，另一方面是思想史；一方面是微观社会学和人际关系社会学，另一方面是表面现象的历史，所谓的事件史，将最偶然的新闻同影响一个国家乃至整个世界的、最有破坏性和爆炸性的社会景观并列的微观历史。……甚至有些十分接近的活动，我都难以明确地加以区分，诸如艺术社会学和艺术史，劳动社会学和劳工史，文学社会学和文学史，亨利·布雷蒙等人的宗教史和加布列尔·勒布拉（Gabriel Le Bras）及其追随者的精妙绝伦的宗教社会学。如果有什么分歧的话，难道不能用较逊色的伙伴同更光彩的伙伴的结盟来克服这些分歧吗？在这方面，历史学家显然对于社会符号和象征，对于持久的基础社会功能注意得不够。但是无数例子表明，历史学家不用费很大力气就能把这些问题纳入自己给予特别关注的范围。这里涉及的是角度转换和目光范围，而不是专业的规定和界限。

还有一个迹象也能表明这种密切的对应关系,即不同学科的术语越来越趋于一致。历史学家称结构危机为 crise structurale,经济学家则谈论“结构性危机”(crise structurelle)。列维-斯特劳斯在其近著《结构人类学》中也回到“结构的”(structurale)。[1] 与之类似的是,我们究竟该用发音别扭的“局势的”(conjonctural),还是用“局势性的”(conjoncturel)? Événementiel 一词是拉孔贝杜撰出来的(虽然他对选用 éventuel 还是 événementiel 犹豫不决),被西米昂接过来继续使用。它在十年前被退还给历史学家,成为他们的一个核心概念。“层面”(palier)一词源出于乔治·古尔维奇的思想,无论好坏,我们正在逐渐习惯它。我们说不仅有历史现实的层面,而且有历史诠释的层面,因而可能有历史社会学上的理解和冲突的层面:人们仅仅改变层面就可以从冲突转变为一致。

这种游戏是很容易继续下去的,但到此已经足够了。现在需要来阐释它所涉及的核心思想是什么。术语是相同的,或者说正变得一样,这是因为在当前两个最主要的术语——模式和结构——的通用标题下,疑难问题越来越变得一样了。模式作为“匠人的工具”出现在历史学中,但只用于志向远大的工作上。结构则无处不在,我们对它已经充耳不闻了,甚至费弗尔在晚期的一篇文章中注意到:在《年鉴》里也经常能看到它。[2] 实际上,无论代价如何,社会科学必须建构模式,即对于社会生活的一般的和特殊的解释,用一个更清晰的、更便于科学运用的图像来取代令人困惑的经验现实。我们必须选择、精简、重构、度量、

---

〔1〕《年鉴:经济、社会和文明》(1957 年),第 73 页。

〔2〕“那么,(结构)怎么样呢? 我知道,这是个极其时髦的词;甚至有时可以在《年鉴》里找到它,但就我的口味而言,它用得太经常了。”参见于盖特和皮埃尔·肖尼合著《塞维利亚和大西洋》前言(Huguette and Pierre Chaunu, *Sevile et l' Atlantique*, Paris, 1959, vol. 1, p. xi)。

接纳以及几乎是审慎地寻找出矛盾。社会生活实际上不就是这种多层面结构吗？用卢梅盖尔博士（Dr. Roumeguere）的话说，是“叠层”结构。[1] 现实不是逐级逐层变化的吗？如果是，它在“垂直方向”就不是连贯的。它是整体结构，还是仅仅在某个层面上有完整结构呢？除了结构的严格演化，在现实中是否有自由的、无组织的区域呢？结构和非结构是社会现实的骨和肉。但是，推动社会前进的运动是否也是按照可称作“动力”结构的设计组织起来的？或者说，在历史演化的各种现象里是否必然出现某种规律性，某种阶段性呢？“历史的运动”不应该是盲目行进的。

实际上，这些问题是重叠交错的，或者说，应该是交织在一起的。似乎荒谬的是，历史学家在这里显得比社会学家更善于简化事物。这是因为说到底，他完全可以宣称现实也属于他的研究范围。从各种理由出发，他需要接着研究现实，尽管他的研究不如对已经简化、已经尘埃落定的过去的社会所做的研究那么透彻、那么经常。但是，现实则要求恢复自身多重性、复合性和多维性的本来面目。或许，历史学家不如当代动乱的观察者——社会学家——那么清晰地听到和感到这种召唤？

## 三

在上述这种总体看法中，人们往往产生一种颇为强烈的相似和同一的印象。从总体上看，这两个专业有相同的边界，相同的范围。至于

---

[1] 高等社会科学院第六部学术报告，《论结构型的总结》（Colloquium of the École des Hautes Etudes, 6th section, on structures, typed summary, 1958）。

历史方面的因素是否最好由我们来处理,社会学方面的东西由他们来处理,这无关紧要。不要计较,多做一点,我们两个专业的领域将会变得更加相似,分享彼此的成就将更加容易。

只要社会学家不想让历史学家进入现实,这种相似就很难实现。但是,即便如此,我们之间的对立真的完全可以归结为令人怀疑的今天同昨天的差异吗?这就好比两个邻居,一个以"重复性"为借口,进入严格地说不属于他的领地——过去——进行耕耘,另一个则以建设性和破坏性的时段主宰者的名义,即以"持续性"为借口,侵略现实。一方面是重复和比较,另一方面是持续和运动。这是两种把握真实的方式,但这二者是任何一方都可以使用的工具。在曾经存在的同正在存在的或将要存在的事物之间怎么能划出清晰的界限?早期社会学家十分清醒地知道,现实只是构成他们的大厦的一部分。西米昂说过,这就意味着我们应该"在有关人类过去的叙述中寻找事实和例证"[1]。

我甚至不相信有任何风格上的真正对立。难道历史学就更讲究连贯性,而社会学则不那么讲究连贯性吗?一直有人坚持这种观点,但这样提出问题实在太糟糕了!我们应该面对这些著作本身,看一看这种对立究竟与我们的专业有无实质联系。我们不应忘记,今天,不连贯性正在进入历史学的思想库。因此,在第二次世界大战前夕,马克·布洛赫未经深思熟虑而提出这样的问题,不过是挑起一种历史学家最徒劳无益的争论。

实际上,每个历史学家和每个社会学家都有自己的风格。古尔维奇追求一种复合的、偏重经验的社会学——他不无理由地认为这种社会学能反映出丰富多彩的现实,但是他又过于执着,过于谨慎。列维-

---

[1] 西米昂:《历史学方法》(Simiand, "Methode historique"),第 2 页。

斯特劳斯则削减和打破这种丰富性,以揭示人类连续性的深层线索。难道真的有必要在他们中间进行选择,决定谁才是社会学家吗?再说一遍,这是个人风格和气质问题。费弗尔就懂得现实是风云变幻和丰富多彩的,他的风格是对话,这种风格比其他风格更适宜随心所欲地勾画那些复杂的图案。库朗日具有另一种简明性,他渴望大笔一挥就勾勒出事件的线索。米什莱则热烈地追求多重线索,同费弗尔相比,皮雷纳、布洛赫则更注重连续性。是否可以说,他们的风格既归因于他们的性格,也归因于思考对象的性质?他们所考察的中世纪是缺乏文献的。15 世纪,特别是 16 世纪,出现了上千种声音,是更早的时候所听不到的。现在这个时代的重大对话是从那个时候开始的。简言之,我认为,历史学根本不会拘泥于某一种风格。同样地,社会学也不是风格单一的。涂尔干具有一种权威主义的、线性的简明性。阿布尔克也喜欢快刀斩乱麻和条理分明。马塞尔·莫斯则注重多样性,但我们几乎不再读他的东西——原因很简单,我们可以从他的弟子那里听到他的思想,因此可以同活着的人一起从事当代研究。

## 四

历史学有不同的层次。我曾经说有三种层次,但这只是一种简单化的说法。有上十种、上百种层次,有上十种、上百种时段,需要人们加以研究。在表层,事件史用短时段来计量,这是一种微观史学。再深入一点,局势历史则遵循着更广阔、更缓慢的节奏。迄今它首先注重的是物质生活层面,经济周期和周期间隙。(这类历史研究中的杰作是埃内斯特·拉布鲁斯论述酝酿了法国革命的危机——实际上是半个周期间隙[1774—1791 年]——的著作。[1])在这种局势“宣叙调”(recitatif)之上,结构历史(即长时段历史)一举包容了所有的世纪。这种历史介于运动和静止之间。由于它具有长期稳定的价值,所以同其他转瞬即逝的和自身展现比较急速的各种历史相比,它显得缺乏变化。而那些历史归根结底是以它为重心的。

总之,至少有三种历史层次。遗憾的是,社会学尚未同它们发生接触。目前,它几乎还没有同时在这些不同层次上与历史学展开对话,至少还不够活跃。肯定应该有分别对应于这三个层次的历史社会学和历史知识社会学。但是它们还有待于建构。我们历史学家现在只能想象它们可能是什么样子。

事件史的社会学应该研究那些逐日记录所谓世界历史现实的恒定、直接而敏感的机制。这是一种片面而容易引起误解的历史,其中,事件相互纠缠、彼此影响,伟人们似乎在有规律地组织着一切,如同乐队指挥组织管弦乐队一样。这种事件史的社会学还会继续进行旧有的对话(一方面是独特事物,另一方面是重复发生的事物,二者之间的对话)。同时它也是以传统历史学为一方,以微观社会学和人类关系社会学为一方展开的对话。那么,这两种社会学是否比表层历史学更丰富呢?我想是这样的。那么为什么会是这样呢?另外,我们应如何确定这种包容社会全部复杂现象的历史在时间中的位置?可以说,这些问题是用旧有的种种错误观念所无法解决的。细枝末节(不是事件,更不是重大社会事件)的特点是,重复,有规律,而且数量繁多。但这绝不意味着这个层次无足轻重,没有科学价值。我们对它也应该进行

---

[1] 《大革命前夕的法国经济危机》(*La Crise de l' economie francaise a la veille de la Révolution*,Paris, 1944)。

更深入细致的研究。

如果涉及事件,我们的社会学想象力没有“罢工”的话,相反,如果关涉局势,社会学忽略或几乎忽略的角色,一切都有待建设,我说的是有待创造。局势是否确实能够深刻影响各种关系,加强或损害集体联系,即加强某些联系而扭曲和损害另一些联系呢?弗朗索瓦·西米昂根据物质条件的扩张和收缩,草创了一种差强人意的关于局势性时间的社会学。至少在某些方面,A 阶段的扩张及其提供的自由能够维持社会关系和结构,或者相反。而随着 B 阶段的每一次收缩,物质生活(当然不仅限于此)会重新调整,寻找新的平衡——创造出这些平衡,动员各种创造力,至少允许它们充分施展。……但是在这些领域里,历史学家和经济学家的研究还没有提供足够的有效假说,或制定出十分有效的构架,以继承和扩展弗朗索瓦·西米昂的草图。另外,除了经济局势,人们还需要研究社会局势以及其他各种扩张和收缩的局势。只有这样才能获得完全的局势史。把多种同时存在的局势编织在一起,才能产生出一种有生命力的社会学。

至于在长时段历史的领域里,如果说历史学和社会学相互联系,并肩战斗,这还远远不够;它们混为一体,不会彼此。长时段是无穷尽、无止境的结构和结构组合的历史。对于历史学家来说,一个结构不仅是集合成一体的事物,而且还意味着持续性,有时会持续若干世纪之久(时间也是一种结构)。这种宏大的结构跨越广阔的时间却毫无变化。如果它在长途跋涉中有所退化,那么它在行进中就能够自行补充精力,恢复原状。总之,它的特性如果有变化的话,也是极其缓慢的。

我曾试图展示(我几乎不敢说论证),只有当列维-斯特劳斯把自己的模式放在长时段中,他的全部新研究成果(交流理论和社会数学)才能获得成功。无论他选择什么——微观社会学或其他某个层次——

作为他的起点,只有当他接触到时间的这个基础层次时,才能辨识出结构,也就是说,原始亲缘关系、神话、仪式和制度,都是从这个最缓慢的历史观念中建立起来的。而现在,这种工作还只是迷迷糊糊地做了一半。物理学家喜欢谈失重。结构就是一个脱离了重力、脱离了历史加速度的物体。[1]

不过,信守吕西安·费弗尔和马塞尔·莫斯的教诲的历史学家,总是想把握整体,即社会生活的整体。于是,他会努力把层次、时段、不同时间、结构、局势和事件搜罗在一起。对于他来说,这样一种拼凑有助于形成一种总体平衡。但是这种平衡很不稳定,只有经过一系列的调整、冲撞和修正,才能维持住。总的说来,在理论上,流动的社会现实每时每刻都在发展自己的历史。谁会否认这一点呢?这就是社会总体结构的观念之所以惊扰和阻碍历史学家的原因;尽管总体结构和总体现实之间当然会有很大的距离。历史学家在这种思考中最关心的是:这一大规模运动的不确定性,其变化的各种可能性,其自由度以及对其特殊"函数"(瞬时和个别的后果)的解释。简言之,在"总体"——我不太愿意说"总体化"——的阶段上,历史学家总是会回到自己导师的反社会学主张上。任何社会即便有很多旧的因素,但终归是独一无二的。在这方面,尽管它可以在自己时代之外得到解释,但也可以从自己时代背景中得到解释。它的确符合亨利·奥塞尔和吕西安·费弗尔的精神,是"时代的产物",是他所生活的时代的产物。每个社会都是自己时代的一个函数,而不仅仅是它与其他社会现实共有的时段的函数。

---

〔1〕 布罗代尔:《历史学和社会科学:长时段》(F. Braudel, "Histoire et sciences sociales: La longue durée", *Annales E. S. C.* no. 4 [1958])。

## 五

我是否陷入了幻想？我已经表明，历史学家的专业正在越出自己古老的边界，在对社会科学的基础本身提出怀疑，在放纵自己的好奇心，任其自由驰骋。20世纪初，它曾转向心理学：当时桑巴特（Werner Sombart）主张资本主义首先是一种精神（更晚些时候，吕西安·费弗尔沿着同样的思路谈论精神装备）。以后，在30年代，它转向弗朗索瓦·西米昂向法国历史学家展示的以局势为中心的政治经济学。而且，它曾在很长时间里转向地理学。值得注意的是，在这个世纪里，马克思主义对我们专业的困扰极其微弱。但是，它的渗透、诱惑和影响毕竟很大，而且很明显。20世纪前半期唯一缺少的是能够成为典范和中心的马克思主义史学杰作。人们还在期待这样的杰作问世。但无论如何，它的巨大影响已造成我们专业中的无数变化。这些变化迫使历史学家除旧布新，从自己所受的训练中，甚至从自己成就的遗产中走出来。

不过，这些变化都有一个不可避免的、隐蔽的界限。[1] 的确，历史学家从来不能摆脱历史时间的问题：时间粘着他的思想，一如泥土粘着园丁的铁铲。当然，或许他渴望摆脱它。1940年的哀伤曾促使加斯通·鲁普内尔就这个问题写下能够使任何真诚的历史学家都感到痛苦的话语。[2] 杰出的保罗·拉孔贝早就做出类似的反思："时间本身什

---

〔1〕 读者会发现以下三页（原书页数——译注）重复了同年发表在《年鉴》上的文章《长时段》，这是因为无论从哪篇文章抽掉这一段都会破坏推理的完整性。

〔2〕 《历史学与命运》（*Histoire et destin*, Paris, 1943, passim）。

么都不是,客观地说,它仅仅是我们的一个概念。"[1]但是,这种说法真的能提供一条隐退之路吗?我自己在令人沮丧的俘虏生活期间也曾竭力想逃避编年史上的那些艰难岁月(1940—1945年)。把事件及其发生的时间推到一边,是一种置身局外、自我保护的方式。其目的在于高瞻远瞩,更好地评估它们,而不至于完全身陷其中。从短时段转向较长的时段,然后转向深远的视域(只要它存在,它肯定是智者的时段),这时就可以重新思考一切,重新建构周围的一切。历史学家怎么会不被这种前景所吸引!

不过,这种连续飞行并不能使历史学家最终跳出世界时间的束缚,跳出历史的时间。这种时间是非常专横的,因为它是不可逆转的,而且随着地球旋转的节奏而流逝。实际上,我们所能辨别的各种时段都是相互依存的。这种时间与其说是我们自己心智的产物,不如说是我们分解时间的方法。这些片段经过我们的劳动而重新组合。长时段、局势和事件,彼此能够融洽地相互配合,因为它们都是用同样的比例尺来度量的。同样地,如果能够富有想象力地理解这些时段中的一个,那么就能理解它们全体。尽管事物的主观方面都含有时间观念,但是痴迷其中的哲学家绝不会察觉历史时间、具体而普遍的时间的分量,譬如埃内斯特·拉布鲁斯在其大作的导言里所描绘的局势时间的分量。他就会像一个永远不变的旅游者,在一个强制推行永远不变的价值体系的世界里旅游,既不考虑自己抵达哪个国家,也不考虑这个国家有什么样的社会秩序。

对于历史学家来说,万物都有时间上的开端和终结。这种时间是

---

[1] 《克塞诺波尔先生理解的历史科学》("La Science de l'histoire d'après M. Xénopol", *Revue de synthèse thstorique* [1900]),第32页。

数学上的、神圣的时间,是易于模拟的观念,是外在于人的(正如经济学家所说的“外来的”)时间。它推动人们,强迫人们,把他们个人的时间涂抹上同样的色彩。它的确是这个世界上专横的时间。

社会学家当然不会喜欢这种过于简单化的观念。他们更喜欢加斯通·巴什拉提出的时段辩证法。[1] 社会时间仅仅被视为社会现实的一个维度。它存在于这个现实之中,一如存在于既定个人身上,是一个特征符号。社会学家绝不会被这种沾沾自喜的时间所困扰,因为他可以任意地剪裁、拖延和调动它。我必须重申,历史的时间并不那么容易屈从于共时分析和历时分析这两种灵活的方法。不能把生活想象成一个机械装置,可以随心所欲地使它停顿下来,以显示其静物相。

社会学家的时间观念不可能被我们所接受。这种分歧比最初显露的更深刻。我们专业的深层结构不能接受它。我们的时间,一如经济学家的时间,是一种量度。如果一个社会学家告诉我们,一个结构的崩溃不过是为了实现重建,我们会欣然接受这种解释,会用历史研究来加以证实。但是,我们想知道沿一般轴线的运动(无论是正向运动还是反向运动)的准确时间长度。经济周期与物质生活的涨落变化是能够测量的。结构性社会危机同样能在时间上定位,并且借时间来定位。我们能够准确地给它定位,无论是通过它自身,还是通过相关结构的运动。历史学家感兴趣的是这些运动相互交叉的方式,以及它们如何相互作用,它们如何结束。不论是什么事物,要想记录下来,必须使用历史学家的统一时间——因为这种时间能够成为所有现象的共同标准,而不能用社会现实的多种时间——因为后者只是针对不同现象的不同标准。

总而言之,历史学家只能阐述这种反对意见,即便是在涉及友好而

---

〔1〕《时段的辩证法》(*Dialectique de la durée*, 2d ed. 1950)。

亲切的乔治·古尔维奇的社会学领域时也是如此。最近有位哲学家评论说他"正在把社会学拉回到历史学的怀抱里"。[1] 但是,即便如此,历史学家既不能承认他的时段概念,也不能承认他的时间概念。古尔维奇所建构的社会大厦(是否可称之为模式?)具有五个基本建造层次:最深层次;社交层次;社会集团层次;总体社会层次;时间层次。[2] 时间是脚手架上的最后一层。这种最新概念构造似乎是附加在这个整体上的。

乔治·古尔维奇的时间有各种样式。他分解出一系列的时间:长时段的和缓慢运动的时间、欺骗性时间和意外性时间、节奏不规则的时间、流逝均匀的时间、快慢交替的时间、快速流逝的时间、爆炸性时间。历史学家怎么可能完全接受它们呢?如果接受了这样斑驳的颜色,他就不可能重建单色的白光,而后者对于他是不可或缺的。历史学家很快就会懂得,这种变色龙似的时间纯粹是在已有的范畴上画蛇添足。在我们这位朋友建造的城市里,时间这个最后的来客很自然地同其他各种范畴和睦相处。它使自己分别适应"深层"、社交、集团、总体社会的不同领域和要求。这实际上是在用另一种方式毫无修改地重写同一个方程式。各种社会现实都像贝壳一样藏匿自己特殊的时间或时间尺度。但是,我们历史学家能够从中有什么收益呢?这座理想城市的宏大建筑不过是死水一潭。根本没有历史。那里确有这个世界的时间,即历史的时间。但是它被囚禁起来,如同被披上公羊皮的风神。社会

---

〔1〕 吉勒·格朗热:《人类科学中的事件与结构》(Gilles Granger, "Évenement et structure dans les sciences de l' homme", *Cashiers de l' Institut de Science economique appliquée*, Série M, no. 1, pp. 41-42)。

〔2〕 乔治·古尔维奇:《社会决定主义与人类自由》(Georges Gurvitch, *Détérminismes sociaux et liberté humaine*, Paris, 1955, pp. 38-40 and passim)。

学家在根本上(在很大程度上是无意识的)嫉妒的不是历史学,而是历史学的时间。不管人们如何试图整理它或打碎它,它依然是一个难以驯服的现实。它是一个桎梏,历史学家从来不能摆脱它。社会学家看来几乎一直在设法避开它:或者专注于似乎停滞于某处的瞬间,或者专注于不特属于任何时代的重复现象。他们用最狭小的事件界限和无限扩展的长时段分别界定这两种运动,以此在思想上避开其中的矛盾。这种躲避正当吗?这正是历史学家同社会学家之间、甚至见解不同的历史学家之间的根本分歧所在。

## 六

我认为,历史是无法回避的。对此,社会学家应该慎思。哲学(滞留在自己的出发点)将自己装备得非常之好,以致感觉不到历史的这种具体需求。对现状的调查技术有可能促成这种专业分离。眼前的时刻瞬息万变,往往使力图把握它的人如堕雾中,手足无措。但愿所有研究眼前时刻的人能够谨防草率的蜻蜓点水式的研究。在我们的图书馆、政府和各行各业的文牍里充斥着一种事件社会学。我无须造这种时尚的反或宣布它无用。但是,如果它不记录造成各种社会现象的那种运动的方向、快慢和兴衰,如果它不附着于历史的运动,即贯穿过去、现在乃至未来的强大辩证法,它能有什么科学价值呢?

我希望,年轻的社会学家在学习期间能够用必要的时间(哪怕在最简陋的档案馆里)研究一下最简单的历史问题。这样,他们至少曾经接触过贫乏的教科书之外的、实质上很简单、但与其专业一样只有通过实践才能理解的专业。除非使各种专业协调一致,并加以综合运用,否则不可能有我所理解的社会科学。使它们相互对立是极其容易的,但这是一种老调。我们现在需要新的曲调。

## 精选书目

1. 除了我在文章中引用的有关历史学和社会学的冲突的著作外,我想向年轻的社会学家推荐一些著作。通过阅读这些著作,他们可以直接接触历史学,特别是那种与他们的专业联系最密切的历史学。

下面的书目仅仅是从汗牛充栋的著作中挑选出来的一组,还可以根据个人的不同口味和兴趣做出其他选择。


Vidal de la Blache, P. *La France: Tableau geographiqu.* paris, 1906.

Bloch, M. *Les Caracteres originaux de l'histoire rurale francaise.* Paris-Oslo, 1931.

——. *La Societe frodale.* Paris, 1940.

Febvre, L. *Rabelais et les problemes de l'incroyance au XVIe siecle.* Paris, 1943.

Dupront, A. *Le Mythe de croisade: Etude de sociologie religieuse.* Paris, 1956.

Francastel, P. *Peinture et societe.* Lyons, 1941.

Braudel. F. *The Mediterranean and the Mediterranean World in the Age of Philip II*, trans. Sian Reynolds. 2 vols, N. Y.: Harper & Row, 1972-1974.

Curtius, E. *Le Moyen age latin.* Paris, 1956.

Huizinga, J. *The Waning of the Middle Ages*, Trans, F. Hopman, England, 1924.

Labrousse, E. *La Crise de l'economie francaise a la veille de la Revolution.* Paris, 1944.

Lefebvre, G. *La Grande Peur.* Paris, 1932.


2. 历史学方法论的研究很多,因此我们仅限于列举在正文中援引的一些著作:

Ariès, P. *Le Temps de l' histoire.* Paris, 1954.

Bolch, M. *Metier d' historien.* Paris, 1949.

Braudel, F. "Histoire et sciences sociales: La longue durée," *Annales E. S. C.* no. 4 (1958).

Febvre, L. *Combats pour l' histoire.* Paris, 1954.

Piganiol, A. "Qu' est-ce que l' histoire?" in *Revue de métaphysique et de morale* (1955):225-247.

Marrou, H.-J. *De la Cannaissance historique*, Paris, 1954.

Simiand, F. "Méthode historique et sciences sociale," *Revue de synthèse historique* (1903): 1-22; 129-157.

# 论历史经济学*

经济史的成就是否已经坚实得足以使我们至少在思想上能够富有成效地超越它们并试着发现在个案之上的一般规则和趋向呢？换言之，一种关注大的系统，关注普遍性和持久性的历史经济学大纲是否能用于经济研究，解决眼前的重大问题，更确切地说，是否能系统地阐述这样的问题呢？物理学家不时地遇到一些困难，而这些困难只有数学家能够用其独特的规则予以解决。我们历史学家能否向我们的经济学同事提出类似的要求呢？无疑，这个比喻过于自命不凡了。如果用一个更谦虚并且或许更准确的比喻，可以将我们历史学家比喻成一些旅游者，他们记下道路的高低不平和风景的色调，由于有了相似的或共同的话题，便可以与地理学方面的朋友讨论以走出困惑。实际上，我们在人类的时间里漫游时感到我们已经辨别出不同的经济现实，有些是稳定的，另一些是波动的，有些有节奏，另一些则没有。这些是错觉，是无益的考察，还是早已能够证明是有价值的工作？这并不是单凭我们自己可以裁定的事情。

因此我相信，可以（而且应该）在不同的人文科学，即社会学、历史学和经济学之间发起一个对话。随后它们都会产生大动荡。我已预先

---

* 原载《经济学评论》（1950 年 5 月），第 37—44 页。

准备好迎接在历史学方面的这些大动荡;但也正因为如此,这并不是我希望或能够用寥寥几笔加以说明的,我同意将它们刊登在《经济学评论》上也是有些担忧的。我最多想指出某些问题,希望它们能被经济学家重新考虑,以便它们经过改变、澄清、放大,甚至或许相反化为乌有——但即便是在这种情况下,也是一种进步,也是向前迈了一步——再反馈给历史学。无须说,我并没有奢望提出了所有的问题,或者所有可能通过历史学和经济学两种方法的印证而受益的重大问题。这样的问题应该是不胜枚举的。我在此只想提出我在作为历史学家的工作中为之着迷并深入思考过的几个问题。它们或许与某些经济学家的兴趣有关,虽然我们之间的观点在我看来还相距甚远。

## 一

历史学家这门职业中的困难不断地引起我们的注意。我们不想否认这些困难。不过暂且让我们先指出这一职业所具有的不可替代的便利吧。我们不是能够在既定的历史形势中一眼便分辨出未来的决定因素吗?我们知道在各种相互冲突的力量中哪一个会占上风。我们可以预先辨别出哪些事件是重要的,哪些会造成后果,哪些会影响未来。这是多么巨大的特权啊!谁还能在当代生活的全部杂乱的事物中可靠地将持久的事物与短暂的事物区分开来?对于现代人来说,不幸的是,枝节事件经常显得太重要,而将会塑造未来的重大事件却那么不事喧哗——如尼采曾说过的,迈着悄无声响的鸽步走来——以致人们几乎不知道它的存在。这就是为什么科林·克拉克(Colin Clark)试图在当代经济数据上增添预测未来的推算,以便能事先分辨塑造和决定我们生活的主要潮流。一切都颠倒了,这就是历史学家的梦想!……

因此,历史学家第一眼看到的就是人生竞争中获胜者的那一堆事件。但是,这些事件在一个具有多种并相互矛盾的可能性的框架里再次安置和排列自己。生活最终在那些可能性中做出抉择。一种可能性实现了,十种、百种、千种可能性就消失了。甚至还有无数种可能性,在我们看来并不是太谦逊、太隐蔽,而不会一下子对历史学施加影响。然而我们应该设法重新引进它们,因为这些正在消失的运动是多种多样的物质和非物质的力量,每时每刻都在阻滞强大的进化动力,减缓它们的发展,有时还早早结束它们的存在。我们必须了解这些力量。

因而看起来,历史学家必须违反本意,违拗自己专业的便利,不仅研究进步与正在得势的运动,还要研究相反的情况,即垂死挣扎过的丰富的、相反的经历。我们可以称之为惯性(l' inertie)。当然使用这个词并不含有任何特定的贬义。在某种意义上,这是吕西安·费弗尔在他的《拉伯雷》一书中研究的问题,他曾思考:不信教——具体说来是作为心智起源的审慎的不信教——是否有远大前途,不信教在16世纪前半叶是否可能是一种思辨,那个时代的思想装备(即有关无宗教信仰的惯性)是否能够孕育和清晰地阐述它?

我们在经济领域也能发现这些关于惯性、阻滞的问题,通常,这些问题即便较不容易解决,也会较为清晰地被提出来。我们发现,在资本主义、国际经济、Weltwirtschaft(世界经济,这个词在德国思想中难解且多义)的名目下面,是对于发展的高峰、顶峰,常常出现的例外的描述。而阿尔弗雷德·雅尔德(Alfred Jardé)在有关古希腊的谷物史的杰作中不仅考虑到谷物贸易的"近代"形式控制了粮食贸易的亚历山大商人,而且设想了在伯罗奔尼撒半岛或伊庇鲁斯的一位牧人:他靠自己的土地、自己的橄榄树生活,在欢宴的日子里宰杀自己畜群中的乳猪……这是存在于当时国际经济之外成千上万的封闭或半封闭经济体的一例。

这些经济体用它们自己的方式抑制了国际经济的发展和节奏。这不是惯性吗？此外还有那些由它所支配的手段，它的力量，它的不同的步调，它的速度，尤其是它的相对迟滞所强加给任何时代的那些东西。任何对过去的研究应该必然包括对在某一时刻压在过去身上的东西的细微计算，无论是地理障碍、技术发展障碍、社会障碍还是行政障碍。为了说得更清楚些，我甚至可以说，假若我着手研究宗教战争期间的法国（我对此很感兴趣），我会从乍看起来是武断的，但肯定并非如此的印象开始。我以前做的几次粗略研究使我觉得法国非常像两次世界大战期间的中国——置身其中会迷失津渡的广袤国度，更何况16世纪的法国不像中国那样人口过剩。但是这幅图像适用于一个被内外战争所分裂了的广阔国度。所有这些都重新出现了：被围困的惊恐不安的城市，屠杀，各省之间的军队流散，地方解体，重建，奇迹，惊诧……我并不认为这样一种比较能持久存在，能贯穿我的研究的始终。但这是一个起点，可以由此研究那种气氛，那种广阔的空间以及无数的制动因素。如果想理解其他部分，包括经济和政治，就必须研究这些。

这些例子并不足以解释这个问题的所有方面。但是它们可以让我们明白这个问题的一些要点。全部存在和一切人类经验都封装在一个厚得不能一下就戳破的封套里；这个封套受到强有力的装置的限制，这个装置仅允许某些运动，甚至仅允许某些态度和某些思想革新。这是一个厚厚的壁壳，既令人失望但又合理，既好又坏，限制着最好的和最坏的——暂且用道德术语说——两者的发展。它几乎一直在阻挡最为必要的社会进步，但也遏止战争的爆发——我在此想到的是充满了急促、间断的冲突的16世纪，或者杜绝失业的发生——正如在16世纪生产过程被打碎成大量的细小机体，后者表现出抗拒危机的非凡能力。

对于专职研究过去的现实且必须真实地描述它们的历史学家来说,上述对界限和惯性的研究是(或者应该是)十分必要的。难道这样的研究不属于更关注现实的经济学家的领域吗?我们目前的经济文明也有其界限,也有其惯性。无疑,对于经济学家来说,使这些问题脱离它们的社会或历史的背景是很困难的。但是,他有责任告诉我们怎样才能更好地阐述它们,或者准确地说明在什么方面它们是不真实的而且是无关紧要的问题。我最近就上述想法向一位经济学家请教。他回答道,他在每一次研究这样的阻遏、粘滞、抗拒时首先依靠的是历史学家。这样真的就稳妥了吗?它不是相反具有一些可以识别和度量的经济学上的因素吗?难道这只在一定的时段中存在吗?

## 二

传统历史学所感兴趣的是传记和事件这样的历史学的短时段。这不是经济史学家或社会史学家所感兴趣的那种时间。社会、文明、经济、政治体制是按照不那么急速的步伐来计算生命的。如果我们也来谈论持续5年、10年、20年、30年、甚至50年的周期,周期间隙和带有阶段性的周期运动,经济学家是不会惊讶的,因为我们的方法借鉴自他们。但是从我们的观点看,难道它涉及的不总是历史的短波(ondes courtes)吗?

在这些微波细浪下面,在趋势(经济学家的以世纪计的趋势)的现象领域里铺展开的是高低起伏、难以辨别的历史。这种历史只是缓慢地变形,因而也只是很缓慢地让我们看到。这就是用我们不完善的语言所称谓的"结构的历史"(histoire structurale)。与这种历史相反的与其说是事件的(événementielle)历史,不如说是相对短暂的、起伏的、局势的(conjoncturale)历史。没有人会想到这样几句话竟然会激起论辩[1]和保留意见。

但是让我们假定:我们已经结束了这样的论辩,即便没有获得一个明确的定义,那么至少达到了一种对这种深层历史的理解。这种历史也是经济史(在长时间里起遥控作用的人口学可以对它做出很好的,甚至可以说是绝好的论证)。但是,只有当我们具有回溯久远的、很长的文献系列时——最好是统计方面的资料,才可能可靠地记录下经济体的大范围的结构振荡。我们很清楚地知道情况并不是这样,我们研究和思考的是相对较短和较具体的系列,诸如价格和工资的系列。但是,难道人们就不想系统地思考不是以几年、几十年为时间单位,而是以整整几个世纪为时间单位的鲜为人知的或耳熟能详的历史吗?提出这一要求是想入非非还是确有价值呢?

如果存在着边界比较确定的经济区或经济体,那么地理学的观察方法会被证明无用吗?描述资本主义的地理阶段,或者在甚至更大的范围,从我们历史研究的角度出发系统地研究经济地理,以观察在特定经济区域里历史的起伏曲折是如何被记录的,这不是比譬如描述资本主义的社会阶段以阐释亨利·皮雷纳的一篇有启发性的文字更有意思吗?虽然这不是仅凭我个人就能实现的事情,但是我还是试着展示了16世纪末地中海的生活可能具有的面貌。我们一个优秀的研究者雷蒙(M. A. Rémond)即将完成对18世纪法国的研究。他将要展示法国经济尽管在地中海的贸易有所增长,但却从地中海分离出来,转向了大西洋。这个转变带动了商路、市场和城市的重大转变。我还想到在19

[1] 若是用"结构的"(structurel)和"局势的"(conjoncturel),不是更好、更符合语法吗?

世纪初[1],法国是由一系列像国中之国的外省组成的,每个省都有各自组织良好的生存领域,它们是通过政治和它们的交换体系而联系在一起的。它们如同若干民族经济体那样彼此相处,按着我们教科书里制定的规则调整各种随之而来的货币比价以平衡它们的账目。这种地理学随着一个世纪以来的众多创新已发生很大变化,那么就法国的情况来说,它就不能提供一种有价值的研究计划吗?它就不能提供一种达到缓慢运动的历史层面的手段吗?那些引人入胜的变化和危机反而使这种历史更易于躲过我们的视线。当然,我们还期待更好的手段。

此外,历史学的长远视角或许以一种空幻的方式启发我们,经济生活遵从大的节奏。中世纪意大利的辉煌城市在16世纪并没有一下子衰落下去。它们在兴起时常常是靠陆路或水路运输的利润来累积财富。阿斯蒂(Asti)、威尼斯和热那亚都是这种情况。继之而来的是商业活动,然后是工业发展,最后登峰造极的是银行业的发展。反过来一样,衰落相继——有时间隔很长时间,有时还有短暂的复兴——影响到运输、商业、工业。在此之后,银行的活动还持续了很长时间。18世纪的威尼斯和热那亚依然是金融中心。

这样讲是过分简单化了,而且我并不认为这是完全真实的。但是在此我更关心的是提示而不是论证。要想搞得更复杂些、更接近于实际,就必须指出每个新活动都打破了框架,都跨越了障碍。同样,上升和下降也不应表现为简单的线条,它们被无数寄生的干扰物搅得混沌不清,正如它们有义务这样做一样。从运输到银行业的连续阶段也不应该表现为经由突然的断裂而一蹴而就。如同一粒种子会长成一棵植

[1] 参见法国高等社会科学院的助教、年轻的经济学家弗朗索瓦·德索奈(François Desaunay)正在写作的著作。

物一样，每一个城市经济从一开始都包含着各种阶段的活动，虽然有些还处于胚胎状态。最后，希望从一个例子中推导出一条规则，设想人们能够得到关于中世纪意大利城市是微型国家的结论（一种微观经济学？），用这种结论先验地解释当代经济，显然是危险的。没有根据地进一步思考是非常危险的跳跃。

然而，经济学家能不再次帮助我们吗？我们是否正确地在运输及其关联的因素（价格、商路和技术发展）中看到了那种在长时段里有决定意义的动力？是否不仅在周期和周期间隙的单一而狭小的时段里，而且在非常长的时期里存在着超越其他运动的某些经济运动的岁差（这里借用了天文学的一个字眼）？

## 三

还有一个看来是至关重要的问题，用社会学家的话说，即连续和间断的问题。它所引发的争论可能在于我们很少考虑历史时间的多元性。时间不仅载负着我们，也载负着社会和文明——尽管方式不同。后者超越了我们，因为它们的寿命比我们长得多。它们在衰退之途上的标度点和阶段也与我们的绝不相同。我们的时间是我们经历和生活的时间，它使四季循环往返，花朵盛开，标志着我们岁月的流逝，同样指示出各种各样社会结构存在的时刻，但是节奏大不相同。不过，无论它们衰老得如何缓慢，它们毕竟也会变化，并最终死亡。

用历史学的语言说，造成社会间断的是这些结构断裂的一种，即深刻的、无声的、无痛苦的断裂。如果不是像人们告诉我们的这样，那又是什么呢？我们生来就被置于一个特殊的社会布局（同时指思想态度、环境、文明，尤其是经济文明）之中。我们的前几代人很熟悉这种布局。然后,在我们的生命结束以前,这一切可能会崩溃,动乱和震荡也就由此产生了。

从一个世界转变到另一个世界,这是我们需要阐明的人类大戏剧。当桑巴特和萨尤(Sayous)争辩现代资本主义何时诞生时,他们所寻觅的正是那种断裂,虽然他们没有说出它的名称,而且也不能准确地确定它的日期。我不追求那些大变动(或者说,罗马世界的瓦解那种不真实的典型的大变动,人们研究它如同德国军队研究坎尼[Cannes]战役)的哲学,而宁愿根据间断性的多重启示进行研究。社会学家已经在讨论它了,历史学家在揭示它。那么经济学家会考虑它吗?他们是否像我们一样曾经有机会接触伊尼亚斯·梅耶松(Ignace Meyerson)的敏锐思想?这些深深的断裂将人类的重大命运之一——它最基本的命运——分截成几段。这一命运的任何一个部件在它爆裂时都完蛋了,至少是被改造了。如果,我们恰好通过其中某一个关键性的区域(这看来是可能的),那么我们昨天所运用的工具、思想和观念没有一样能适用于明天,基于幻想的返回到旧价值的教义也变得陈腐无用。我们所勉强比作大师的训诫的政治经济学在我们老年时将不再对我们有任何益处。但是经济学家对于这类结构间断,甚至要借用一些假说的间断就没有任何话要说吗?他们在这方面没有任何话要对我们说吗?

显然,在使人文科学恢复活力方面,对于我们最必要的看来与其说是个别人的探险,不如说是发起一个大规模的全面辩论,这场辩论显然绝不可能终结,因为思想的历史,包括史学史也是一个活生生的存在,它有自己的生命,独立于激发它的那些存在本身。幻想着把如此令人迷惑的、如此令人难以对付的社会现实整个置于单一解释的范围里,还有什么比这更有魅力,也更不可能做到呢?除了社会学家,历史学家是唯一有权能对属于人的一切做出全面考察的人。我们的任务和苦恼是用生活的全部不同时间和不同的事实次序重建生活的基本统一体。“历史就是人”,吕西安·费弗尔如是观。因而,当我们在试图重建人的时候,我们应该把所有按照相同的节奏出现、联合和存在的现实放在一起。否则,这个拼图就会走样。如果我们将结构历史和局势历史并列,我们的阐释就会偏离真理。或者说,如果我们转向事件历史,我们就不得不削足适履来修剪我们的阐释。在每一阶段只能在相似的物体之间寻找相互关系。这应该是我们首要的关注、研究和思考的对象。然后我们就一步步地重建大厦,我们也确实能这样做。

# 论系列史

## ——评《塞维利亚和大西洋,1504—1650》*

为了描述皮埃尔·肖尼(Pierre Chaunu)的这一杰出的著作[1],人们需要找到一个措辞,它应能一下子说明他的进取精神和他所提出的那种历史具有的强烈的而又有限的创新性。让我们称之为系列史(l'histoire sérielle)吧,因为皮埃尔·肖尼本人最近正是这样称呼它的[2],而且它揭示了这一著作的主要方面。否则读者在深入这一著作时,有可能被作者提供的多种道路弄得无所适从,因而忘记了主线,逐渐完全迷失方向。

虽然第一次仔细读完这本书后我就可以动笔评论,但我应该承认,在读了第二遍以后,我更加理解了这部包含众多努力,并有许多出人意料的、有意识的省略的著作。在系列史方面,这本书具有统一性、合理性和预先接受的界限。

即便是范围如此宏大的一部著作也必定有一个选择的问题。皮

---

* 原载《年鉴:经济、社会和文明》第3期(1963年5—6月),评论,第541—543页。

[1] 《塞维利亚和大西洋,1550—1650》(*Séville et l'Atlantique*, *1550-1650*, Paris: S. E. V. P. E. N., 1959)。

[2] 《局势的动力和系列历史学》("Dynamique Conjoncturelle et histoire sérielle", *Industrie*, 6 June 1960)。

埃尔·肖尼用来掩护自己的系列史也具有自己的要求。它“较少地关心个别事件……更多地关心重复的因素……这些因素是能够被整合在有能力支持用于系列分析的古典数学程序的同质系列中的”。它因此是一种语言,而且是极其抽象、脱离现实的语言。

这种历史提倡(而且绝对要求)使用系列(séries);正是系列赋予它名称和存在的理由。所谓系列是指一个个连在一起的量度的连贯系列,或者说表现为连贯的系列。据说它如同历史时间的一个函数。这个函数的系列应该被耐心地建立起来,然后函数的意义就会被推演出来。数据越多越好,因为它的轨迹有时很难追寻,而且在起点所做的计算绝不可能有把握预先自动地规定它。

这就是历史时间的函数和解释吗?这些图像和公式或许并不真的足够清晰或公正。如此一个表示可靠的相互联系的量度的数据系列,就像一条修建好穿越我们的不确定知识的公路,只允许我们沿着特定的但享有特权的路线旅行。

1504—1650 年塞维利亚和美洲之间的贸易情况是根据数量和价值重构出来的,这些供我们理解用的一大堆数量化的连续的事实是一个在历史上享有盛誉的系列。为了建立这个系列,1955 年至 1957 年间于盖特·肖尼和皮埃尔·肖尼发表了七大卷港口账目。[1] 他们在建立这个系列的同时也就发明了它。在他们看来,最重要的事情是修

[1] 于盖特·肖尼和皮埃尔·肖尼:《塞维利亚和大西洋》,第一部分“统计部分”(Huguette and Pierre Chaunu, *Séville et l' Atlantique*, first part: Statistical Section [1504-1650], 6 vols. [Paris: S. E. V. P. E. N., 1955-56], plus an Atlas, *Construction graphique* [1957])。皮埃尔·肖尼的论文包含在《塞维利亚和大西洋》一书的第二部分,即所谓的解释部分里。因此他的卷帙编号乍看颇使人迷惑,如 VIII$^{1}$, VIII$^{2}$, VIII$^{2}$ bis。

建远在易于找到统计数字的 18 世纪初之前的那种可靠的数字公路,如皮埃尔·肖尼写道的,“以便在无论多么小的程度上将可度量的经济与那些必须听任纯粹质量评估的经济之间的边界向后推移”。

自厄尔·汉密尔顿(Earl J. Hamilton)以后,我们已经知道 16 世纪西班牙的强盛是能够度量的。我们现在对此知道得更清楚了。只要有了伊比利亚半岛的丰富档案,还可以沿着系列的便利途径继续前进。

因此,经过非凡的、创新的努力,皮埃尔完成了长达三千多页的论文。他只向我们揭示了西班牙强盛的一个方面,也是世界经济的一个方面,但是他所选择的轴心是决定性的,有支配力的,能够给无数既有的思想和知识的整个领域带来一个不可抗拒的秩序。所有对现代世界的开端感兴趣的历史学家和经济学家在读这本书时,将会发现他们被要求检验(有时是抛弃)旧的解释。对于一个倾心历史学的人,肯定没有比这本书更吸引人的景观了,只要他将此书放在它的背景之中,而且不向它要求比它能够和尤其是愿意提供的更多的东西。

## 结构和局势

尽管皮埃尔·肖尼以他惯有的过分的好意很清楚地说明了他的塞维利亚—大西洋一书与《菲利普二世时代的地中海和地中海世界》这本早于它十年(即 1949 年)问世的书之间明显的相似之处与前后联系,但我并不相信前者是对后者的重复和延伸。作为一个起点,他所描述的大西洋并不是从全局考虑的,而是一个从安的列斯群岛到瓜达尔基维尔河(Guadalquivir)河口的随意的空间,正如作者一再指出而令人生厌的那样:“中部大西洋”“早期的作为伊比利亚半岛居民圈占地的大西洋”“专属于塞维利亚的大西洋”,这些作者的惯用语应受到质疑。

这里涉及的并不是一个未加工的地理全貌,而是一个构建的人类现实,具体地说是以塞维利亚为终点的商路体系,“在那里我们……从一个瓶颈里提取一切,然后一切从那里再次开始”。

还有另一个基本差异。这是皮埃尔·肖尼看到的,而且它也的确是一目了然的,即在地中海这个一直被人类统治的、身后有全部过去,但在当时(16世纪)正在走到它荣耀的端点的最古老的海与只有一个局促不安的匆忙构建的过去的海(大西洋)之间的差异。

无疑,当皮埃尔·肖尼在区别结构与局势、停滞与运动时,他姑且遵循了我早些时候给出的、看来影响了最近相当数量的论文的样板。所以,皮埃尔·肖尼也受到了长时段与短时段之间的有效的对话的诱惑。但是,尽管如此,他的意图与我并不相同。在《地中海》一书中我追求的是尽我所能阐述——不管好坏——并想象从静止到人类生活的最活跃的运动的总体历史。皮埃尔·肖尼既没有这样的抱负,也没有这样的愿望。在他的书中,先是对各种主要的静止的实体的描述(第一部分),然后是对局势的叙述(第二部分)。这些仅仅旨在重构某种脱离总体历史的经济现实。虽然它历经了总体历史,但是它在一切方面都压倒了后者。我甚至怀疑,皮埃尔·肖尼有意偏爱局势叙述,这种叙述比结构历史更接近于人们所经历的历史,更容易把握,如果用曲线来概括则更具有科学意味,而结构历史只能用长时段的抽象概念才能加以研究。

1504年,塞维利亚的优势地位被确立起来,此时距离哥伦布航行已过了12年了,但如实说,大西洋还不具有任何真正的结构。所以简言之,这些结构还有待引进,有待构建。不正因为如此,皮埃尔·肖尼在长时段与这种波动的分离中看到从一开始就使他的局势研究(局势正是他这本书的目标和他的研究工作的核心)摆脱任何妨碍他安排他的对象,或者说妨碍他流畅地评论事情的绝好机会吗?这位数学家在用等式的某一项来汇总或抛弃他的全部常量时就是这样做的。

说得更清楚些,皮埃尔·肖尼论文的第一卷无论有多么丰富,只不过是随后进行系列建构的先决条件。如果我们仅考虑它本身,我们在其中看到的将是弱点、空白、令人惊异的省略,不过这些在这本书的全景中消失了,并且从这本书的总体视角为自己辩护。这符合这位建筑师的意图,更符合他所选择的义务。

## 中部大西洋的构建

我对皮埃尔·肖尼著作的最初反应是把其第一卷看作一本书,认为它应该有自己的要求,尤其要有自身的统一性。给这本书换上一个含糊的题目《地理结构》是于事无补的。第一卷关注的不是无时间性。对于皮埃尔·肖尼,如同对于所有接近吕西安·费弗尔的历史学家一样,无论地理学的观点如何独特,它都必须考虑人们今天和昨天的全部存在过的经验。实际上,地理学并不会限制我们做什么,而是提供一些指示。它建议我们基于空间的邻近地区进行区域设计,并为此进行辩护。这种设计很容易,但过于单调,毫不关心如何将问题组织成捆和为了扩大视野如何引进历史时间的概念,而后者在此是结构的创建者。从122页开始,按照一个几乎无法认真捍卫的列举程序,我们从容地从一个中途战进入下一个中途战。我们会被告知,这样做有助于把非常丰富的索引卡片铺展开来。此话不假。但是假如皮埃尔·肖尼注意到各种结构的缓慢变化——它们实际上是在运动和革新,那么根据他的性格,有什么样的第一卷他写不出来呢?一部慢动作的影片会远胜于视觉固定的幻灯片。此外,皮埃尔·肖尼几次呈现了具体的历史,这其实是为类型地理学做出了牺牲,后者违反了地方的事实,并对其进行了重组,但遗憾的是他接着便在下一页遗弃了类型地理学。

第一卷是一次从旧世界到新世界详细但进展缓慢的旅行。在什么条件下,历史和地理意义上的塞维利亚对美洲贸易的垄断开始确立,它的界限,尤其是它的弱点是什么?在这一支配性的特权之后,伊比利亚世界是如何运转的?是如何在这一世界的深处和沿海处微露峥嵘的?这些是第一批问题,而且我们得到了精彩的答案。然后肖尼考虑的是"欧洲的岛屿"——加那利群岛(对之进行了详尽的研究)、马德拉群岛和亚速尔群岛。他很自然地从这些岛屿过渡到新世界的岛屿——圣多明各、波多黎各、牙买加、百慕大以及佛罗里达半岛。在处理新世界提供给我们的地理实体时,人们会情不自禁地去区分无足轻重的实体("大陆岛屿")和关系重大的实体("大陆"):新西班牙和秘鲁,同时也不遗忘地峡,特别是我们的作者不无理由地称之为"塞维利亚的地峡"的巴拿马地峡(isthme de Panama)。

对于所有这些问题,无论是广博的还是有限的问题,这一卷常常设法给予新的阐释。皮埃尔·肖尼毫不吝惜全部才学,而且只要他的贸易数字系列预先允许这样做,他就增加决定性的注释,确定交易量,展示主要产品如皮毛、金、银、糖、烟草的兴盛情况。其结果就是一幅生产力和产区的完整制图,一部填满了便于查阅的消息的辞典。这样我们还有什么可抱怨的呢?

我还是要再谈谈第一卷所没有探究的方面。首先,它缺少结构整体的历史,尽管所有材料都是现成的,而且这些材料本来是有必要加以利用和协调的。皮埃尔·肖尼本人在论述结构的最初一百多页中非常清楚这一点。奇怪的是这些篇幅都常常用于叙述事件了;哥伦布占了很大篇幅,接着是征服的各个阶段,最后是从地点和人的视角对"战绩”(conquista)的重要而独到的思考。但是,这些叙述无论多么有用,毕竟不是我所追求的,而且在我看来,应该有有助于说明大西洋结构的缓慢建立和困难的大视野。

大西洋及其欧美海岸,海洋和大陆沿岸的岛屿,联结各地的海上航线,在地理大发现的时代都是空间或空地。那些地方杳无人烟(至少是人迹罕见),只有人——不管是黑人、白人或印第安人——集中起来,只有如船舶、农作物、家畜这样的文化物品的转移和一再的移植,只有物价出现了变动,用埃内斯特·拉布鲁斯的话说是“美洲的低廉价格支配着市场”,才会到处都有人类的构造。所有这些都在享有特权的、深扎在先前存在的结构范围内的中心的基础上组织起来。这些构造是宗教、政治体制、行政机构、城市组织,尤其是早就有能力跨越和规训这个大洋的古老的、暗中作祟的、适应性强的商业资本主义。

多年以前,安德烈·萨尤[1]在研究塞维利亚的公证人档案(Archivo de Protocolos)时,就为这些大的商业冒险所吸引。他特别强调热那亚商人有创造性但危险的活动。自那以后出现了对于这些活动的大量的细致的研究。甚至现在我们还在期待着吉耶尔·洛曼·维尔纳(Guillermo Lohmann Villena)[2]的重要著作的问世。不过,我们已经有了恩里克·奥特(Enrique Otte)富有新意的研究[3],他

---

[1] 《资本主义体制的诞生:16世纪西班牙的商业实践和心态》(“La Genèse du système capitaliste: La pratique des affaires et leur mentalité dans l'Espagne au XVIe siècle”, *Annales d'histoire économique et sociale* [1936], pp. 334-354)。

[2] *Les Espinosa* (Paris: S. E. V. P. E. N., 1968).

[3] 《拉罗谢尔和西班牙:1528年迭戈·因杰尼奥对珍珠岛的远征》,载《经济史杂志》(“La Rochelle et l'Espagne: L'Expédition de Diego Ingenios à l'Île des Perles en 1528”, *Revue d'histoire économique et sociale* vol. 37, no. 1[1959])。

利用[1]了商人西蒙·鲁伊斯(Simón Ruiz)(16世纪后半期)的信件[2]，以及费代里戈·梅利斯(Federigo Melis)发表的极其珍贵的关于佛罗伦萨商人的文件[3]。

因而人们难免惊讶，如此长的绪论，除了极个别之处，会毫不论及塞维利亚贸易的主要推动者——商人。也没有一个字提到作为新世界城市母体的伊比利亚城市和大西洋两岸的城市类型学。在结论中也只字不提事实上是若干不同瓶子"瓶颈"的塞维利亚城市本身。塞维利亚不仅联系西印度(Indes)，而且联系地中海，联系西班牙的心脏地带(正如皮埃尔·肖尼出色的论证)，联系北方国家，联系佛兰德斯(Flandres)、英国、波罗的海。而后面这些他完全没有论及。甚至可以说，正是从直布罗陀到伦敦和布鲁日的围绕西班牙的沿岸航行事先开了路，并且最终导致了地理大发现。也正是国际资本主义在塞维利亚的聚合大大有助于说明早期美洲的情况。

因而塞维利亚应属于另外的海上区域，另外的海运、贸易和货币流通的路线，而不仅仅属于塞维利亚—韦拉克鲁斯(Vera Cruz)轴线。只要"伊比利亚海域"还是一个"支配的"区域(在弗朗索瓦·佩鲁所使用

---

〔1〕 特别是拉佩尔(H. Lapeyre)在他的博士学位论文《一个商人世家：鲁伊斯》(*Une Famille de marchands. Les Ruiz*, Collection Affaires et Gens D' affaires)(Paris: S. E. V. P. E. N., 1955)中引用的那些信件。

〔2〕 由本纳萨尔使用，见《16世纪塞维利亚的代理商》(Bennassar, " Facteurs Sévillans au XVIᵉ siécle", *Annales E. S. C.*, no. 1 [1957], p. 60)；布罗代尔也采用了，见《经济现实和觉醒：16世纪的几个例证》(F. Braudel, " Réalities économiques et prises de conscience: Quelques témoignages sur le XVIᵉ siècle", ibid., no. 4 [1959], p. 732)。

〔3〕 《一个设在塞维利亚的佛罗伦萨公司的跨大西洋贸易》(*IL Commercio transatlantico di una compagnia fiorentina stabilita a Siviglia*, 1954)。

的术语“极”和“支配经济”的意义上),注意不对称、不平衡的形式,即塞维利亚海域的优势所造成的所有其他大洋运输领域的明显劣势,难道是不重要的吗?在谈到遥远的菲律宾[1]所处的太平洋时,皮埃尔·肖尼还告诉我们,它被“贪得无厌的”大西洋所兼并。那么为什么在考虑地理结构时他不将目光转向北海,或转向阿利坎特(Alicante)、热那亚以及很快就会列入其中的里窝那(Livourne)的地中海呢?显然,为了搞清这些问题,他就必须扩大他的档案研究,参阅塞维利亚的极其丰富的公证档案或锡曼卡斯(Simancas)的不可胜数的有关塞维利亚和佛兰德斯的文献。但是,皮埃尔·肖尼按照自己的意愿选择停留在他的独一无二的系列历史的疆域里,而不考虑其他现存的系列。

无论如何,塞维利亚应该作为活生生的整体被描述出来,而不仅仅被描述成与特里亚纳(Triana)相联系的船桥下面的一个港口。我们应该不仅描述诸如引人注目的贸易法庭(Casa de la Contratactión)这样的机构,而且还应描述它经济的、社会的和城市的现实情况,描述它人数众多的商人、小贩、货币兑换商、海员和保险人。甚至我们还要描述它生活的特有的急促节奏——这种节奏是由交替地滋补和吸吮它、交替地给金融市场带来当代文献所称谓的银根的“松”和“紧”的船队来控制的。在锡曼卡斯翻阅塞维利亚的户口册(padrón),即当地于1561年所做的住宅和居民的详尽调查时,我想到了皮埃尔·肖尼省略的、也使我们丢失的这些内容。

---

〔1〕 皮埃尔·肖尼:《16—18世纪菲律宾和伊比利亚岛的太平洋》(Pierre Chaunu, *Les Philippines et le Pacifique des îles iberiques, XVI^e-XVIII^e siècles*, Paris: S. E. V. P. E. N., 1960)。

## 系列的胜利

关于局势的两卷(这本书的第二、三卷)肆无忌惮地使用单数的局势一词。这引起了我们的注意。除了塞维利亚的运输记录以外,这两卷实际上涉及的是国际的、世界的局势,以及扩展到世界上所有的文明和经济体的世界经济(Weltiwirtschaft)的节奏。皮埃尔·肖尼如我本人一样将它视为统一体(虽然他很谨慎,见第二卷,第43页)。或许在15世纪末以前,这个从欧洲到中国、印度和撒哈拉以南非洲的旧世界,多亏了长期处于支配地位的伊斯兰教徒的航行和陆地的流动,几个世纪以来,一直是一个单独的互有联系的世界。多年以来已有不止一位历史学家而非经济学家提到过。

16世纪尤其出现了一种局势,活动范围大大扩展,生活的步调大大加快:“在塞维利亚和韦拉克鲁斯之间看来已出现了……同一频率的波动。”当然,这种世界性的局势并没有打乱一切:“一种深度意义上的世界经济,直至很晚,即19、20世纪的人口和技术爆炸之后才可能出现。”但是最后,皮埃尔·肖尼在论文答辩时还是承认选择大西洋“是一个大胆的选择,它意味着要试着解释世界”。我喜欢这种鲁莽的话。

任何对这部书的评论无论如何都应该回到这个世界局势的层次上,或者试着使自己提高到这个层次。皮埃尔·肖尼可以就西班牙帝国谈论上千种事情(正如他在第一卷里已经做的那样),但是我们不应该从这种角度来解释这部著作,因为关于这方面我们有大量的其他(而且经常是更完全)的信息。重要的是在西班牙的天地之外,我们应该把握世界局势。

因此很有趣也很有益的是,他迅速地结束了那些虽然重要但毕竟是次要的解释以后,断然从空间转向时间,然后专心致志地、从容地按照塞维利亚的船队抵达和启航的时间,描述它的各种阶段、时期、节奏,甚至时刻。于是我们对于船货的规模和价值做出估计;我们将往返航程分开或合在一起加以检查,对粗略的曲线用不同的方式(连续五年的平均数、七年或十三年的平均数)加以处理。

这个记录最后呈现为错综复杂的曲线。我们必须重构,有时是虚构,更经常是修改这些曲线。这是为了整理所有的系列资料所必须做的初步工作。最难克服的困难是对于吨位(变量)的估算;只有这一点显示出必须予以承认、触及和好歹加以克服的危险和风险。

但是,这种创造性的批评只有专家才会感兴趣。(有那么多的专家吗?)历史学家在接受作者用数值表示的决定和结论时不会冒很多危险。因此他会毫无忧虑地加入那个冗长的、肯定乏味的,但肯定必要的工作。皮埃尔·肖尼至少用了两千多页耐心地致力于此事。亨利·拉佩尔最近写道:我们这位作者应该删减和压缩他所写的东西。[1] 此话虽言之不谬,但谈何容易。我们实际上有必要像通常那样一页页地仔细阅读全书吗?那些对某些方面特别关心的人仅仅需要选择与他们有关的议论,而我们之中最迫不及待的人则可以仅仅参阅此书所附的各种图表。

无论如何,谢天谢地,各种结论既清楚又可靠。

若干世纪的趋向表现为两个大运动:可称之为 1506—1608 年的 A 阶段的上升和 1608—1650 年的 B 阶段的下降。

但是皮埃尔·肖尼宁愿在他的编年史和研究中使用较短的量度和运动,使用从 20 年到最多 50 年的周期(虽然其中之一比这还要短得

---

〔1〕《历史杂志》(*Revue historique*[1962]),第 327 页。

多)来断代。他错误地,至少是含混地称之为周期间隙,但更恰当地说,它们是半个康德拉捷夫周期。不过,这个术语是无关紧要的。原谅皮埃尔·肖尼使用周期间隙比原谅他固执地用“一旬”(décade)来代替“十年”(décennie)要容易得多。[1]

于是总共有了五个连续但矛盾的周期间隙,第一个是从1504年至1550年的兴起;第二个是从1550年至1559—1562年的下降趋势(这是否可能是拉布鲁斯的周期间隙?);第三个是从1559—1562年至1592年的兴起;第四个是从1592年至1622年的稳定;第五个坦率地讲是从1622年至1650年的衰落。

在这些周期间隙里,一种根本不属于手相看命术(chiromancie)的分析再次指出存在以十年左右为期的连续周期;它甚至能识破更短暂的波动,即“基钦周期”(kitchin)。

我暂时还不相信如此规定的日期和阶段来自一种主观的度量方法。相反,它们是可靠的测量尺度,可以用来度量时间的流逝及其物质的存在。它们所告诉我们有关时间流逝的情况并不比体温告诉我们的病人的病情更多一些。但这至少是它们能告诉我们的情况,而这就有着非同小可的裨益。

系列史致力于确定多种多样的年代标尺。这一标尺的主要分割点是在我们的意料之中的。当若干世纪的趋向的旋涡改变了方向时,世界的繁荣在1608年这一分水岭两边分开了,虽然实际上应该说这种变化不是在一天或者一年之内发生的,而是跨越了充满了不确定、幻想和隐藏的灾难的一个很长的时期。当我们进行必要的断代分期时(不这样做就不可能理解总的历史),有些人会乐于选择蒸蒸日上的年代,即

---

〔1〕 *Décade* 即十天。

1590 年代,而另一些人会选择接近尾声的年代,例如,卡洛 · M. 奇波拉(Carlo M. Cipolla)选择 1619 年或 1620 年;R. 罗马诺(R. Romano)选择 1619—1623 年,最近我则选择 1620 年。

显然,争论绝没有结束,迄今我们还几乎不习惯讨论若干世纪的趋向的方向变化所构成的独特事件,甚至即便有了汉密尔顿最近的著作之后依然如此。用我们专业的现有逻辑解释这样具有较大内在重要性的事件,比起解释无敌舰队——关于这一点,如同关于英国的海盗掠夺一样,皮埃尔 · 肖尼进一步肯定我们所知道的一切——或所谓三十年战争的开端要困难得多。无疑,这种若干世纪的趋向还不是一个惯常的讨论对象。1962 年 9 月在艾克斯(Aix)的大会上,尽管 J. 格里齐奥蒂-克雷奇曼(J. Griziotti-Kretschmann)女士[1]出席了,但是她的论文并没有被讨论,因为在场的历史学家,除了鲁契耶罗 · 罗马诺、弗兰克 · 斯普纳以及我本人,都没有读过她极有才华的著作。

无可否认,在 1590—1630 年间曾经发生了大转变。我们的想象(甚至我们的理性)可以自由地做出解释:它很可能是美洲矿藏渐渐衰落的反应(埃内斯特 · 拉布鲁斯会很愿意采取这种说法),或者是新西班牙(无疑也包括秘鲁)的印第安人人口急剧下降的反应。我们抛弃了这些陈旧的解释:西班牙—葡萄牙美洲的经济增长对于白银的吸收,或者白银向菲律宾和中国的转移,或者向拉普拉塔联邦(Rio de la Plata)日益扩大的白银走私……我们知道走私、偷运与正常的运输服从于同样的局势。虽然我不能肯定,但是我乐于设想,某种类型的与其说是商业的不如说是金融投机的资本主义的危机在这一形势里起着某种作

[1] J. Griziotti-Kretschmann, *Il problema del trend secolare nelle fluttuazioni dei prezzi* (Pavia: Treves, 1935).

用。16 世纪末正如处于衰落中的 18 世纪一样,曾有利润的下降。无论这是原因还是后果,反正它就是这样。

但是我们的研究还很不充分,在这些有关领域里提出问题的方式也太贫乏了,因此即便已很好地提出了问题,但却不能得到恰当的解决,甚至最先进的经济思想也还不能提供给我们必要的解释框架。

聪明人会说,这个问题太大了。但是比较有限的问题总是不能使我们看得更清楚些。譬如,皮埃尔·肖尼的研究所阐释的 1550—1562 年塞维利亚的短暂的周期间隙就是一个很好的例证。

在我们看来,在塞维利亚的整个"支配型"经济中,从显得那么光芒四射的查理五世(Charles Quint)时代到忧郁、艰难、沉闷的菲利普二世时代的相当急剧的转变是一个重大的挫折,而绝不只是一个警告信号。在法国,这种变化发生在从弗朗索瓦一世(François I)时代到亨利二世(Henri II)的沉闷时代。或许明天会有一位历史学家告诉我们,在宗教战争前夕有与拉布鲁斯所说的法国革命前夕的周期间隙相同的情况——宗教战争也像法国革命一样涉及整个欧洲。

这样就更有理由为下面的事实懊恼,即在这个题目上,皮埃尔·肖尼从未超出他的塞维利亚曲线,而对欧洲层面的系列史和世界层面的系列史甚或具有探索价值的描述性历史提出质疑,即英国通向地中海的海运活动突然中断,因而使荷兰从北海远至塞维利亚的海运(或许从 1530 年开始)稳稳地取得成功的历史。为什么不下些功夫探索塞维利亚周期究竟是由于美洲的需求造成的,还是由欧洲经济的供应造成的,以及它是如何(这次和其他时候)在欧洲市场上发挥作用的呢?

## 关键:生产的历史

无论是评论这部冗长的局势叙述中所蕴含的丰富思想,还是表述人们可能对这一叙述提出的任何批评或质疑,都颇费笔墨。有关的批评或质疑并不少见,但谈的都是细节,都没有触及这部著作的主要之点。还是让我们来谈谈这些主要之点,讨论这部著作所引发的最后一个重大问题。我感到惊讶的是,迄今任何批评都没有提到这个问题。

一个港口运输曲线可以表明商品和货币的流通,但这种流通已经在很多年内是用数学方法处理历史的俘获物。无疑,这是由于它是我们力所能及的。皮埃尔·肖尼认为它也能够提供给我们有关西班牙,以及欧洲的生产信息。正如以前有些作者告诉我们的,流通促使生产的目的得到实现并且受生产的带动。在最近读到的一些书里,特别是在加斯东·英伯特(Gaston Imbert)的著作里[1],价格运动与生产运动之间的差别引起我的注意。在16世纪的范围里,我们熟悉的只是少数纺织品生产的曲线(翁斯科特[法国城镇]、莱顿[荷兰城镇]、威尼斯)。它们都表现为典型的抛物线,即在短暂时间里几乎是直线迅速上升,然后又几乎是垂直下落。价格的长期上升看来使它们迅速上升,但它们总是比价格慢一步;当价格开始缓慢下降时,生产下降是急剧的,且总是比价格快一步。

眼前也正是这种情况,在皮埃尔·肖尼的(塞维利亚运输)曲线与汉密尔顿的价格曲线之间也没有完美的对应关系。在总体上存在着正

---

〔1〕《康德拉捷夫长时段的运动》(*Des Mouvements de longue durée Kondratieff*, Aix-en-Provence,1959)。

面的相互关系,但是也存在着重大差别。皮埃尔·肖尼写道:“从1504年到1608年和1608年到1650年长期的价格曲线在整体上……有相似的趋向,但是至少有不到三四倍的偏差。在上升时期,价格增长至5倍!贸易则增长至15或20倍。另一方面,在下降时期,贸易削减二分之一多,而金属价格则下降20%到30%。”在我看来,所有这些都以某种方式倾向于表明,或者至少倾向于开始表明,塞维利亚曲线的活动很类似于生产曲线。尽管这个论证还没有完成,但是被意识到了。

这是非常重要的一点,根据譬如杰弗里·摩尔(Geoffrey Moore)的理论上和现实中研究的意义,在一个新的辩证关系中不同的周期、呈瓦状排列的历史学出现了,我这样想有错吗?不再把周期的波动局限于单独的价格运动——这在法国经济史学家的思想中占优势,这会有些益处吗?由我们的毕尔巴鄂(Bilbao)的同行费利佩·鲁伊斯·马丁(Felipe Ruiz Martin)所做的关于16世纪塞哥维亚(Ségovie)、科尔多瓦(Cordoue)、托莱多(Tolède)和昆卡(Cuenca)的纺织品生产的研究将会促进皮埃尔·肖尼的研究。这一研究成果尚未发表,但很快就会发表。广义地说,这些研究显示出与16世纪80年代的西班牙有关的国际资本主义的特有转变,正是在那个时候,西班牙帝国主义正在试图从事某些惊人的事业,这既可以说是被某种势力所推动,也可以说是主动而为之。我们还应注意,即将出版的《年鉴》上刊登的我们的瓦朗斯(Valence)的同行阿尔瓦罗·卡斯蒂罗(Alvaro Castillo)的有关卡斯蒂利亚王国(la monarchie castillane)的外债(asientos)曲线。[1] 如果谁想获得有关世界历史的总体画面的话,就应该把所有这些系列放在一起,并加

[1] 《1557—1660年西班牙的波动与巩固》(“Dette flottante et dette consolidee en Espagne de 1557 à 1600”, *Annales E. S. C.* [1963], pp. 745-759)。

以协调。简言之,我们应该摆脱价格曲线以求得另外的记录,多亏了这些记录,我们也许能够测定迄今为止一直没被我们发现的生产情况。关于这种生产情况,我们听到了太多先验的解释。

## 写得长些还是写得好些?

皮埃尔·肖尼,以及我们不应忘记的于盖特·肖尼的繁重劳动已经获得了极大的成功。要不是这样的话,人们也不会提出什么疑问。但是,这部浩大的著作不是过于冗长,过于散漫,简言之,过于粗糙了吗?皮埃尔·肖尼的行文如同说话一般;假若他将他的原文提交给我的话,我们会大大争论一番。但是短处也有它的优点,皮埃尔·肖尼正是由于自由地写作和说话,所以他的描述常常清晰而生动。

在他的著作里令人拍案叫绝的独特想法俯拾皆是。我们(在拉斯帕尔马斯[Las Palmas]之外)看到大加那利岛(Grand Canarie)的不设防的外海锚地,肖尼写道,只有"进行范围较小的沿海航行的船只可以使用"。于是我们在新西班牙的广袤大陆上寻找在干旱和潮湿的两个墨西哥的交汇点上的银矿。它们合乎逻辑地分布于马德雷山脉(la Sierra Madre)的东麓:"这些银矿需要人,但是怕水。海侵是人们最忧虑的危险(只要人们在地表下面活动),因为排水的技术问题在19世纪广泛应用蒸汽泵之前还不能得到恰当的解决。矿工们在半干旱的气候下找到了对待海侵的最好的办法。他们会深入更远的沙漠,只要他们不遇到其他问题,诸如缺少人所必需的水和食物。"人们从这篇文章中或者从第一卷中摘引的很多其他的文字中,能再获取什么呢?在这些行文中地理学经常给了我们的作者许多灵感。"作为新近的殖民地区",他写道,"安达卢西亚(Andalousie)(在16世纪)继续不断地吸收北西班牙的财富,靠着它生存和繁荣。"(第一卷,第 29 页)他沿着同一思路,接着补充道:"从 1500 年到 1600 年,西班牙完成了内部的殖民活动,整个重心转移到了南部。"(第一卷,第 246 页)同样,在谈到在新世界的殖民活动时他说道:"最初的西班牙殖民活动输入了小麦,这就使不便而花费极大的交通线成为必不可少的了。第二次殖民活动不再依赖类似这种规模的生活品的输入,因为在 1520—1530 年间,西印度的重心从大安的列斯群岛(grandes Antilles)转向大陆高原,即从木薯生产区移向玉米生产区。"(第一卷,第 518—519 页)平庸的木薯支撑着一种文化,而高贵的玉米则支撑着一种文明!还有谁曾将这一点阐述得如此精彩?还有一些独特的表述我也很喜爱,譬如,"扬帆航行已经定格在地中海的历史中"。或者这个大胆的句子:"自 11 世纪末起人口增长这个深厚地基的隆起,迫使基督教的西方发挥聪明才智,以寻求新的解决办法。"或者这个简单而有力的议论:"必须将 16 世纪的价格大革命置于它的背景之下。人们不应忽视这个事实,即从 1500 年至 1550 年的第一阶段不过是填补了那个涵盖 14 世纪后半期和整个 15 世纪的长时期急剧变化的低潮的空档。"(第二卷,第 51 页)

假若这些独特的想法没有淹没在杂乱的字句里,假若皮埃尔·肖尼能迫使自己写得更短些,也就是说在初稿上重新删减和选择——这不仅是形式问题,那么他就能够在年轻史学家中坐第一把交椅。他的研究实力和他对于历史的热忱显然已经给了他实现这一点的权利。

# 存在一种生物人的地理学吗？*

吕西安·费弗尔在前一卷《社会史丛刊》(*Mélanges d' histoire sociale*)中已经要求我们的读者注意马克西米利安·索尔(Maximilien Sorre)的杰出著作《人文地理的生物学基础——论一种人类生态学》[1](*Les Bases biologiques de la Géographie humaine: essai d' une écologie de l' homme*)。这部著作并不像它的书名在一开始所告诉我们的那样是一部关于人文地理学的结论性或总括性著作。这部著作极其重要,引人注目。它提出很多问题——虽然并没有一下子就提出所有的问题。它是一种探讨,是一项有限但非常具体的研究,是一系列的试探。由此可以理解它的谨慎、它的方式及其所得到的答案。与其说这部书是关于一般人文地理学的论著——这种论著还有待写出——的一个独创的、实在的即尽可能具体而脚踏实地的导言,不如说它是一项初

---

* 原载《社会史丛刊》第6期(1944年),第1—12页。

[1] Paris, Armand Colin,1943. 在我看来,副标题是值得商榷的:简单地说,怎么可能存在一种在人的社会存在之外把人作为活的机器来研究的生态学呢? 虽然索尔的确写的是论一种生态学,而不是生态学。至于标题,"生物学的"一词可以用两种方式来解释:当然它意味着人类生物学,但是人们也已经习惯于在说到生物地理学时指植物和动物的地理学。在第一卷中,我们看到的是两种意义中的一种,即人类生物学;而在第二、三卷中,我们看到两种意义,特别是第二种意义。实际上,"人文地理学"一词不同样也值得商榷吗?

步的尝试，是对一个预先设定好的主题的发展。

这篇导言的独创性在于将人的问题系统地还原到其生物学层次。这里并没有全面地研究人，而只是研究其诸方面之一面，将其看作如同植物和动物一样的一部活的机器。用马克西米利安·索尔的话说，人被当成“赤裸裸的恒温动物”。因此，完整意义上的人，活生生的人，即从社会人到使用工具的人到人类的人的集合——不要忘记现实的人或所谓的种族现实——不可能占据这部著作的中心。考虑的只是人的一个方面（只是一个区域），即其生物存在的基本方面：他能感觉到冷热、干旱、日晒和气压不够，他不停地忙碌着寻觅食物、保证饮食，以及防止自己受到时时处处困扰着他的疾病的侵害——特别是在今天他逐渐了解了其危害。这里所研究的人就这样被带回到生存的基础和基本条件，从而被置于广大世界的地理条件之中。

作者的目的是清楚的：缩小研究范围，这样就能更深入些、更能奏效。虽然他一直把人文地理学的复杂问题当作长远的目标，但是，为了更好地解决它们以及甚至或许为了克服有关的某些困难，他想首先阐明在人的生物学现实范围里把人与地理位置联系起来并且能够预先对人的地理环境的相当大部分做出解释的东西。这是个多么浩大的问题！尽管人们可以期待法国学派的地理学家极其小心地行事，但是这不正是在寻求生物学决定论，至少是在寻求这样的决定论的边界和无可否认的制约因素吗？

不能说这种研究是全新的。但是在某种程度上可以说是新的，因为在马克西米利安·索尔之前还没有人如此系统地做过。生物学意义上的人并非令人陌生，我们了解他。他也不是地理学领域的新客，但是过去在介绍他时从未这样详细，这样追求科学精确性，这样讲究恰当地提出问题和清晰地设计研究步骤——这种研究就如同实验，对一切事物都要做持续地、客观地描述、记录和解释。这部著作的独创性和巨大价值也正在于此。

最初,这项研究的对象和问题都借鉴自博物学家、生物学家和医生的著作和研究。但是马克西米利安·索尔并不满足于总结别人的著述。于是他试着进一步将他们的著述转换成新的形式并翻译成地理学术语。这意味着只要一有可能,就将这些问题发展到地图上,这样就可以根据研究人的空间的地理学角度和原理用新的方式来阐述和研究它们。马克西米利安·索尔写道:"我们的研究最终要达到对于一个特定分布区域的界定和解释。"我认为这个差不多同样可以从某些博物学家的书中得出的简明易懂的表述能使我们抓住事情的要害。实际上它的确是作者所希望达到的目标,即探讨人的生态学时就像在研究橄榄树和葡萄树的生态学。但是实际上他所探讨的是人,因而一切都要复杂得多。

真的可能存在一种作为生物个体的人的生态学,一种能够自己运作、能够提供给我们解决复杂问题的钥匙的最基础的人文地理学吗?——在这方面,很久以前生理学家曾经试着反过来研究古典心理学的问题,并解决与之类似的问题。更确切地说,这种基础地理学能够独立于、脱离于生活背景吗?最后让我们再补充一句,要做到真正有用,它应该不仅仅在一开始就是杰出的、明确的,而且最终有可能阐明人文地理学的全部问题。的确,如果我们在最后又碰到一开始就给我们制造麻烦的相同障碍,那么打破现状有何益处呢?这部著作的目标正在于此,我甚至要说,它的主要义务也在于此。

这部著作分为三个部分,生物人相继在自然地理学(第一卷)、生物地理学(第二卷)和传染病地理学(第三卷)的框架内被加以研究。

这三卷书彼此之间相当独立。我们应该指出，它们并没有包容整个主题。无论马克西米利安·索尔的解释何等明晰或具有何种教学性质，但是他实际上并没有打算给我们一个包罗无遗的研究或者一部学校的教科书。他希望通过三条不同途径研究生物地理学的基本现实，仅此而已，但这已经够多了。假若我没有搞错的话，这种开辟一些但并非所有可能途径的愿望，常常使他简化他的研究，甚至有时采取一种特别明确的方式。

当然，他的方式不是一点一滴地、细致地探究由他浩大的主题所提出的所有问题的界限、可能性和丰富性。他有意使自己局限于研究与他简要地提及或者毫不提及的毗邻地区有明显区别的特殊地区。而且，在从事这些探险航行中的任何一项之前，马克西米利安·索尔都要向他的读者解释应该知道的有关路线的全部科学条件。这正是这部著作的基本特征。正因为如此，导言写得很长，而且他不厌其烦地重复地理学的或非地理学的有价值的思想。尽管这些也许是必要的，但有时多少使人感觉总在这项研究本身的边缘徘徊。也正是因为如此，我们能够区分出由作者规定的三项正规程序。正是这并列的三项程序使这部著作有了特色：第一阶段，简化（或者我们可以说，选择路线）；第二阶段，扼要说明基本思想；第三阶段，研究特定的区域。这些提示将能使我们更好地概括一部难以用有点儿简单化的清单加以概括的著作。

首先看第一卷。它阐述的不是人与一般自然环境的关系，而只是人与气候的关系。虽然气候很显然是人的生态学中的决定性因素，但这样的处理已经是相当的简化了（第一阶段）。第二阶段：还不能马上着手研究如此宣布的生物学的主题，我们必须首先解释清楚气候本身是什么。

在过去二十多年间，气候学家和地理学家一直致力于更新气候研究,以获得不同于常常使人误解的理论上的平均值的某种关于实际气候的观念。用以表现和综合的图解法被完善了。因而,马克西米利安·索尔在一篇充满真知灼见的序言中,认为它是适于概括这项重要工作的方法。人们读到他关于气候图表、关于小气候和不同种类的天气所不得不说的话时是会有收益的。他的目标在某种意义上是按照本来面貌来把握真实的气候,为此,他一方面将自己限制在尽可能狭窄的空间里,以便不必考虑地区多样性,另一方面则仅仅讨论不断变化的气候史的某一片刻或某些片刻——每一片刻都是一个独立的研究题目。刚刚研究了自然地理学的这些问题,马克西米利安·索尔就准备进一步研究真实的气候对于生物人的影响。

现在最重要的问题是判定气候的温度影响——实际上是确定对于人的机体什么是最有意义的温度。人的机体是按照外部条件创造和破坏自己内部高温的恒温机器,在 16 摄氏度以上进行创造、超过 23 摄氏度便破坏;在这两个温度之间往复活动。作者做了一些探讨后,认为从生理学的观点看这两个温度是最有意思的。于是,我们得到一个高于 16 摄氏度和低于 23 摄氏度的区域。这就使我们可以在一幅地图上推测各种可能的结果。其他气候因素的影响也依次得到研究:气压的作用(特别在具体的海拔高度),光的作用(涉及由于皮肤色素引起的各种重大问题),空气的湿度,风,大气压,甚至我们今天多少知道一些的气象病理学复合体的作用。

第一卷的结尾提出了有关人类居住区域(œkoumène)的形成和极限这一重大的、显然属于地理学的问题。[1] 这正是阐明限制着人的

[1] 生态学(ecologie)和人类居住区域(oekoumène)这两个名词,我保留了书中使用的拼写,当然读者可以提出质疑。

“自然的世界主义”的两大屏障的机会。这两个屏障之一是极地的限制,另一是高度的限制。在人类居住区域之内,人类对气候的适应能力一直是(现在也是)非常强的。今天或许最有意思的是白人的适应能力。由于他们的力量和在殖民活动中的胜利,现在在世界各地都可见到他们——尽管他们是冒着生理上的危险,还不说其他的危险。历史学家很值得参阅有关白人如何适应热带环境的精彩篇章(第94—106页)。参考书目中提到的著作对人们查找有关这个题目的丰富文献也很有益处。

在第二卷中使用了同样的方法,直接或间接地探讨生物地理学的复杂问题。在这里,人或多或少按照自己的意愿面对着动物和植物王国:将会建立起怎样的力量对比、冲突和互助的关系?在这个生物世界与生物人之间将有怎样的地理方面的联系呢?也就是说第二卷的中心问题是如何被概括地阐述的——虽然作者并没有这样考虑它。实际上作者局限于研究人工栽培的植物和驯养的动物,而排除了所有其他的动物和植物(据若弗鲁瓦·圣伊莱尔[Geoffroy Saint-Hilaire],有43个动物种,据瓦维洛夫[Vavilof],有600个植物种,而已知的动物种有200万,植物种有60万)。这一研究方向使作者能够通过一个详尽的不乏创见的导言形式,对这些人类活生生的伴侣进行长篇累牍的研究。何时何地人们将如此之多的生命与他们自己联系起来?甚至假如能够得到一个有价值的答案的话,我们可以问,他们是怎样联系的?驯化在多大程度上影响了不再自生自灭的生物?与具有内在动力进程的自然联系相反,由人所控制的那些联系要求他为它们去征服“空间”。而人们是如何传播他们所联系的“伙伴”(asseciés)的呢?[1]最后,还有一个重

[1] 索尔(Sorre),第188页。

要问题,即什么能够威胁或保障这种“人的秩序”,这种不断地与生活中的无数力量进行战斗,因而不断地被这些力量所修正的全部属于人的联系?这些问题是马克西米利安·索尔能够清晰和有能力提出的问题中的一部分。他前面所做的工作使他具有了这种能力。

作者在研究包含着无休止的、常常是彼此交错的战斗的生活环境时,必然要花费很大的力量。这种研究直接深入到关于某些生命形式(棉花、葡萄树)与另外一些生命形式,譬如那些不可胜数的顽强寄生物之间的广泛斗争的地理学核心。这些问题令人赞赏。但是要循序地概括这本书的内容是难以做到的。书中在这一点上的论述过于细密了。怎么可能用简略的几笔,描述和解释人类世界群丛的寄生现象以及为抵抗庄稼所受的灾害和动物流行病所进行的战斗的历史(只要想想葡蚜流行曾对法国人的生活造成的灾难后果)!无论谈论人的进化还是人的现存条件,当我们把凡是人所涉及的植物和动物视为社会性的存在时,整个“人的秩序”的问题(见第214—215页的结语部分)、这个生物学问题会怎样呢?在这一点上,我们会发现我们还是要诉诸社会人——怎样可能不考虑社会人呢?社会人既关涉在农耕养殖的黎明时期产生的旧式农业社会,也涉及具有现代速度和必须加以克服的可怕灾难的大量现代国家乃至整个世界。一种世界性的连带关系监护着(或者说试图监护)人类的生物财富。而马克西米利安·索尔一直能够指出这一点的极端重要性。

在做这些大段的预备性说明时,生物人一直还不见踪影。不过他很快在这一卷的第二部分恢复了他的位置。对于这一部分,我已经十二分地准备好将其视为最重要的篇章,即使它并不必是最精彩的,但肯定应该在整个著作中最富于洞见和最能提供新颖的信息。

人必须靠损害与他生存相联系的生物世界来养活自己。与人类的农业和人类养殖的动物所提供给人类的东西相比，人类从植物和动物的自由世界及矿藏界索取的东西就不算什么了。对这些营养需求的研究，提出了各种问题。索尔在回答这些问题时，首先制定了一个需求的清单，然后他历数了人能满足这些需求的手段。这样就导致大谈最一般的食物准备（因为不存在作为例外的宴饮地理学），同时还导致用整整一节来谈论饮食本身的历史。在界定这样一个领域后，索尔进一步解决事情的核心，试图制定饮食地理学（第264—290页）。这一部分细致入微，而且塞满了明确的事例，因而也完全陷入现实人的问题，而不只是生物人的问题。饮食地理学应该发现和正在重新发现的正是具有全部复杂性的人，即具有历史深度、全部社会内聚力以及各种习惯和偏见限制的人。仅此而已，岂有他哉？譬如自273页起对于城市饮食的描述如果不是社会的事实又是什么？小麦、橄榄和葡萄这三样东西，从古代东方向整个地中海传播（自267页起），如果这不是文化史上的一个重要事实又是什么？难道有必要表明这些对饮食地理学的论述有多少页是独具一格的吗？通常说来，遗憾的是地理学家对于人们吃什么注意得太少。在这一点上，当代法国的历史学家也没有什么可吹嘘的。或许正是基于这个原因，马克西米利安·索尔对前者提出很多忠告。这些忠告或许同样适用于后者。

下面来看第三卷，即最后一卷。这是整部著作中最精彩的一卷。自然环境既有利于人类生活，但也不断地与人类冲突、不断地将人类置于危险之中。在此我们还是期待着看到与前面同样的简化、研究方式和谨慎态度。作者在人类的各种对手中做了选择。他略去最重大的和任何肉眼看得见的对手，而只注目于最小的偶尔也是最危险的对手：在动物界和植物界之间的不定边界之外的从那些极小的微生物——滤过性病毒——到各种细菌直至某些微小的真菌,诸如分枝杆菌科(mycobactériacies)(这一名称就表现了我们的科学上的含混)——这一科族包括了结核病、麻风和鼻疽病的因子。

于是这最后一卷的阐释集中在这些微生物上。它们理所当然地被作为整体出示给我们,然后某些突出者被挑选出来加以更仔细的研究。实际上这些传染性疾病是以不同方式传播的。譬如结核病是通过个人接触传染的。但是对于很多其他疾病来说,病原体,无论是原生动物还是真菌,都在自己的生命周期里将人与其他活的生命即所谓的传病媒介(vecteurs)联系起来。病原体、传病媒介和人联结成病原复合体(complexes pathogenes)。马克西米利安·索尔将它们置于自己研究的中心,因为他选取研究的正是这些疾病(即所谓的传播性疾病)而不是其他。[1]

什么是病原复合体?举例来说,读者会想到嗜睡症(自第298页起)。这种病将一种寄生原虫,干比亚锥虫(Trypanosema gambiense)这一最基本的微生物与舌蝇(Glossina papalis),最后与人联系起来。这就轮到专家来研究寄生原虫是如何活动的,在它生长的哪个阶段可以发现它,在它的每次逗留期和每次改换寄主时有什么特点。也轮到地理学家在地图上表示出这种疾病流行的区域。在疟疾复合体这个甚至更古典的个案中可以看到一个用来解释的例子(自第301页起)。在这里,传染者仍然是寄生原虫,但这是疟原虫(genre Plasmodium)。传病媒介上布满了疟蚊。有七十种疟蚊可以成为疟疾的载体。在鼠疫、周期性螺旋体病、利什曼病或斑疹伤寒、印度的荨麻疹、沙眼中,以及在

[1] 在尼科勒的假说中是否有如同结核病中的那种对于某些疾病的传病媒介的抑制,以及随之而来的通过个人接触的致病菌转移?参见索尔,第293页。

寄生虫学家秩序井然的架子上可以找到的大量其他疾病中，可以证实类似的看法，发现类似的机制。不过，没有必要对已经冗长的报告再补充什么，也没有必要表明按照作者提供的证据病原复合体是如何相互交错纠缠、叠加并发、紧密联系，而对如何逐渐演化不置一词。在这项研究的附录里有一张有价值的关于某些重要疾病的分类表（第 231 页）和一幅平面球型图（图 22）。这张图显示了某些主要地方病的传播区域，诸如黄热病、鼠疫、嗜睡症、南美锥虫病、土拉伦斯菌病等等各自的传播范围和主要的分布中心。如果我们还不明白的话，这张表格和这幅图就突出表明了作者所从事的这一研究的准确性质。

什么是这些病原复合体得以存在的条件，即就原病体和传病媒介而言，它们的生态环境是什么？人类是如何对待它们的？这些也是由马克西米利安·索尔以其惯有的严格所揭示的重大问题。接着，在最后一章（这又是极其重要的一章），他勾画出这些传染病的地理分布，有时是用极其详尽的例子——特别是在对地中海的疾病分类所做的令人赞赏的研究范围里（自第 381 页起）。

上述分析是不完全的。怎么可能对如此新颖、如此多样化（至少有三个不同的方式）和如此丰富的著作做出完全的分析呢？前面我们就不可能按部就班地进行精彩的分析，现在我们同样不可能对它提出详尽的批评。我们只想指出我们对这项研究中规定的限制感到遗憾，尽管我们理解这些限制是必要的。如果马克西米利安·索尔想满足我们的愿望，他至少需要把他所写的这一大部著作再加厚一倍。

在第二版时他会考虑这一点吗？

我还感到遗憾的是，在第一卷对自然框架的研究中，索尔仅仅局限于气候问题。难道除了“气候复合体”以外，不存在相近的地表复合体（表土、底土、地形），以及水域复合体，特别是当人们不仅仅研究自然因素对人类生态的直接作用时？而且，难道地理学不常常就是对传递的影响力的研究吗？譬如，难道气候对饮食和疾病问题没有影响吗？为了探究这些间接的、折射的影响，我想，难道不应该使这项工作协调得更紧密些吗？因为在我看来，在我们提到的三个连续研究之间分割得太过分了。

对于第二卷我也有类似的遗憾。若是能用少量篇幅论述植物和野生动物的情况，那就更好了。譬如，可以论述野生动物在旷野的繁衍情况——这是埃米尔-费利克斯·戈蒂埃(Émile-Félix Gautier)喜欢谈论的话题。也可以论述一下森林这些半自由半从属、但也被并入马克西米利安·索尔所说的"人的秩序"的集群——这些树木(甚至在热带国家)也出乎人们意料地依赖于人、受制于人。在关于饮食的几章里，作者已经阐述了最主要的东西。但是相关的材料乃是完全可以另写一部专著吧？在那样一部著作中，除了有关全球的一般评述外，可以增加一些具体的个案研究，可以放进去一些引人入胜的文献，譬如第一届法国民俗学大会所提供的法国美食地域分布图。[1]

最后，说到最后一卷，在这个题目上不是还有其他方面没有论及吗？不是过于强调了寄生虫病以及其中的媒介传播的疾病吗？仅用布兰(Brumpt)的教科书的观点来看待问题，不是过于狭隘了吗？简言

---

〔1〕［因为布罗代尔提醒人们注意由我设想的并且在我的指导下进行这项工作(虽然它的标题应该是《论法国烹调油脂使用分布》，美食地域分布应该是另外一码事)，如果能够由优秀的研究者继续做下去，会是件好事。在地理学家中有一支队伍。他们的研究应该既是历史的又是地理的。某种油脂取代另一种油脂的历史会是极其有趣的。——吕西安·费弗尔］

之,所研究的医学问题的范围是否太小了点？结核病[1]、癌症和梅毒都没有或几乎没有被提及。梅毒螺旋体只是偶尔被提及(第194页和第308页)。而自从15世纪末梅毒螺旋体从美洲传入欧洲后[2],它有着辉煌的经历。我还认为对医学地理学(特别是德国的地理医学[Geomedizin])的各种有价值的论述缺乏足够的重视。所有的疾病(至少相当多的疾病)是因地区而异的。某些疾病,诸如甲状腺肿,分布在特定的地区,因而用这一地区本身就能解释它们。癌症在西印度表现为特殊的形式;而在法属赤道非洲的镁质丰富的地区,癌症并不存在(德尔贝[Delbet]的理论)。[3] 在英国,而且无疑在美国存在着我们法国并不熟知的极为危险的猩红热和流行性感冒;它们甚至有特殊形式的肺炎。它们非常严重,以致盎格鲁-撒克逊人要做很多工作来制伏肺炎双球菌。马克西米利安·索尔尽力将他的研究与简单的医学工作区分开。但是我看不出怎么能将我刚才所提到的问题从一部地理学的著作中排除。

假若我们从历史角度来考虑这部著作,那么显然也会有所不满。对有关问题的历史的阐述如果不那么泛泛,而是更系统一些,那就更好了。按照我们的自我中心观点,我们对某些方面特别感到遗憾。譬如,在第一卷里没有探讨历史上的气候变化的问题。现在很多研究都在重新提出这一问题。而这部书只是在最后几页对这一问题做了一个相当

[1] 在这方面,研究这些疾病就需要研究人与人之间的影响,即进行社会研究。结核病这种城市病就是一例。

[2] 马克西米利安·索尔实际上赞成说它起源于美洲,尽管没有提出任何证据。见第342页:“无论有时会有些什么说法,梅毒看来肯定起源于美洲。”

[3] 我们一直未能读到皮埃尔·德尔贝的著作《癌症的预防政策》(*Politique préventive du cancer*,Paris: Denoël, 1944)。

## 草率的否定性结论。[1]

---

〔1〕 第394页,关于第一个玛雅帝国的崩溃以及E.亨廷顿(E. Huntington)的理论。我们能目睹气候的变化吗?这毕竟是一个会使气候学家和地理学家感兴趣的问题。如果确实有这样的气候变化的话,那么它会对生活中所有的问题、所有的秩序和平衡发生影响。很多作者会说确实如此,虽然他们所凭借的证据和权威尚有疑点。他们之中最坚定者会声称气候的缓慢调整每一次延续若干世纪,经由连续不断的微小变化,极其和缓地从干旱时期变为不太热,特别是潮湿的时期。我们可以用否定的回答解决这个问题吗?或者干脆不提出或不再提出这个问题吗?我们毕竟可以举出阿尔卑斯山(甚至是高加索)的冰川进退的例子,以及北极冰帽缩小的例子。北极冰帽自19世纪末起就布满了俄罗斯和西伯利亚边缘一带,这是相当清晰的。苏联在北极的整个政策在我们看来是基于目前北极温度在上升这个假定之上的。这难道不对吗?历史地看值得怀疑的但能搅动人心的例子比比皆是。9世纪在西西里不就是仅仅因为人的缘故使地上喷泉干涸了吗?难道人们不应与加斯东·鲁普内尔一起相信14和15世纪欧洲的灾难归咎于气候的紊乱吗?甚至我可以说,16世纪末在下多斯加尼这个谷类产地气候条件明显恶化,至少发生了大洪水,冬天也更严酷,以致有时橄榄树冻坏了。类似的是,亨廷顿力排众议,主张第一个玛雅帝国是大灾难、是气候变化的牺牲品,难道不对吗?马克西米利安·索尔却不这样想。他写道:"E.亨廷顿在解释这个特例(佩腾湖和乌苏马辛塔河流域国家的繁荣城市的消失)时,是假定气候变化引起了传染病死亡率的变化。这样的假设是不必要的。"我给这个句子加了重点符号,但事实如此肯定吗?另外一个类似的例子是,为了解释16世纪疟疾在意大利(以及当时在整个地中海地区)的再次发作,菲利普·希尔特布兰特(Philipp Hiltebrandt)假定一种新的传染性强的病菌,即热带疟疾(Malaria tropicalis)迅速地从美洲传来。但是,难道人们就不能像亨廷顿那样设想,特别是在17世纪,由于雨量和空气温度的少量增加,引起地中海低地国家死水的上升,继而适于疟蚊的栖息地也增多了?难道不能始终考虑另外的言之有理的解释吗?如人口的显著增长以及众多的"改良"计划致使(在开始时尤其是这样的,但以后就没有成功地实现)疟疾变得严重,正如,在这些危险的地带土壤的破坏者做的事情一样。人们还可以援引很多细小的事例,尽管它们既有争议又含糊,因为当它们面对地理学家坚持气候在历史中永恒不变的观点时无能为力。这并非无可争议,但是如果我没弄错的话,我感觉这样的事实能够使问题暴露得更清楚些。参见德马托纳(d'E. de Martonne, *La France*, Geograpnie universelle, 1943)有关这个题目所做的细致的评论:"学者的心智更倾向于周期性的假说"(Part 1, p. 313);以及"大约三十年一个周期看来并非不可能"(p. 314)。

在有关饮食的章节里并不缺少历史的回顾[1]，但是实际上我们在这里也找不到足够多的（至少是足够详细的）历史回顾。而在这些领域有那么多的历史事例看来很能揭示饮食情况！[2]关于传染病，更可以提出同样的批评，尤其是在一个例子（疟疾和历史，第392—400页）中，马克西米利安·索尔曾经表现出追溯这些疾病的历史的兴趣。在这一领域，人们能够援引数以百计的历史事例，毫无困难地将它们放置在第三卷的陈述中，如有必要的话，再用有价值的图表加以解释：譬如，关于地中海内外的鼠疫流行病——我特别想到1590—1600年间在巴勒莫（Palerme）的鼠疫，对此，我们有一份医学报告。我还想到15和16世纪的“英吉利型”流行性感冒，它在向东扩散时很奇怪地在波罗的海国家止步。再有，穿越东欧和中欧的亚洲霍乱的发作，高地德语区通常对之有免疫能力。历史学家，特别是今天的历史学家，把1812年的巨

---

[1] 注意第239页上有关原始饮食遗迹的段落，以及第240页上提到用于煮食谷物，特别是黍在古代处于主导地位：“人们甚至可以说……小米的时代。”

[2] 很可惜，没有提及近代欧洲发生的某些重大的饮食革命所引出的后果。在库利舍（Kulischer）论经济史的经典教科书中有关于这些革命的总结表。关于这些转变的某些社会方面（关于咖啡、茶和啤酒）可见亨利·布伦瑞克：《18世纪末普鲁士国家的危机以及浪漫主义心智的形成》（Henri Brunschwig, *La Crise de l'État prussien a la fin du XVIII^e siecle et la genese de la mentalite romantique*）。当代法国历史学家普遍忽略饮食的历史，虽然归根结底它如同法律体系或任何重大的古典问题一样相当引人入胜。是否我们可以书写法国烹调史，或各种各样的法国烹调的历史呢？或譬如我们是否可以书写油或煮油的历史——甚至在16世纪地中海那种用船从波尼（Bône）把膻味的黄油运到阿尔及尔，从杰尔巴（Djerba）运到亚历山大港，甚至运到君士坦丁堡的历史呢？是否有很多历史学家熟悉在圆帆船和大帆船时期的地中海作为极其辉煌的船队条件之一的饼干制造业的困难？没有小麦就没有船队，人们几乎可以这样说。的确，有多少人偶然地了解到W.桑巴特关于15和16世纪的罐头工业兴起的笔记，或者了解H.奥塞尔在其演讲中乐于阐述的有关北欧和大西洋腌牛肉的历史？

大灾难既归咎于冬天,也归咎于俄国流行的斑疹伤寒。难道这些以及其他很多问题不能引起人们从地理学视角的关注吗?

不过这部杰作不仅提出了这些深刻而又具体的问题。它的价值在于整体视野。在反复阅读之后,我们必然从整体角度重新思考地理科学本身。这些是书外的问题。

地理学家非常清楚,地理学(如同历史学)比起其他的社会科学是非常不完善的科学,甚至或许像历史学本身一样,是另外一项古老的智力冒险。它还不能完全肯定,甚至很不肯定自己的方法,更不能肯定自己是否拥有完全公认的领域。科学的地理学不是像马克西米利安·索尔的著作本身那样通过侧面征服(通过并列),通过考察相邻的、已被占领的领地而非无人之地而形成的吗?马克西米利安·索尔的著作与这种不久前由地理学所从事并取得胜利的对自然和自然科学财富的大征服非常相像。但是实际上,假若人们想尽可能地丰富地理学,即如果人们想“完成它”,至少是规定它的目标,那么具体说来今天人们还能从侧面侵掠些什么呢?对历史和史前史的掠夺——还没有完成,尽管在这个意义上,在区域地理学的某些论文和研究中什么都做了(做了很多),但也应该结束了。将经济学家[1]、民俗学家、人种志学者、人种学家以及一般意义上的社会学家的成果归并为地理学,这也是一种掠夺。

只要这些归并还没有完成,我就怀疑是否真的可能有一个对它的方法确信可行的人文地理学。在此之前,重新拾起布吕纳(Jean Brun-

---

[1] 参见弗朗索瓦·佩鲁对此的评论:“它(地理学)对它使用的这些术语很少下定义或者下的定义很不准确。”见《政治经济学教程》(*Cours d' economie politique*,一年级使用),第137页。

hes)的工作是徒劳无益的,虽然那种工作在当时非常有用,但今天看来则是大可怀疑的。除非地理学本身的坐标轴线和轴心建立起来,否则归并既不可能也毫无成效,而只能把问题进一步复杂化,因为任何归并都必须根据坐标轴心和轴线来进行。从别人那里获得自己的财产是完全可行的,但条件是必须把它转换成新的财富。

马克西米利安·索尔像很多人一样,认为自己只要考虑了空间——用我们的说法是地图,他可能称之为延展的区域——就能肯定他的工作的地理学性质。对此,我与他观点相左。我当然不否认这种地理学也是一种对地球的描述[1],也不否认它是具有自己方式的空间科学。谁能否认这一点呢?但是,这是它唯一的任务吗?或许地理学能在空间中找到一种目标和一个方法,即一个分析和检验的体系。但是,它或许还有第二个目标、第二个坐标,即它要研究的不是人,而是人群、社会。

在我看来,地理学就总体而言是关于社会的空间研究,或者说我再坚持已见的话,它是通过空间研究社会。

人们在阿尔贝·德芒戎的一本新著中能够找到这个告诫:"我们不应再把人们视为个人。"[2]吕西安·费弗尔在《大地与人类演进》中依据甚至更充分的理由给我们以同样的忠告,但是这本书不是出现得过早了吗(它是在1922年出版的)?人所受到的他的社会联系之网的束缚与他受到的空间束缚一样大,因而如果地理学不抓住历史学、政治经济学和社会学所关注的复杂的社会现实,如果地理学不研究土地上经常能够看

---

〔1〕 安德烈·肖莱:《地理学学生指南》(André Cholley, *Guide de l'étudiant en geographie*, Paris: Presses Universitaires, 1943),第9页。有关"同中心"的描述见第121页。

〔2〕 阿尔贝·德芒戎:《问题》(Albert Demangeon, *Problemes*),第28页。

到的"人胜于物"[1]的主旋律、集体生活的限制和创造,那么地理学就难以生存。

因而在我看来,任何将人类事件归并到地理学方面的做法都至少要在两方面进行:既归并到空间也归并到社会秩序。但是,马克西米利安·索尔的著作小心翼翼地避免和绕过社会现实,只是由于他的研究对象的活生生的、不可能摧毁的统一性他才被迫涉足其中。人们甚至可以说马克西米利安·索尔实际上一心想使自己在这条错误的道路上——尤其是在引出穿衣和住宿的地理学大问题的人造小气候面前——停下脚步。[2] 类似的是,某些关于传染病的研究几乎没在正文里提及。他希望将自己尽可能地局限于作为生物个体的人的生态学上;但是这种个人的生态学或许常常是一种抽象,是过于狭隘而无法通行的道路,至少是极其难走的道路。

不过,我必须承认,马克西米利安·索尔本人完全知道他所设置的限制,而且在前言和结语中委婉地对此做了解释。人们甚至在那里不难发现我们批评他的意图时所用的词语。正是他本人写道:"谈论人就过于简单了。我们应当谈的是人们,现在的人们……过去的人们。"(第10页)他本人在前言的同一页上还写道:"社会环境和自然环境的相互作用将因此而被想到……有些影响是不能分割的。""被想到"这个我们加上重点符号的词揭示出很多东西,它是指被想到的,而远不是被仔细研究的,而后者正是我们缺少的。当然,如果我们不对这样一部著作给我们提供的如此丰富的精神食粮感到满意,这总是不公平的。不过,我们还

---

[1] 这里用的是莫里斯·哈布瓦赫的话。

[2] 第37—38页。很有特色的是,马克西米利安·索尔竟然将问题留给另一部有待出版的、研究城市气候环境的著作(参见第10页)。

是要说，应该感到遗憾的是，这部杰出之作本应有更大的部头，在整体的阐释方面应该更有连贯性、更清晰。人们本来会希望这本书的轮廓更清楚些，首先是更统一些，内部组织得更好些，或许可以简言之，更雄心勃勃些。

不过，这部著作将会有重大的影响——尽管出版得并不逢时，它的前景非常好。地理科学以及所有的社会科学都能从中获益，历史学家也不会迟迟不去求教于它。与朱尔·西翁相类似的写作特点，轻轻几笔就使人回忆起分布在世界各地的风景或者使某些消逝的时代的气候变得易于理解的能力，丰富的直接经验和科学成果，对各种事实进行分类和对各种发展进行连接以及安排取自历史或传说的例子或细节的技巧，对地中海沿岸的不断提及等等，这些都使这部著作在精神上和人文主义方面完全继承了法国地理学派的辉煌传统。心智生活是一种战斗，这部著作是关于一项壮丽辉煌的事业的一个例子。在人文地理学这一非常困难但又令人激情澎湃的领域，继维达尔·德·拉·白兰士的著作《人文地理学原理》和吕西安·费弗尔的《大地与人类演进》之后已经很久没有这样的杰作了。

# 论一种社会史观念*

我现在才来讨论奥托·布伦纳(Otto Brunner)复杂、机敏和晦涩的著作《社会史的新路线》(*Neue Wege der Sozialgeschichte*)[1]已经很不及时了。这一著作出版于1956年,但由于一系列相当偶然的过失,刚刚送达《年鉴》编辑部。经常阅读一般性杂志的历史学家,应该很熟悉收在这本书第一卷的十篇文章中的两篇,早在它们刚发表时就读过并且很赏识它们;其中之一发表在1954年的《历史期刊》(*Historische Zeitschrift*)[2]上,论述的是欧洲社会史的问题。另一篇于同年发表在《社会经济史季刊》(*Vierteljahrschrift für Sozial-und Wirtschafts geschichte*),论述的是欧洲和俄国的资产阶级[3]。这些文章本身已经提出了这部书提出的某些问题。这些问题很大而且相当复杂,它们对整个方法论、甚至历史科学的意义本身提出了质疑。我们必须说,给这部书做出一个准确的总结殊非易事。尽管这部书基本上是统一的,但是它是由不同的材料,由一系列独

---

* 原载《年鉴:经济、社会和文明》,第2期(1959年4—6月),"争论与战斗",第308—319页。

〔1〕《社会史的新路线》(*Neue Wege der Sozialgeschichte: Vorträge und Aufsätze*, Göttingen: Vandenhoek und Ruprecht, 1956)。

〔2〕 Vol. 177 (1954), p. 469 *et seq.*

〔3〕 Vol. 40 (1954), p. 1 *et seq.*

立的研究组成的。总共有九项,甚至十项研究,因为第六章本身是由关于(中世纪的)维埃纳和下奥地利(Basse-Autrich)的资产阶级和贵族之间关系的两项研究组成的。我们可以想象一下,阅读这本书就像在一连串观点之间进行游历;这些观点纷至沓来并没有显现出任何真正的逻辑;除非我们有时间来考虑它们的内在联系。很遗憾,移放到书后的大量注释也不能使我们在阅读时轻松一点。查阅注释时会迷失页码,然后还得重新开始。不过所有这些来来往往的确会带来相当大的精神愉悦。

奥托·布伦纳没有从《年鉴》借鉴什么。他的推理、经验、论据和结论都与我们不同。正因为如此,本书对于我们具有特殊的重要性。但是我们需要付出很大的努力才能理解,并完全把握和识破他的语言的微妙之处。总之,这里有一位历史学家,他大谈目前历史学的瓦解,他依靠自己的专业和友邻学科的帮助,试图驾驭我们所面临的一系列激动不安的时代。由于他需要依赖他的同伴,所以几乎从一开始他就将几乎一个完整的德国史学家队伍召唤到自己身边。他们之中既有昨天的也有今天的史学家。即便奥托·布伦纳并没有得到他们所有人的同意——这是极其可能的,他已经跻身于他们之中,而且这也增添了他著作的吸引力。我们在此能够找到一些我们读书时的旧友:桑巴特、韦伯;就在昨天,还把年轻的马克·布洛赫算作听他课的学生的乔治·冯·贝洛(Georg von Bulow);梅尼克(Meinecke)——其思想依然被我们自己的史学方法不公正地拒之门外,或者说我们的史学方法并没感到怎么需要它;做过关于中世纪制度的杰出研究的海因里希·米泰斯(Henrich Mitteis);奥托·欣策(Otto Hintze)——如果他的著作全集不是在1941年和1942年那些极其艰难的年代里出版的话,我们会给他配得上的重要位置;还有托马斯·迈尔(Thomas Mayer)以及其他很多人。在注释和引文中提到的新起的哲学史专家、社会学家以及历史学家也不少,如格哈德·里特尔

(Gerhard Ritter)、维尔纳・康策(Werner Conze)、威廉・阿贝尔、赫伯特・哈辛格(Herbert Hassinger)。[1]

我要补充的一点是,奥托・布伦纳就是这样慷慨地给我们提供了贯通德国史学史新旧路线的航行。但是,其结果只是使得这位既不惧怕矛盾也不在乎没有结果的争辩的、敏锐热情的思想家的真实面貌更加难以辨认。的确,读者会逐渐习惯他的方法、声东击西的战略,大量节略以及经常是很精彩的解释。作为中世纪史专家,该作者发现自己正处于西方命运的交界。这对他来说是很好地走出欧洲中世纪的传统界限的时机,要么走向古代,要么就走向现代。他写道:"从柏拉图到弗洛里斯的约阿欣(Joachim de Flore)和波舒哀(Bossuet)"或者"从荷马到费内隆(Fénélon)"。不过,我们这些年鉴学派的成员有什么权利抱怨这些大步跨越,而不宽容地对待一位在谈论欧洲时不踯躅于事件(我们的一位目光短浅的教师所说的"历史的骨架"),不徘徊于个人,至少考虑的是作为社会或文化整体的代表的人群和团体的历史学家?我们当然会追随他的脚步。但是,我们必须重申,所有这些并不保证一旦人们硬着头皮将一篇篇论文反复阅读之后就能终于真的把握住奥托・布伦纳的真实思想是他在处理并非我们所面临的问题时,在遭受我们不曾有的回忆和经历的折磨时产生的。我并不是一个如此冷漠的读者,不是未曾在某些能使我们一直联想到今天的思考面前停顿一两次。但是我认为在这类既难理解又有谬误的解释上面逗留是徒劳的。为了把事情搞得更清楚些而查阅我们这位作者丰富而观点可靠的著述也是徒劳的(除了我马上要

---

[1] 下面这段引文出自海因里希・弗赖尔(可以在韦伯思想的意义上来理解)。我出于若干理由为此感到高兴。引文如此:"启蒙运动不仅是这一措辞所表达的有限意义的历史现象,而且是一个基本趋向,甚至可以说是欧洲历史的一个趋势。"

引用的这些资料)。我只想考察这部姗姗来迟的富有才华的杰出著作本身,看看它在科学思想的层次上提供了什么。

## 归纳为“模式”的西方独特性(11—18 世纪)

如果我没搞错的话,他的第一个目的是向我们推荐并使我们接受一个与自由的、灵活的、进化论的历史相反的、社会的、结构的和保守的历史。从实际方面看,提供给我们的是某种浮在从 11 世纪至 18 世纪长时段水流中的欧洲社会史的特殊模式。这一模式显示了连续性、不变性和结构。它摒弃事件,贬低局势,偏爱定性而非定量,遗憾的是,暂时对埃内斯特·拉布鲁斯的数学方法不感兴趣。然而,这项研究(限于中世纪背景)毕竟可以不太困难地纳入我所想象的、具有总体历史所有特征和幅度的社会史的范畴内。

我所力图用以勾画奥托·布伦纳的思想轮廓的名词和形容词只能将它阐明一半,甚至在某种程度上还会歪曲它。能在奥托·布伦纳的论证中找到的,只有我在前面一段里加上重点的具有我们通常所使用的意义的用语。实际上,这显然是个关于社会模式的问题,我稍后再论。但是随着论证的展开,会出现其他的连续性。奥托·布伦纳很乐于指出思想的明显连续性。他的书里交织着不断地跨越时间的思想连续性的线索。他还非常乐于寻找出在最新奇的现实方面里所包含的任何属于遥远过去的东西。譬如,他认为非常古老的有关灵魂与肉体(虽然并不是在现代生物学后来所赋予的活的有机体的意义上说的)的中世纪观念位于斯宾格勒(Oswald Spengler)的思想和所使用的词汇的中心。他怀疑重农主义者甚至马克思本人是否从古老的中世纪“经济学”(oeconomia)那里采用了某种思想。

但是,在此首先是社会成为在11—18世纪的西方这一专门领域里认真地进行“模式化”的对象。除去这些成功、这些停滞,或者这些超越,甚至这些反常之外,西方社会处处都表现出相同的结构、相同的支配因素:特别是拥有资产阶级、工匠和特许状的城镇;拥有世代厮守故土的农民(显然也有另外一种去冒险的农民,但是他们并不能阻碍有着他们的权力的前者的生活方式)及其领主的农村,领主如同农民一样把精力都用在了治家上而不是用于赢利和我们现代社会赋予其意义的经济上。因为在很多世纪里,经济首先是指家务,是照顾家庭,是为家庭(如夏尔·艾蒂安[Charles Estienne]和让·利埃博[Jean Liébaut]在16世纪时还称作的“乡村家庭”)操劳:使唤仆人或奴隶,教育儿童,决定应该栽种什么植物。一般来说很少考虑城镇市场或它的“理财学”。古代论述经济(œconomie)的书籍不完全忽略市场,但市场绝不占据它们所描述的生存经济的中心。它们的眼界是“家庭”,“整个家庭”。所以它们应该包括道德说教、实用医学汇总,甚至有时是烹饪的菜谱。对此我们毋需惊讶。德国历史学家和经济学家长时间以来就注意到这种家长文献(Hausvaterliteratur)的丰富性。[1]

在这一模式里面,那些支配的成分有它们自己的自主性、色彩和具体的意义。但是它们配合得很和谐。它们是棱面齐整的晶体,熠熠发光。

不同的隔间是彼此交流的:农民到城镇去(即使是稳定的城市,人口也极不稳定,经常需要人手)。开始他是个新来者,以后他的儿子可能成为工匠,有一天工匠成为商人,商人又成为领主。因为任何事情都发生

---

〔1〕 Gertrud Schroder-Lembke, “Die Hausvaterliteratur als agrarge-schichtliche Quell”, *Zeitschrift fur Agrargeschichte und Agrarsoziologie* [1953].

了或可能发生,只是需要耐心,等待几代人的谋划以及幸运的时机。汉斯·福格尔(Hans Fugger)是个农民的儿子,乡村织布工人。他在1367年移居奥格斯堡(Augsbourg),成为一个大家族的奠基人。有些时候情况相反,领主想成为资产阶级。我们不能声称这样的联系是常见的,但它们能够缓和甚至打破某些紧张状态,维持长期的平衡。然而这是一种经常受到威胁的平衡。如果交换加快了,最初的晶体久而久之会改变。这正是维埃纳的例子(第六章)所提示的。奥托·布伦纳所写的这一章在我看来是该书中最精彩的部分。诚然,这是一个次要的例子。"模式"在这些特殊水域上漂浮不那么容易。在交换过程的早期,君主曾进行干涉。他促进资产阶级向逐渐失去其道德、根基以及地产的贵族转化。在奥地利以及其他地方,可以说国家在这些社会升迁的水流中转动着自己的轮子。然而,在中世纪,在西方,政治散布在社会里,两者纠缠在一起(领主既是领主又是所有者),随着近代国家的成长,两者逐步有了区别,并相互分离了:一方面是国家,另一方面是经济社会。旧的模式,也可以说社会层面的"旧制度"(Ancien Régime)崩溃了。如果我们尽力给这一崩溃在编年史上寻找一个坐标的话,那么1789年8月4日之夜是一个相当醒目的分水岭。封建权利、村社、城市特许状在这一个晚上统统废除了。当然,这只是个表述方式。但是毕竟在突然之间法国革命作为一个被告出现了。可以说在被告席上与它并列的,与它混在一起但不能被它取代的另一个暗淡的人物是工业革命。

这无论如何是西方历史上一个重大阶段的终结。这一阶段起源于七个世纪以前,大约起源于1000—1100年间。在那个遥远的时代,西方经历了力量的增长和漫长的人口增长(这很快就导致了向易北河以东的殖民和从法国到伊比利亚半岛的大规模迁徙)。亨利·皮雷纳以及在他之后的很多历史学家都看到,贸易普遍复兴的结果是城市复兴。西方的农村也处在普遍的上升阶段,农村生产出比以前多得多的食物,养育了比以前多得多的人口。虽然城市的飞速发展无疑是商业刺激的结果,但若没有食物和人就绝不会有城市的飞速发展。在北方国家,农村的发展使欧洲农民的人口密度较高,再加上三年轮耕制的推广,使得他们能够从田间收获更多的农产品。从此,农民完全投身于紧张的田园劳动,成为专职的农民。这就轮到领主来确定自己的自卫手段,并且据为己有。

农村的繁荣和城市的繁荣从一开始就相互支持。它们组成了欧洲经济秩序的基础。这一秩序无疑是新的经济秩序,注定会维持下去,这也是一种召唤。在早先的世纪里,贸易是由流动的商人进行的。他们带来珍稀的货物,如奢侈纺织品、香料和奴隶,以及诸如盐和小麦等必需品。那时唯一或者说几乎唯一需要考虑的是王公和富人这些主顾。但是自 11 世纪以后,用于销售的加工产品的比例增长了。欧洲本身成为纺织品的出口地。香槟地区的市场和地中海贸易的名望上升并确立下来。商人们扎下根来。城市增多了,形成群岛、金字塔。这些城市发展成大的商业都市。所有这些都与领主与农民的世界共存,而后者是这些成就的永久的基础和肥沃的土壤。

这一略图显然需要修补。但是这正是奥托·布伦纳不甚开心的事情。他进行了繁长、重复的辩护,但他的结论总是简短的,总是同样的。那些结论都力求成为普遍适用的。只有当他处理他的模式的第二“极”,即农民、领主、领地及暗中吸引着他的一般贵族世界(Adelswelt)时,所做的结论才多少有些色彩。他往往夸大了这一世界的作用和重要性,把这个世界表现为一系列相互的义务,其中处于底层的农民在最坏的情况下也能维持某种程度的自治和自由。他将贵族世界置于那种长时段的,一直延续到重农主义者的文明的中心。这是一种贵族文明,真正的、实际的自由精神深入骨髓,这种文明并不是暴力的、粗野的,而是精致的,因显著的美德而显得熠熠生辉——如15世纪以来(奥地利和其他地方的)贵族图书馆所证实的那样。城镇的资产阶级也分享了这一文明。这最后一点几乎是一种颠覆……但这是辩护,终归是辩护。

## 西方和俄国

读者会看到我的目的是介绍而不是讨论这些武断的摘要,是力图确定在这些论文后面的人的灵感和意愿,而不是这些论文的论证理由。因此让我们暂且承认这些涵盖了11—18世纪的总括性解释。

这些世纪当然有某些共同之处。就我而言,我宁肯说13—18世纪,但这没有什么关系!我会相当乐于承认从1000年到1800年有某种统一,有某种长时间的"水平状态"。吉诺·卢扎托(Gino Luzzatto)和阿尔曼多·萨波里(Armando Sapori)都曾这样说。他们用各自的方式肯定13和14世纪的"现代性"。阿尔曼多·萨波里不被文艺复兴所迷惑,倒像是13世纪的"人"。奥塞尔站在16世纪的"人"的立场上,宣布16世纪的"人"具有明显的现代性,尤其是与19世纪相比较而言。但是这些话题既不是奥托·布伦纳所熟悉的,对于他的论文甚至他的论证方法也不是必不可少的。他自己的研究是更复杂、更任意的,同时也更加广阔,或者说更加危险。它是一种相当特殊的辩证法,即在连续的历史画面中察看是什么将它们统一起来以及是什么使它们各不相同。换句话说,人们摊开一副牌来随意示范,亮出各个不同的花色和数字,忽而又合拢,整副牌合成玩家手中的一叠。为了断言西方的总体独特性,奥托·布伦纳不得不将一副有相当数量的牌合拢。因为他的模式首先对德国的农村和城镇有效。那么它是否同样适用于意大利和西班牙的农村和城镇呢?但只有通过某种巧妙的歪曲,这种巧合才会出现。我能预先想象到阿尔曼多·萨波里肯定会像他早些时候反驳桑巴特提出的用全盘性观点看待中世纪一样反驳这种西方单调一致的观点。而且,什么样的历史学家会承认这种被重重困难和社会经济危机所撕裂的贯穿整个中世纪的长期的水平状态呢?近代国家起源于15世纪,更多地起源于16世纪。“国家—社会”的破裂和断裂实际上并没有坐等法国革命的到来。市场经济也是如此。它在18世纪结束以前已经深入西方社会。要绕过或掩饰这些难题就需要有某种灵巧性。

我们这位同行的机敏在于一开始就要使我们承认他最初的简化,实际上是一种对西方在根本上特有的独特性的敏锐认识,然后马上把讨论转到西方之外,以便大张旗鼓地论证与非欧洲地区——这个所谓的东方城市区域包括整个伊斯兰世界、印度和中国——相对照的(当然是与马克斯·韦伯的抽象的统一体相对照的欧洲的)独特性。谁会相信这个范畴的统一性呢?谁会相信马克斯·韦伯的著名的城市社会学能真的抓住这些问题的核心呢?

不过我们先撇开这些尚未尽言的批评吧。我们这些读者已经被带到欧洲的东方边界,被鼓励着估量西方体系与俄国(甚至东方)体系的差别。这种论证否认了某些历史学家的主张,即欧洲的命运,如果愿意的话可称之为西方的命运在俄国舞台上重演。它具有某种特色,有些滞后,也有些变形。原因在于历史上的坏天气,生活场景的辽阔,森林和沼泽的阻碍和人口稀少。我们还可以再加上蒙古人入侵造成的巨大灾难。

与某些俄国历史学家相反,奥托·布伦纳支持其他历史学家的一些看法,即在这灾难之前就存在滞后,甚至更重要的是,在这两个世界的社会结构之间存在着固有的差别。诺夫哥罗德(Novgorod)并不是西方样式的围城,而是对周围乡村开放的并与其生活融为一体的“古代”城市。俄国城市的确有相当大的面积和相当多的人口,但是它们(譬如基辅和莫斯科)数量很少,而且相距甚远。它们不像欧洲的城市那样依赖于较小城镇形成的金字塔和网状结构。它们不想也不能为自己保持手工业的垄断:与可怜的手工业者的城市工业并存的,是不受城市控制的、活跃的、用途广泛的农民手工业。俄国的冬季长达数月,乡村过剩的人力因此得到自由。试图与他们竞争是不可能的。至于农民,在很长时间里他们一直没有很好地扎下根来。他们的耕作始终是巡回的。他们破坏森林,但这与西方的情况不同,在西方是一劳永逸地制伏处女地,开辟持久的耕地,连根除去树木。俄国的情况更像向欧洲农民开放的美国,在那里浪费土地是普遍的。另外,工匠在流动方面不比农民更自由。最后一个特点是,直到彼得大帝时代,俄国商业的重点放在天然产品,如盐、皮毛、蜂蜜以及奢侈品和奴隶上。这是以巡回商队为基础的。画面就是由这些古老的特征组成的。与此相反,欧洲有半自由的农民,独立或几乎独立的城市,活跃的、先进的商业资本主义,以及居所固定的商人。西方的城市意味着不受国家控制的手工业和商业,就像为短距离或长距离的资本主义预备的众多自由的小岛。正如韦伯曾经断定的那样,这是中世纪欧洲的一项城市革新。无论"古代"城市还是"东方"城市都丝毫没有这样的城镇与乡村,工业与农业之间的分化(或者说区别),简言之,西方的城市具有巨大的、不稳定的活力。

这一论证是否足以阐明格哈德·里特尔不久前再次谈到的"俄国之迹"[1],或德国观察者在面对这一巨幅画面时的困惑?读者必须做出判断。就我而言,我很想知道按照奥托·布伦纳的方法将欧洲和伊比利亚人的美洲殖民地(从16世纪到18世纪)进行比较会有什么结果。15世

---

〔1〕《活生生的历史》(*Lebendige Vergangenheit*, Munich: Oldenbourg, 1958, "DAs Ratsel Russland", p. 213 et seq)。

纪末在新世界,一个新欧洲多少成功地扎下根,重新起步。它再次从城市开始。这些城市或者快于农村(拉普拉塔)的缓慢建设,或者依赖于印第安农民。不论在哪里,这些城镇都对农村开放;它们是按照古代的规则运作并由大地主统治的“古代”城市。这些地主或者是巴西市政议会里的“上等人”(homens bons)或者是西班牙市政会(cabildos)的市政长官(hacendados)。在整个新世界,至多有两三个现代城市。大型的极其孤立的“俄国式”城市在总督区的墨西哥,在荷兰人统治之时和之后的累西腓(Recife),在蔗糖出口商活动的巴伊亚以及波托西(Potosi)建立起来。再在画面上增添骡队贸易,我们能得出什么结果呢?是 11 世纪前的欧洲,还是彼得大帝前的俄国?

## 什么是社会史?

这些问题和初步的批评实际上涉及的不到这本劲头十足的著作的一半或三分之一。奥托·布伦纳不仅仅想勾勒西方中世纪的整个不可缩小的独特性,为它唱赞美诗,称颂它的伟大,以至几乎要承认它本身就是“奇迹”。如果我没弄错的话,他还想利用这一伟大奇观的光亮,“更独出心裁地,而不是真正有力和明确地”转向现在——这是第二个有气魄的行动,以及转向历史学家的专业结构本身——这是回归和超越所有以前行动的第三个也是最后一个行动。

实际上,18 世纪以前中世纪的西方是由于多种障碍而与我们隔开的。由于 18 世纪和 19 世纪的各种变迁和中断,我们这些 20 世纪的历史学家和其他人已经属于多少割断了欧洲遥远根底的时代,我们怎么可能轻易地重新发现 11—18 世纪之间欧洲社会史的真实情况呢?我们使用的词汇,特别是经济、社会,甚至国家,都会妨碍我们。我们在精神上是被吞没一切的烟幕与我们的对象,那个遥远的画面隔开的。这种烟幕是指意识形态(它们诞生于18世纪),即那些既包含真理又有错觉的思想、旧有的解释、新的社会科学所做的努力。书中有一章我反复读后仍是似懂非懂。这一章要求我们警惕年代错误,要警惕过去与现在对话的明显危险,而且要求我们面对历史学的沉重责任。但是,实际上这不是步卡尔·曼海姆(Karl Mannheim)的后尘追猎意识形态吗?这不是诱使我们追捕女巫和鬼魅吗?意识形态是否会失去活力呢?或许如此。但是,正是由于意识形态的阻隔,任何一个外国读者对作者在做何种判断和比较一无所知。谁在受到审判,谁该受到诅咒,或者如果我们有所偏好的话,我们应该爱谁?因为对旧的社会秩序显而易见的颂扬——说它与国家的利益和暴虐无关,或说它不受意识形态的歪曲——肯定有某种意图。赞美往昔的人(Laudator temporis acti)绝不会没有眼前的隐秘动机。

这些不确定的东西预先就在不断地制造困难,削弱我们回答这位同行所询问的有关历史命运和存在理由的重大问题的能力。但是还是让我们走下去,就仿佛我们对前面的道路很有把握。

正像1900年亨利·贝尔在创办《历史综合评论》时那样,奥托·布伦纳从一开始就试图使自己凌驾于专门历史的分类之上。我们知道,专门历史有很多种,如法律史、制度史、哲学史、思想史、文学史、科学史、艺术史、宗教史、日常生活史、经济史等。我们还知道(参见海因里希·弗赖尔[Heinrich Freyer])它们有各自的节奏、呼吸的频率、编年的方法。现在必须驾驭这些具体的剖面,并将其分开。譬如,他认为,文化史(Kulturgeschichte)的帝国是怪诞的、夸大的。同样,虽然他没有明确地讲,只是一个剖面的经济史使自己膨胀到整体史不可能不是僭越,也不可能不引起公愤。

简言之,历史只能有两个一般的平面,一个是政治平面,另一个是社会平面。这正像在画几何时,整个历史的躯干必须投射在这个或那个平面上。当然这些大可争议的形象是我想象出来的。奥托·布伦纳会更精确地说,在他看来,社会史不是一个专业(Fach),不是一个特殊的剖面(Sondergebiet),“而是一种思考处于公共生活中的,处于社会共存体(Vergesellschaftung)中的人和集团的一个方面的一种方式”。他曾(在1936年)为政治史欢呼过。他当时写道:“任何纯粹历史的问题意识都从属于政治史。……从这一观点出发,所有的历史就其严格的词义而言都是政治史。”[1]今天他的观点已经大不相同了——我并不想责备他这一点,我想做的恰恰相反。他所说的实际上是,历史总是以人为对象的,但是有两种思考人的方式:第一种是用社会史的镜子,“此时内部结构,社会关系的结构将显现出来”;第二种可能性是在一种政治史意义上,在亚里士多德意义上的政治史,这时所捕获的对象应该是政治行动,即“人们的自决”。我再重申一下,在两个平面之间一切都是分裂的,或者可以分开。历史学家不能混淆它们也不能放在一起介绍。

或许有必要仔细阅读诸如在这本书里所提出的关于那种回到政治舞台上的历史学的暗示的方案。该方案是那么愿意做肯定的论述而绝不愿意驳难,因此几乎完全没有可以参照的对立观点。如果我理解正确的话,作为“政治动物”的人的历史,多少是人的运动、行为、自由仲裁的历史,有时甚至是强权政治(Machtpolitik)的历史。因此它经常有走向传统历史的趋向。而在双连画的另一幅上,社会史则获益于静止和长时段,以致我们发现社会现实极其厚重,因而能够抗拒一切险恶、危机和突如其来的冲突。社会变化很慢,具有强大的惯性。一往直前的经济史因

---

〔1〕 Otto Brunner, “Zum Problem der Sozial-und Wirtschaftsgeschichte”, in *Zeitschrift fur Nationalokonomie* 7 [1936]: 677.

试图撼动这一庞然大物和刺穿它厚重的甲胄而精疲力竭。

此外,应该重申,对于中世纪来说,只有一种历史,即社会史。它吞噬和消化了一切;国家分解成我们已经说过的各种实体:城市、领地、村社。市场经济完全可能有危机,甚至痉挛,但是传统经济(œconomie)是自我封闭的。它免受小风暴的侵害。这些世纪是属于它的。国家和经济(économie)要迟些时候才出现。

我在这篇文章中力图做的只是为我自己以及法国读者阐明我们几乎完全不熟悉的一种思想。法国和德国历史学家之间的接触已经中断得太久了,因此常常做什么都是必要的。因为误解了某个词,过于草率地做出某个论断,就可能使讨论完全失去意义。双方肯定会从交流彼此已经如此生疏的思想中有所裨益。因此我尽可能地不在心智上采取一个批评者的态度,而把辩论中的主动权留给奥托·布伦纳。

在这样一场交锋结束时,我是否被说服了呢?这是另外一个问题。我既怀有某种赞同但又怀有某种相当强烈的疑虑。诚然,长时段的社会史几乎总是对我具有诱惑力。但是在我看来,它只是多种历史中的一种社会史,这种历史是缓慢的、持久的、充满惰性的一种结构史:我们应把社会局势——它只是一个微不足道的角色——重新放回到这些静止的层面。当然,这里无意反对再度与19世纪的传统历史结合起来的"亚里士多德式的"或其他的政治史。但是在我看来,这里所说的一切都与奥托·布伦纳的专断的二分法,即他把历史局限于其中的二元性相悖。无论支配他做出选择的理由和隐蔽的动机是什么——这些对于法国读者尚不明确——我都不能赞同它。

即便这可能被指责为毫不悔改的自由主义,我还是认为,在通过历史多样化的门槛时,任何门径都是好的。遗憾的是,我们谁也不能知道所有的门。历史学家首先打开的是他最熟悉的通向过去的门。但是,假若他尽可能地努力查找的话,他必定会发现自己在敲第二个门、第三个门。每次都将研究新的或略有不同的图景。没有一位历史学家不能将其中一些相提并论,诸如并列社会图景与文化图景、文化图景与政治图景、社会图景与经济图景、经济图景与政治图景等等。但是,历史是将它们全体汇集在一起。它是所有这些相邻者、这些共有者、这种无穷尽的交互作用的统一体。

所以奥托·布伦纳的二维几何学是不能令我满足的。对我来说,只能把历史看作是N维的。这种雍容大度是必要的。它不会把文化方面的概括或者唯物主义辩证法或其他任何分析抛到较低的层面,甚至置于解释的领域之外。正如乔治·古尔维奇曾说的,它的基本定义是具体的多维的历史。毋需说,在这种多样性之外,每一维都毫无疑问是自由的——其中某些甚至会感到有必要维护历史的统一。舍此我们这一职业将是不可想象的,至少会丧失它某些最宝贵的抱负。生活是多样的,但它也是一个整体。

# 人口学和人文科学的范围*

在这篇评论中,我们捍卫的是一门企望对各种不同人文科学开放的历史学;而今天正是这些科学的总体甚至比历史学本身更引起我们关切。我相信在本文开始时就重申这一点是有益的,因为本文旨在从总体的观点而不是单单从历史学的观点出发,对人口学研究的材料和基本取向进行考察。

但是请相信,我并不愿从这个侧面去随便责备某种唯人口学论,即那种对社会现实所做的专横的、片面的、常常是草率的说明。各门科学,特别是年轻的科学,或者是返老还童的科学都试图涵盖社会整体,独自解释它的一切。曾经有过而且依然有唯经济论、唯地理学论、唯社会学论、唯历史学论;不过所有这些帝国主义都是天真的,尽管它们的抱负是自然的,甚至是必要的;至少在某些时候,这种侵略性有它的好处。但是今天或许应该结束它了。

毫无疑问,辅助科学一词最使年轻的社会科学窘困和恼怒。但是我以为,所有的人文学科毫无例外地是彼此的辅助学科,对每一门学科来说,驯服其他所有的学科来为自己所用是合法的(因为每一学科都有和

---

* 原载《年鉴:经济、社会和文明》,第 3 期(1960 年 5—6 月),"社会科学的编年史",第 493—523 页。

应该有自己的观点,虽然这不应是它的唯一观点)。一劳永逸地确立分类体系应该是不成问题的。而且,如果说从我个人的自我中心观点出发,我会毫不迟疑地将人口学列入历史学的辅助学科之列,那么我也希望人口学将历史学视为它的辅助学科之一。关键在于,各种解释相协调,并连在一起。至少它们会进行一次会合。

正是在这个层次上,我愿意与我们的同事和友邻人口学家对话。请路易·亨利(Louis Henry)和勒内·贝列尔(René Baehrel)原谅,不是在方法论的层次上对话。我片刻都不否认方法的固有价值。我与吕西安·费弗尔[1]有些相似,对于通常由方法问题所引发的无休止的口角感到愤慨。无论如何,"身居要津的"不仅仅是关系重大的方法和手段,而且还有结果,甚至更重要的是对于结果的解释和应用。简言之,还有在需要时能够修正由方法所产生的多种错误的那些东西。

本文要讨论的正是人文科学的这种一般趋向。这样的宗旨就迫使我选择我的对话者,而且事实上可以在很大程度上摆脱狭隘、不充分的通行书目的限制。我相信这种观点促使我做的回顾并非完全无益。谈论重要的著作何时都不为迟。

## 恩斯特·瓦格曼的"门槛"

让我们首先提出恩斯特·瓦格曼(Ernst Wagemann)独断而恼人的著作,尽管这样做既不完全公正也不完全便利(就我所知,还没有一篇批

---

[1] "每一个人都制定出他自己的方法",吕西安·费弗尔在给我的一个短笺里写道。这个短笺正放在我面前。"为此我们并不需要专家。假使某人不能够制定一个方法,那么就请与历史分手吧(Lascia La storia)。"

评性评论这样做过)。当我们面对这些著作时,首先碰到一个困难:在那些初版、新版、译本、副本、节本,接连十次改头换面的文章,整批兜售的新瓶装旧酒的重复论著[1]中很难清理出一条思路来。但是,仅仅在所有这些重复之作中做一次探测应该够了,无论如何,对我们来说应该够了。因此,我将讨论两部著作。这两部著作是我很久以前在智利的圣地亚哥就获悉的,它们在那里分别于1949年和1952年出版时曾不无理由地引起轰动。第一本是从德文译成西班牙文的,题为《民族命运中的人口》。[2] 第二本题为《世界经济》[3],看来第一版是西班牙文的,但大段抄自前一本书以及其他较早发表的作品。我还要提及一本小书,它是在瓦格曼去世(1956年)前不久,在1952年由伯恩(Berne)的弗兰克(Francke)出版公司出版的,是该公司的大套丛书《数字侦探》(*Die Zahl*

---

[1] 一位过去的高等社会科学研究院的学生伊尔莎·戴克女士(Mme. Ilse Deike)为我寄来了恩斯特·瓦格曼的著作表。附在这里似乎是有益的。她稍微作了分类编排:*Die Nahrungswirtschaft des Auslandes*, Berlin, 1917;*Allgemeine Geldlehre*, I, Berlin, 1923;*Einfuhrung in die Konjonkturlehre*, Leipzig, 1929;*Struktur and Rhythmus der Weltwirtschaft: Grundlagen einer weltwirtschaftliche Konjonkturlehre*, Berlin, 1931;*Geld und Kreditreform*, Berlin, 1932;*Was ist Geld?* Oldenburg, 1932;*Narrenspiel der Statistik: Die Umrisse eines statistischen Weltbildes*, Hamburg, 1935, 1942;*Wirtschaftspolitische Strategie: Von den obersten Grundastzen wirtschaftlicher Staatskunst*, 1937, Hamburg, 1943;*Die Zahl als Detektiv: Heitere Plauderei uber gewichtige Dinge*, Hamburg, 1938, 1952;*Der neue Balkan*, 1939;*Wo kommt das viele Geld her? Geldschopfung und Finanzlenkung in Krieg und Frieden Dusseldorf*, 1940;*Menschenzahl und Volkerschicksal: Eine Lhere von den optimalen Dimensionen gesellschaftlicher Gebilde*, Hamburg, 1948;*Beruhmte Denkfehler der Nationalokonomie*, 1951;*Ein Markt der Zukunft: Lateinamerika*, Dusseldorf, 1953;*Wirtschaft bewundert und kritisiert: Wie ich Deutschland sehe*, Hamburg, 1935;*Wagen Wirtschaften: Erprobte Faustregeln-neue Wege*, Hamburg, 1945。

[2] *La poblacion en el destino de los pueblos*, Santiago, 1949.

[3] *Economia mundial*, Santiago, 1952.

*als Detektiv*)[1]中的一本。这本书虽然也只是对原有的一本书的重新编辑,但却是一本明晰的杰作。在这本书里歇洛克·福尔摩斯(Sherlock Holmes)与他的好友华生医师(Doctor Watson)讨论了数字、统计和经济增长的幅度,似乎所有这些都是罪犯和疑犯。与其他书相比,这本书更好地表明了一位向导的沉着、敏捷以及有时体现出来的洒脱。这位向导以为他已经搞清了穿行于复杂的社会生活的途径,因此可以高瞻远瞩地依照由才智和算术构成的独一无二的演绎法来安排事物。

为了使我们的初次介绍周全一些,我们应该补充说明,正如所有的经济学家知道的,在第二次世界大战以前恩斯特·瓦格曼曾是柏林著名的商业研究所(Konjunktur Institut)的所长。在德国战败以后,他取道抵达智利。与很多德国人一样,他出生于此地。在那里,直到几年之后的1953年,他幸而在圣地亚哥大学获得一个教职。这可以解释——如果必要的话——为什么我前面引述的著作发表于智利。不过,我们要考察的是著作而不是人。

老实说,这些著作写得很草率、马虎,还未完工,令人焦躁不安,也可以供人消遣,有趣味,但并非总是合乎情理的。从历史学的角度看,它们常常是相当平凡的,坦白地说,甚至是平庸的,但绝不令人厌倦。在前面提到的第一本书《民族命运中的人口》中,前150页有某种姿态,有某种威严:这位科班出身的经济学家在此希望成为一位人口学家,而且是富有热情的、具有革新精神的人口学家。

他最关心的即是无论如何也要摆脱经济研究和他个人长期所持的经济学观点,甚至摆脱与环境紧密相连的那种经济学,他将这种经济学,即屠能(Von Thünen)的经济学,称为最聪明的经济学。他告诉我们此人

---

〔1〕 *Sammlung Dalp*, no. 80, Berne, 1952.

"与马克思一起,或许是最伟大的德国经济学家"。为了迅速而堂皇地获得他的自由,他满口否定和谩骂,将普遍赞同的解释逐一推翻。所有这些做法与其说是严肃的,不如说是引人发笑的。当幕布拉开后,马尔萨斯是他的攻击目标之一。他争辩道,难道人们不应该警惕那些因经济局势上升或下降而乐观或悲观的伪人口学家吗?"人口学的理论所显示的对经济形势的极其明显的依赖本身就证明这一学科并没有充分的方法论基础。"

说了这话以后,瓦格曼接连驳斥了古斯塔夫·施莫勒(Gustav Schmoller)所钟爱的持续发展的观念,从对弗里德里希·李斯特(Friedrich List)的"经济学的经验论"评论引申出来的人口能力理论——关于既定经济体制所能承受的人的压力,以及诸如威廉·勒普克(Wilhelm Röpke)或古斯塔夫·吕梅林(Gustav Rümelin)这样的经济学家所提出的种种有关人口过剩或人口不足的定义(尽管从词义上说能够理解)。当经济学和人口学之间的所有新旧联系都被切断后,他试图把后者建设成一个与众不同的世界,建设成一个自主的科学领域。我甚至敢说,在瓦格曼的思想里这一科学领域在某种程度上是第一推动力的领域。"广为普及的政治经济学所青睐的论题之一是,人口在近代时期的急剧增长应该归因于极度扩张的资本主义取得的成功。毫无疑问,那些持相反观点的人看来更有道理,即19世纪和20世纪的技术和经济进步应该归因于人口的急剧增加。"在此我们懂得了:人口学是主人。

所有这些破坏,所有这些无畏精神,不管是否有用,仅仅是拉开了帷幕。为了给予人口学以科学的尊严,就必须给它指派明确规定的具体的任务。依照恩斯特·瓦格曼的看法,人口学首先应该是对人口变化及其后果的研究。因此,它应该是一门有关局势的科学,令人好奇的一点是,它模仿的是局势经济学。但是,附带地说,我们不必对这种显然的矛盾、这种回归感到好笑。

无论如何,正是在局势里发生了以往人口的大波动,好比长浪的涨落。恩斯特·瓦格曼将这些历史学家所熟知的基本运动视为有助于组建人口学的真正领域的第一个研究对象。大体上说,他在西方发现了下面的人口节奏:10—13世纪,人口有相当可观的增长;14世纪,由于黑死病,人口灾难性地减少;15世纪,停滞;16世纪,急剧增加(瓦格曼特指中欧);17世纪,停滞或略有下降;18世纪,相当可观的增长;19世纪,“不合时宜的”增加;20世纪,继续增长,但速度较慢。因此,按照欧洲的时钟,人口有三次上升浪潮:第一次是在十字军东征之前和期间,第二次恰在三十年战争前夕,第三次从18世纪至今。这些变动具有普遍性这一说法肯定适用于最后一次(18世纪、19世纪和20世纪那次),可能也适用于第二次(16世纪那次)。至于第一次(10—13世纪),恩斯特·瓦格曼的推论有点草率。按照他的说法,没有长期的战争就不可能有人口的上升浪潮。那么,成吉思汗(1152或1164—1227)的名字本身就是当时亚洲的总体命运被打乱的一个象征。人们能否推论说在十字军东征的时代或差不多在那个时代亚洲也经历着人口的大规模增长呢?任何一位慎重的历史学家纵然会合乎情理地对西方和远东之间众多的相似之处感到惊讶,但仍不会赞同这位向导的如此断然的结论。不过,除了成吉思汗,我们对南亚和中亚的人口紧张状况的浮光掠影的了解相反还是不能否定瓦格曼的假设。此外,如果能够发现从16世纪,肯定地说从18世纪起在全球范围发生的人口震荡,那么他至少有权断言世界人口是以多么急速的波浪形式增长着,这些波浪在一个或长或短的时期里最终会影响全人类。总而言之,他与某位重要的才智之士(即韦伯本人)英雄所见略同。

同时,所有历史人口学以及人口学本身的通常的解释或多或少被他摒弃了。人们再也不应说18世纪以及19世纪的一切都是由卫生学或攻克重大传染病的医学的发展或者是由技术发展,或工业化引发的。正如我们前面指出的,这些说法颠倒了诸种要素的次序。这些为欧洲或者说西方“量身定做”的解释并不适合遥远的中国或印度。虽然在人口方面这些国家的发展节奏看来与我们自己钟爱的半岛一样。恩斯特·瓦格曼给历史学家和所有社会科学的负责人一个有价值的教训:基本的人类真理必须适用于全球范围。这样做是正确的。

因此我们应该从这些司空见惯的解释中摆脱出来,即便我们暂时还不能找到任何适用于这些总体运动的好的解释。罗伯托·洛佩斯(Roberto Lopez)同我一样考虑到环境方面。不久以前价格专家在万不得已的情况下考虑到了太阳黑子周期。但是一旦人口学获得独立,恩斯特·瓦格曼绝不为寻找这一全然自然的问题的答案而烦恼。对他而言,问题在于首先分辨出,然后把握住“易于重复的普遍现象”,对此我还要补充(虽然他自己并没有说)——它应该是最有可能被计量的。因为没有更好的东西,科学思考只能停留在那里,除非像恩斯特·瓦格曼一样对那种“生物法则(它能解释一切)提出质疑,但我们对它还一无所知,无论是它的根源还是它的线性发展”。更确切地说,他满足于(如同我们要涉及的这些“转换”)关于劳动的简单的假说,即人们仅仅要求考虑一系列已知资料和开辟通向更好的研究的道路的理论。标准是它们应能奏效。因此,在转换的名目下将要加以研究的与其说是这些变动的性质,不如说是它们的结果,至少是其中某些结果。

瓦格曼的“转换”——我更乐于称之为“门槛”,是关于有活力的劳动的,或如他所说,人口动力学的工作假说。这当然是一个过于简单的但却诱人的假说。简略地概述它甚至更会歪曲它,而且会引导读者落入由迷惑人的词汇设置的陷阱,因为其中的关键性术语——人口过剩和人口不足必将使人想到极难摆脱的关于数量增加和减少的印象,尽管作者提出了各种警告。要是我的话,我宁愿用中性术语 A 阶段和 B 阶段来替换这些词。我想起这些术语很合乎逻辑,因为恩斯特·瓦格曼的解释与弗朗索瓦·西米昂的语言完全吻合。而我国所有的历史学家都熟悉这些术语。

因此,我们应该关注的是这个活生生的人群及其无休止的变化。我们可以在抽象和普遍的层面(如果这样方便的话)谈论一个国家 P,也可以在真实的时间和具体的空间之外谈论它。它的人口按照我们的愿望而变化,可以设想为正在增加。它在每平方公里上的密度——这正是将要探讨的——将因此连续达到各个数值。在这连续数值中我们将保留少量重要数字,即瓦格曼论证中的黄金数字:每平方公里 10,30,45,80,130,190,260 个居民。按照我们这位作者的看法,每当人口通过这些"门槛"中的一个时,它都经历了深刻的物质改造;而且不仅仅是物质改造。

在每平方千米的居民数目达到 10 人以前,P 国家处于人口不足的阶段,让我们称之为 A 阶段;从 10 人到 30 人,处于人口过剩的 B 阶段;超过 30 人,它回到人口不足的阶段(在此我们应摒弃通常的联想);这样一个阶段接一个阶段地转换。很清楚,这就赋予人口不足和人口过剩这些词非同一般的可以变通的意义。这些概念当然需要加以阐释。但是如果我们等待我们的向导提供一个定义,那是徒劳的。他宣称他拒绝接受经济学家通常提出的一切定义,在这一阶段他只是使用临时的定义。但是这只不过表明,不幸的是,在科学里临时性的东西也能够相当持久地存在。

实际上,这些转换只有译成经济学的语言才能使人一目了然。实质上,所探讨的是人口与经济资源之间的关系,是两种增长之间的关系——这一点我们后面要谈到。恩斯特·瓦格曼是用他自己的方式谈论这种关系。当人口增多但没有相应地增加他们的资源时就出现人口过剩。这时,可以经常观察到下列迹象:如 1939 年以前英国的失业;劳动力的低效率利用(根据一位专家的说法,同样在 1939 年,保加利亚若减少 75 万工人也不会降低它的农业产量);金融和信贷危机,萧条。第二种情况是人口不足:如果没有在一开始就着重提醒人们注意市场的长期狭小和经济关系的不完善发展,那么形势就全然显得过于光明。虽然如此,还是有众多的吉兆:对于人力的需求总是不能得到满足;存在着多余的肥沃土地,它们是闲置的,至少很容易接管;移民显得很有必要(无论是自发还是有控制的);经济在自由的氛围中确立和发展。

这种从 A 阶段到 B 阶段或从 B 阶段到 A 阶段的转变及其引起的相当重要的变化毕竟是非常缓慢地发生的,因而必须经历相当长时间的停顿——此时事物维持平衡状态,还是以急剧的灾变形式突然发生的?作者将这两种说明接连提供给我们,却没有告诉我们,是应该相信二者可能并存,还是应该在二者之间进行选择。不过,还是让作者自己负责吧。

除了这些虎头蛇尾地阐释这一问题的“权宜”定义外,作者还匆匆地给了我们一系列特殊“证据”。此时,应该用一项解释来盖棺论定的理论计划被悄悄地遗弃了。作者只让数字说话,似乎它们能谈论自己!总之在这里,从历史学家将会高兴地认出他所习惯的景象和偶然事件的各种例子中,我们恢复了与实实在在的现实的联系。但是,这一论证丧失了它的威力;它分成个别的河流,然后又分成了小溪。

第一个例子毕竟是一条几乎与整个世界打交道的河流。但是,它只是一个例外。设想一下,人们应该按照人口密度划分出尽可能多的当代国家,这意味着将它们按照高于或低于“门槛”(10,30,45 等等)分类集合。然后人们应该根据科林·克拉克的数字,计算各个国家人口中的就业人口的平均国民收入;人们还应该放上有理由作为样本的关于婴儿死亡率的数字,以与这些数字进行比较。其结果就是我们已经复制出来的表格和曲线图。[1] 在根据递增的人口密度计算的外贸中也会使用这样的图示。这些在空间——而不是在时间中的变化显示了比所选择的各种不同的门槛更重要的、同时发生的福利的变动,这些变动有时是沿这一方向,有时是沿另一方向。假若这种计算是正确的话——对此我不能表态,那么这些黄金数字看来至少在当代现实中有某种根据。

然后,我们见到类似的,用同样简单化的统计工具所做的论证,如对美国不同的州按照每公里人口密度的递增进行分类;用同样的方法对1925年到1933年的下萨克森(La Basse-Saxe)区域进行分类;关于1869年到1938年的美国国民收入变化的论证;以及对1830年到1913年普鲁士结婚率的论证,其中1882年是一分界线,该年普鲁士跨过了每平方公里80个居民的决定命运的门槛。这一有趣的曲线图展示了两个时期之间的差别:1882年以前,与紧张的经济形势变动相关的是结婚率的急剧变动,1882年以后结婚率则是一条规则的曲线。对于瓦格曼来说,这种从紊乱到平静的转变也就是从人口过剩的国家转变为“处于平衡状态的国家”,然后很快变得人口不足,因而就安逸了。

书中举出的例子很多,其中有些尽管不乏趣味,但是无关紧要,而且没有什么说服力。那么,哪个例子更值得注意呢?英属西印度的黑人人口下降的例子吗?不过,更发人深思的是1846年危机所引起的大规模移民之后爱尔兰恢复到现在可以承受的人口张力的例子。在19世纪初,即1821年,爱尔兰的人口是英国的一半。当时英国只有通过统治它过分强大的邻人才能保证自己的安全。1921年,爱尔兰的人口是英国的十分之一。此时,容许它在政治上独立不再有任何问题。英国人口学家哈罗德·赖特(Harold Wright)就是这样推理的。我们眼前

[1] 见《年鉴:经济、社会和文明》,第3期(1960年),第501页上的示意图。

的这位作者正在步他的后尘。

我们不可能分析所有的例子,因此我们来看一个极有代表性的例子。1912年前后,在圣埃斯皮里图(Espirito Santo,在里约热内卢的北面)以维多利亚港为首都的国家里有一个由17500名德国人组成的殖民地。它拥有大约5000平方公里的领土(1912年的人口密度为3.5,1949年有35000—40000名居民,人口密度为7.0—8.0)。这是一个落后的、无疑是人口不足的国家。1949年时唯一的运输工具依然是巴西从前在殖民地旧时代所使用的骡马,至多是木制小推车。唯一供人使用的技术是碾咖啡用的水力舂臼。用咖啡这一珍贵产品换取只有外界才生产的少量物品,如干肉(charque)、面粉、烟草、酒类、五金制品。就基本生活品而言,所有的食品依然出自于殖民者自己的土地。还可以发现很多自给自足的迹象,如由邻人帮助建筑的小住宅,还有家具(个人拥有的家具都是他们自己能够制作的)。当然,土地是极其肥沃的。每当耕作消耗了地力,收获逐渐减少时,他们就将森林的一部分开垦出来。这就是说,人和耕作都是游牧式的。圣莱奥波尔迪娜(Santa Leopoldina)在1885年有300个家庭,但在其后三十年间减少了一大半。人们必须生活,但是学校、文明——我们猜测——都很难与这些游牧者协调,更谈不上生活的舒适了。但是他们依然兴旺起来。在这个开放的广阔天地里,人口增长着:千人死亡率为7.0,而千人出生率为48.5。这些闻所未闻的数字我们又看了两遍后才相信。经济是原始的,人口繁荣起来。这是一个关于古老生活方式的很好例子。没有工艺,贸易集中在骡队主人(tropeiros)之手,正是这些骡队主人从18世纪起创造了第一个大陆范围的巴西经济。人们从中能得出什么结论呢?是人口支配着经济,支配着一切。

我希望选取的这些例子和概述能使人对瓦格曼的思想的有趣性有

一个恰当的认识。要想使他的断言和联想经受任何一种严格的鉴定都是不可能的,也是无益的。从一开始,作者就不再在这方面为自己辩护——他本来是能够用力地这样做的。而且,读者若是接着分析下去自己也会得出批评和保留意见。最后,重要的是,对这一思想应该在整体上加以评价,而不是吹毛求疵。

如同任何一位经济学家,也如同任何一位行动的知识分子,恩斯特·瓦格曼在现时代的阅历无疑是太多了。无论好坏,他必须为这个时代工作。诚然,他所提供的数字在必要时能够标志现实的门槛,但是它们并不因此能够延伸而适用于过去。实际上,有谁能够相信脱离了自然的或技术的环境以及历史的具体局势,一系列关于人口密度的数字还会有价值?这些数字是一劳永逸地给定的,仿佛最简单的占卜就能告知我们的命运一样。1600 年法国有大约 1600 万居民,人口密度为 34。参照不变的尺度,法国便被宣布为人口不足。但是已知的当时各种生活迹象以及涌向西班牙的强大移民运动表明它属于另一个范畴。当然,人们可以反驳说,1600 万的数字并不绝对确切。但是我们可以进一步问,法国在 1789 年是人口过剩吗?在 1939 年是人口不足吗?即便是最草率的研究也会展示出许多理由说明为什么一个与自己的历史和实际领土搏斗的国家会有太少或太多的人。这完全依赖于它的能力,它在不同层次上的能力,甚至可以说依赖于在它的整个历史中人口变化为它注入的或没有为它注入的活力。这完全是一个有关相互关联的问题。恩斯特·瓦格曼所说的那些“总的”数值——我宁愿称之为支配的数值——从来没有停止按照复合方程式的变化形式而变化。人的数目有时是决定因素,有时是被决定因素,有时是极重要的,有时是相对次要的。我不相信有一种解释既能适合于人类多种命运的“总数值”,又适合于第一因。

不过,我们不要在这些肤浅的批评上与恩斯特·瓦格曼分道扬镳。

他的功绩非同小可:他摧毁了某些神话,提出如此之多的问题,我们会在阿尔弗雷德·索维的笔下再次重温这些问题。纵使我们只保留他关于人口增长影响下的变化的假说,我们也没有完全浪费时间。可能并不存在任何不变的门槛,但肯定存在着在可变的人口层面上因时间和地点的变化而发生的变化。这些变化将历史的时间深深地切割开了。它们给旧的一直有效的分期游戏增添了新的意义和新的价值。

试图为一门学科划定界线,使它明确起来,以使它变得更为科学,也是非同小可的功绩——这门学科现在还在建设之中,而且近年来发展很快。然而,像恩斯特·瓦格曼那样将它孤立地关闭在局势的各种问题里面是否明智呢?将它排斥在能够把握住结构的含义的方法和阐释之外的做法是否明智呢?结构这个术语虽然不太准确,但在今天流行起来。对于其角色和抱负在于研究人类生活的根基的一门科学来说,那样做肯定会是一件憾事。甚至在像瓦格曼那样求助于历史时[1],人们也需要更谨慎些,尤其不要太匆忙。

## 阿尔弗雷德·索维的模式

现在我来谈谈阿尔弗雷德·索维极其重要的经典之作《人口的一般理论》(*Théone générale de la population*,1943)。这本书可以增加一两倍厚,因为人们应该完全有理由在第一卷《经济和人口》(*Économie et population*,1952)和第二卷《社会生物学》(*Biologie sociale*,1954)[2]的

[1] 至于瓦格曼在这方面的求助,在我看来是不合理的。不过无须长篇大论。恩斯特·瓦格曼不是历史学家。在这一领域里他过于稚嫩,所以无论遵循他还是批评他都毫无所获。

[2] Presses Universitairess, 1959.

基础上加上先前的《财富和人口》(1943)一书。这本书已经事先规划了主要的论题。[1] 我应该为这么晚才谈论这些早已出版的书而抱歉,但指出它们的价值并不是没有道理,因为我们还没有汲取尽它们应该教给我们的一切。

对于一项致力于整个人口学、通览它的全部疆域的庞大工作的构想可以有很多方式。阿尔弗雷德·索维是将他的工作置于经济的,然后是社会的基础上。在此我没有说在经济学和社会学的基础上。实际上,第一卷是试图抽象地用数字表述出一个尽可能完备的"模式"。第二卷则是用全部经验现实来检验如此构建起来的,然后又纵容地加以复杂化的模式,或者应该说"诸模式"。因此有两个步骤:第一步是提出问题,第二步是用经验证明。这样做是恰如其分的。

因此,在开始时我们置身于复杂的现实及其全部难解难分的偶然事件之外。场地上毫无障碍,因此计算和推理的确可以而且确实在轻松愉快地驰骋,不必像在具体研究时那样战战兢兢,如履薄冰。我们并不与真实的人口、国家、时间、资源、实际收入打交道。阿尔弗雷德·索维打趣地说,假定有一个羊和狼栖息的岛。他还曾假定,英国有二百名居民。如同在瓦格曼那里见到的,我们首先来到一个便于计算的理想国家。它的人口增减不是由于生物的或历史的理由,也不是依据这种或那种规则,而只是根据我们的意愿。我们可以让它从零增长到无穷多,如果需要的话,也可以让它从无穷多减至零。

需要解决的问题是简单的,至少表述得很简单。因此,把注意力放

---

[1] 我想不必再加上1956年问世的,大可质疑但生气勃勃的《社会自然》(*Nature sociale*)或几个月前刚刚出版的才思敏捷的《年轻人的上升》(*Montee des ieunes*)。

在它的各种因素上就更理所当然了。问题在于阐明使一特定人口不断地与可支配的各种资源结合和对立的那种关系。假设有一台颇为特殊的天秤,它能将人口放在一个盘中,而将它们在其历史(也可以称之为"增长")的每一时刻赖以生存的不同资源放在另一个盘中。资源的上升会比人口的上升忽而快些,忽而慢些。这样就会出现连续颠倒方向的一个又一个阶段,我们不能冒昧地说是先沿好的方向,然后沿坏的方向——这种说法很难说是科学的表述方式。不过,这种天秤的比喻也不是真正科学的。让我们抛开这个比喻,看看阿尔弗雷德·索维提供给我们的曲线,以及他从中获得的定理和模式。这些定理和模式后来便成为他研究的坚实基础。那种研究是复杂的、精微的,也是随意的。

那些曲线实质上是三条。每一条曲线的横坐标都是人口,而且假定它们在增加。第一条是各个连续人口数的总生产力曲线,另外两条是平均生产力和边际生产力的曲线。

最后一条曲线最适合于我们的宗旨。相对应于人口的每一个 X 值,它都设定一个边际生产力的 Y 值,即最后一个介入生产链条的人的生产力。设 X = 1000,即 Y 就是加入增长着的人口的第一千个人的生产力。X 轴被假定从 1 开始。在 Y 轴上标出的第一个人的生产力被假定等于最低生存水平,否则第一个人就无法等待第二个人的到来。我们已经略加修正,重绘了这个重要的曲线图。[1] 人们注意的第一件事就是边际生产力的上涨。第一千个人的生产力大于他前面一个人的生产力。如此类推,直至第一个人。实际上每一个新人都通过自己的努力从前人的工作和设备中获益。因此在很长时间里边际生产力在上升,直至设备有了最佳人员配置。到了这一点,生产力开始下降。每一

---

[1] 引自《年鉴:经济、社会和文明》,第 3 期(1960 年),第 505 页。

个新工人很难置身于在业人口的行列,或者至少没有他们的前辈那样有利可图。假设这个转折点为 M,此时人口任意地设定为 X = 2000。假设在 Mp 点上,下降曲线与最低生存水平再次相交,此时人口设定为 X = 6000。超过 6000 这一数字,边际生产力将低于最低生存水平。从此,最后一个加入者的贡献不再对共同体有利。他在某种程度上靠共同体赡养。

这一边际生产力曲线也展示了总生产力的上升。这是很重要的事。假如我们想计算 X = 2000 时的总生产力。它给我们提供了由曲线、与 X = 2000 相对应的纵坐标 M,以及两个坐标轴组成的平面。一千名工作者中的每一个人都根据他进入这一行列的时间用长短不一的线段将他个人的生产力标在这一平面上。这些线段的总和就是所要考虑的平面(实际上,就是边际生产力曲线的所谓初始功能)。

在这些条件下,X = 6000 人口的总体生产力是用有影线的平面表示在曲线图上。这些平面分为两个部分,在下面的是相当于最低生存水平的矩形,在上面的,阿尔弗雷德 · 索维称之为"隆起"或盈余。假设我们的居民勉强能够糊口,那么他们将只消耗矩形,其余的则由他们的主人,老爷和统治者支配。

我认为这种语言对于读者并不是浅显易懂的,特别是当读者为这一阐释所用的初等数学所困惑的时候。但是我确信,在读第二遍时他将能够理解它的简单信息。他也能够承认最佳能力(l' optimumde puissance),即能够将最大量的"盈余"让渡给其主人们的人口数相当于 X = 6000 人口。能力一词无疑是颇为含混的,因为能力要视人们想要或能够产生盈余的程度而定。因为有各种不同的决策和可能性,所以它可能是统治阶级的奢侈品,或者是君主的挥霍,或者是有成效的投资,或者是奋战物资。人们可以比阿尔弗雷德 · 索维用更多的篇幅来讨论这种盈余,这些“增值”。无论从社会意义还是从物质意义上说,它们都是非常重要的。马塞尔·莫斯曾经用他那种蜻蜓点水但话藏天机的方式说道:“恰当地说,社会并没有从生产力那里获取它的动力……奢侈是更大的推动力。”[1]的确,奢侈常常充当进步的原动力。但这样说的前提当然是假设奢侈理论能够照亮我们的研究,而桑巴特的界说只能部分地令人满足。[2]

不过,还是让我们回到曲线上,回到阿尔弗雷德·索维的初步探讨上。在这一初步探讨中他追求的是用清晰的数学语言确定问题的术语,将它们归纳为明白易懂的公式。我以为,不存在任何更好的确定人口和物质生活之间的基本关系的方式——人们应该总是把两者看作是可变的。并不存在所谓人口的最佳状态,但是有不同的最佳状态,每一种条件符合不同的(尤其是物质的)标准。譬如,对于我们所得到的这些曲线,我们有一个并非完美但却可以接受的有关最佳能力的定义。只要标准明确,人们可以用另一曲线来界定最佳经济条件(l' optimum économique),或任何其他最佳条件。但是我们要立刻说,这些关于这种或那种最佳状态的不同公式与其说是组织场地,毋宁说是清扫场地的一种方法。完全依赖于固定数值的做法意味着将人口运动变成一潭死水。阿尔弗雷德·索维自己在第二卷开始时就不无理由地解释道:“对于很多实际应用来说,最佳状态的概念并不适用。需要研究的是运动中的人口。”

因此,这样一个粗略的说明实际上是一个初步的模式,我要重复地说,是粗略地处理问题、将其简单化的一个方法。譬如,理想的人口是不

---

〔1〕《人种志手册》(*Manuel d' ethnographie*, Paris, 1947)。

〔2〕*Luxus und Kapitalismus*, Munich, 1922.

可能从零或一开始的。人们在开始时必须有一小群人,能够自我依赖的最小团体,即独立体(l'isolat)。[1] 若是说平均生产力可以与生存水平相适应,或者说全部人口都有生产能力,或者说生产力曲线采用的正是这样的粗浅形式,这些都是不真实的。全部生产力依赖于技术水平,而技术水平的变化是缓慢的。但它的确在变化,从18世纪末起,它的变化就居高临下地支配着人们的全部生活。若是说最低生活水准就是我们所描绘的那种简单的水平线,这也是不真实的。消费、工资、实际工资,饮食构成,所有这些因素都使这一问题千变万化和错综复杂。我们刚刚画出这些曲线,它们就开始显得过于死板了。阿尔弗雷德·索维将一切都简化了。但他仍乐于再将它们复杂化,从过于清晰的图解进到精微复杂的具体形势。他的第一本书在原则上虽然是理论阐述,但也有很多事件、轶事和例证。由于不断地从现实上升到解释,再用解释说明现实,所以许许多多的特殊事例就蜂拥而至了,如14世纪的黑死病,人口的年龄范畴,三种产业(第一产业、第二产业、第三产业),失业,价格,劳动力价值……所有这些都充满了活力、干劲和睿智。在这本书的结尾,读者会感到他已经抵达大海,不过他还是在使人晕头转向的港湾漩涡里。

《人口的一般理论》第二卷的标题是社会生物学(一个很好的计划)。但却让我感到有点意外。书中广泛援引经验和观察,充斥着与其说是说明一般论题不如说是只说明自己的例子,而且漫无头绪,杂乱无章。所有这些对于一位想无拘无束地学到技术的读者是很不适合的。读者何曾受到过如此有礼的揶揄?在第一卷里,阿尔弗雷德·索

---

[1] 关于这个简单的定义,见路易·舍瓦利耶:《普通人口学》(Louis Chevalier, *Demographie generale*, Paris:Dalloz, 1951)。

维告诉我们:“事情就应该是这样发生的。”所以读完以后我们获得了少量“临时性结论”。在第二卷里,一切都与经验相对质,无论是当代的经验还是历史的经验。而且,“理论所寻求的东西,历史(他同样也能说是生活)予以否认……一旦人恢复了以前的习惯所排除的主动精神,那么在这些临时性的结论中只有某些能够保留下来”。我相信,这种以人“这个讨厌鬼”,“这个被遗忘的永恒存在”的名义,以历史和经验的名义坦诚进行的明确的多方面破坏,会使吕西安·费弗尔高兴。“历史就是人类”,他写道。他这是指一系列意想不到的事,但不全是其中令人愉快的事物。

我们这位同行所说的“保留下来的临时性结论”是什么呢?坦白地说,我根本没找到有关它们的准确清单。但是这没有什么关系。我们只需要指出,阿尔弗雷德·索维希望在他双连画的第二面格外小心和不那么绝对。他有权利这样做。有时,他过于含蓄,常常提出了问题,但没有答案。“人口的增长是财富的原因,抑或相反?”他问道。他让我们来留心回答是或不是,或者干脆不回答。对于他经常提起但从来不占主要地位的某种集体心理学究竟是指什么,我实在搞不清楚。

如果人们沿着这部才气十足、讯息繁多、观点敏锐的著作中最简捷的思路走,我想,当读完书后,最显而易见的或许是根据对人口压力和对人口的考虑来对法国及其命运的一种长期的证明。这种证明是谨慎而坦诚的,而且几乎始终是有说服力的。我们之中有谁还能无动于衷呢?

譬如,人们会认为理应包容进去的很多例子(如16世纪至18世纪的近代西班牙、人口过剩的意大利还有荷兰)无疑都被纳入一个总括性说明的脉络里,不过,也直接和间接地借助于它们来对照阐明法国的情况——一个典型的马尔萨斯式的例子。这样一种提纲挈领的社会学分析虽然从未系统地展开过,但它恰恰是有关由于出生率的严重下降而导致人口老化的社会学分析。它始终以法国为依据,因为法国是第一个自愿节育的人口方面的例子。早在18世纪,自愿节育首先影响到法国上层阶级,然后影响到整个民族。倘若一位人口学家在重新计算我们国家的人口演变时抛弃实际发生的情况,而是设想不同的系数——我们邻国的系数,那么其结果就会与我们的实际命运非常不相称,以致与这个停滞的国家、这个算计错误和谨小慎微的受害者产生极大的反差。陈述变成了一场辩护。作者"被雇用"为法官。我发现他的审判与我的审判太相像了,因而我不可能反对阿尔弗雷德·索维的尖锐论点,不反对他关于人口老化不得不讲的话,更不反对他在犹如我们这样一个非常保守的社会中支持年轻人和他们的革命动力的偏见。

但是,由于索维陷入个人的偏爱而不能自拔,所以他在某种程度上不得不限制了《人口的一般理论》的第二卷的范围。他的论述太偏重法国和西方了,因此对于不发达国家的情况谈得很不够。他只是简略地谈到远东和拉丁美洲的高出生率和种族混合或世界人口的整体状况,他很少谈到大的宽泛的问题。[1] 最后,难道他没有过于强调西方的人口老化和法国很缓慢地被打破的人口平衡吗?更重要的是,难道这种老化普遍地适用于世界范围(因为它也像瓦格曼所珍视的"人口动力"浪潮,倾向于普通化)以及历史范围(这一点我后面还要谈)吗?

最后,我要质疑的是,一个一般人口的理论能否靠这两条腿站直,即一方面基于经济学的计算,另一方面基于经验的观察?建立一个模式应该涉及社会的每一领域,而不仅仅是一两个领域。譬如,存在着非

---

[1] 换言之,第十一章似乎太短了。

古典经济学、地理学、人类学、社会学、历史学,亨利·洛吉耶的咄咄逼人的人文生物学,应该还有微观人口学。而在我看来,阿尔弗雷德·索维的思想在所有这些方面并不算活跃。地球上的可居住部分(œkoumene)一词或人口密度[1]一词从未被提及,他也从未想到有一种都市地理学。[2] 如果几乎不考虑空间——当然也没有最起码的地图,也丝毫不参考维达尔·德·拉·白兰士的《人文地理学原理》或马克西米利安·索尔的大部头著作,或类似胡戈·哈辛格(Hugo Hassinger)的工具书,去引用一本旧书或库尔特·维特豪尔(Kart Witthauer)的工具书,以查阅近来的出版情况,或者雅克林·博热-加尼耶女士(Jacqueline Beaujeu-Garnier)的工具书,那么怎么可能真正建立一个一般人口理论呢?当然,阿尔弗雷德·索维不易看到最后提到的两本书,但正是这两本书为我的批评提供了支持。我同样感到遗憾的是,我们这位同行没有利用任何人类学的著作;文明和文化这些关键词汇实际上是他所不理解的[3];尽管他的书收在乔治·古尔维奇的丛书"当代社会学文库"中,但是实际上它具有的社会学意义却微乎其微。

最后,尽管这项研究非常多样化,但是照例只分派给历史相当可怜的角色。阿尔弗雷德·索维对思想史,特别是诸如马尔萨斯、坎特龙(Cantillon)、凯特莱(Quételet)和魁奈(Quesnay)的思想特别偏爱,但这并不能成为遁词。我对马尔萨斯没有兴趣,他被谈论得太多了;对马克思也如此,虽然在我看来这本书对他提得还很不够。我所感兴趣的是马克思或马尔萨斯时代的那个世界。

---

[1] 我的意思是我对第十四章感到失望。

[2] 除了少数几行,见第二卷,第236页。

[3] 遗憾,没有索引。

在我看来,阿尔弗雷德·索维太容易被一种肤浅的历史(即政治化的事件史)所诱惑。这是很令人惋惜的。现在这个时代(即他的敏锐思想确定他的论点、例子、意料不到的事以及我们的惊讶所处的时代),只是世界生命的瞬间。假使不将这一瞬间嵌入支配着一般运动的方向和速度的流逝着的时间里,那么这一瞬间是不可能被完全理解的。这种历史时间对于阿尔弗雷德·索维是太陌生了。如果说他的确在不时地提到历史,那么就如一则幽默所嘲讽的:"试图用(埃及艳后)克娄巴特拉(Cleopatra)的鼻子长度来重构历史的演进是一件既轻而易举却又无比困难的事业。"的确如此。但是为什么不应该试一试呢?譬如说,"简言之,法国出生率的下降是'重新开始的宗教改革'的结果"。如果将这块石头掷入16世纪史专家的池塘里又会怎么样呢?甚至我想唠叨说,我会赞成具有这种资质的人口学家接受已经由历史人口学所创造的厚厚的卷宗。历史人口学并非一门全新的、"尚未驯化的科学",而是一门根基扎实、历经风霜的研究。如果不谈论达尼埃尔·贝尔特拉米(Daniele Beltrami)、阿尔弗雷多·罗森布拉特(Alfredo Rosenblatt)、玛丽安娜·里格尔(Marianne Rieger)和范·登·斯普兰克尔(Van den Sprenkel)等最近的研究结论,我会乐于知道他对尤利乌斯·贝洛赫(Julius Beloch)、厄舍(A. P. Usher)、保罗·蒙贝尔(Paul Mombert)、库利舍兄弟、欧仁·卡韦尼亚克(Eugène Cavaignac)的历史著作是怎么想的。

但是,在此关于历史,我谈得太多了。不过,或许还不够。因为这种借助于列举书目的批评如果不能使人从所列书名回想起书的内容的话,那就既轻而易举又无甚裨益。我们最好还是为阿尔弗雷德的历史人口学的事业进行辩护吧,尝试着使他在历史学家的论据的帮助下从事历史人口学的研究。我们可以来讨论一下经历了长时段的法国人口的老化过程。我们有理由认为,这是我们这位作者思考和写作的中心点。

难道他真的相信导致这一变化所必要的动力是从16世纪起的少数堕落者和偷偷摸摸背离罗马教会的行为,以及18世纪在贵族和资产阶级中使用避孕方法的成功——这些方法慢慢渗透整个社会——开始么?他在最近的一次讲座中说道:"这正发生在世界性(人口)大膨胀的前夕……法国的整个进程从此受到18世纪末发生的这一决定性事件的影响。"因此,法国在人口老化方面比其他国家要早一个世纪。然而,难道有任何理由说明这种经历长时段的老化不应该是在法国的历史中长期孕育而成的呢?阿尔弗雷德·索维说得相当简单:"在18世纪,西方各国的发展有某种相似之处。"唯唯否否,说它正确,是指在文化、经济和政治生活的范围内;说它错误,是指在人口史方面。

在18世纪,法国正在从长时期的人口过剩中解脱出来。这个漫长的时期是从13世纪,更确切地说,是从12世纪开始的。在四五百年间(除了1350—1450年间的倒退)法国一直生活在与今天印度类似的形势里,在出生率的重压之下它如此"令人窒息",几乎到了饥馑频仍、移民如潮的"能力"极限。所有这些迁徙,所有这些征战——这些上帝通过法兰克人完成的功业(*Gesta dei per Francos*),所有这些折磨应该深远地决定了一种前途。这难道是不可能的吗?仅仅将这种前途归因于错误、放荡或某个恶劣先例是很容易的,但毫无意义。难道一种长时段的现象能够源出于微不足道的原因吗?我对此表示怀疑。为了证实我所提出的这一论点,让我们看看阿尔弗雷德·索维常常作为例子所提到的英国的情况。英国从12世纪到18世纪并不具有我们那种生命繁茂的现象。无论在13世纪还是16世纪,它都不是一个人口过剩的国家。也许在17世纪它是,但是当时的宗教冲突导致了一定数量的移民外流。总之,到了18世纪,英国与法国相反,没有厄舍所说的"生物成熟期",或者说,它只在短时间内有过。说到底,无论天涯海角,在一个长时段的繁茂时期终结时,难道不会有老化发生吗?我会被告知,在过去15年间,法国经历了一次突如其来的复兴,这完全归功于少数轻率的政治家。但这种说法还是太依赖特定"事件"了。[1] 打个譬喻说,海潮开始上涨是因为先前的退潮为它做了准备并使它成为必要。而我们的政治家则有眼力去领这"历史之风"之先——如果说当时他们确实有辨识力的话。但是假若他们单独能造成这种可喜的增长,那么我们只能预期它将很快地衰退。历史上巨大的人口浪潮是不可能基于微不足道的原因的。

我不想用这些批评作为结语,因为它们本身是可以商榷的。但我想把结论建立在同情的基础上。这种同情是由那种始终开放的、毫无偏见的、从善如流的以及读者因此充分地感受到的——尽管有时有些小分歧——思维方式所激发起来的。首先这位人口学家是他所处时代的人,他从各个角度对于他周围的世界有着出奇的兴趣。他绝不故意设置任何障碍。与阿尔弗雷德·索维进行对话是完全值得的。当然,所有的对话都在诱惑着他,而他对可以看作是蔑视的智力上的限制不屑一顾。

## 路易·舍瓦利耶:论一种生物史学

路易·舍瓦利耶(Louis Chevalier)是一位转向人口学的历史学家。他刚刚发表了一本紧凑而充满激情的书——《19世纪上半叶巴黎的劳

---

[1] 但愿这种复兴能持久。

动阶级和危险阶级》(*Classes laborieuses et classes dangereuses à Paris dans la première moitié du XIX<sup>e</sup> siècle*)。[1] 这确实是一个好题目,同时也确实是一本好书。我反复阅读了它,不是为了推敲它的文献的准确性和扎实性——其他人已经毫不客气地着手做了,而是试图辨识它的意图和它的“教义”。我认为,这本书的真正价值正是在这个方面;虽然乍看起来,这本书如此难懂而令人困窘。要理解如此深奥的一本书殊非易事。它常常是含糊不清的,原因在于它的内容非常丰富,它的意图是多重的。而且,它不是写成的,而是口授笔录的。因而可以明了为什么书中不时出现冗长乏味的段落,有不少重复、赘言、大胆之词,还有对简明的句子、格言以及清楚的叙述的轻蔑。这本书也有很多华而不实的段落。无论作者是否想过,整本书是关于危险的、不道德的、可怖的19世纪上半叶“鲜为人知的”巴黎的罪恶记录。它的痛苦、仇恨、残忍,它的令人发指的画面,它的难以形容的卑劣在书中都表现得有时像是模糊的古罗马木刻画,有时又像是出自米什莱之手的酣墨畅书。这两样都增添了该书的光彩。

但是,路易·舍瓦利耶的思路究竟是什么呢?这个问题提得太急躁了。他给了十个不同的答案。要懂得这些纷至沓来的回答是如何彼此协调的,人们必须两三遍地通读这本内容广泛的书。只有斟酌了每一细节,推敲了关键段落之后,才能发现透露真相的最后两页里的种种声明的真正意义。这时,那些断言、那些激怒我们的放肆无礼、那些苦心加以辩解但乍看起来又令人难以理解的公开承认的缺点,最后都包容在一个合乎逻辑的运动里。这本书首先是被构想成一部先锋著作,

---

[1] “古今文明”丛书(Collection “Civilisations d'hier et d'aujourd'hui”, Paris: Plon, 1958)。

即一次挑战、一次赌注和一篇“宣言”。作者无时无刻不想着它的独创性。他甚至迫不及待地希望这种独创性立刻得到承认——我个人当然不想否认这种独创性。他还希望他对我们历史专业的单一规则的反抗应该得到认真对待,他所选用的新规则应该被全盘接受。一切都服从于这一点。这本书的宗旨实质上是在方法论方面,而复辟时期和七月王朝时期的巴黎不过是一个堂皇的托词。它是一项“宣言”,同时是一个挑战、一次赌注。这就决定了一切。当然,我首先愿意尽可能地分析的正是这一点。这是一项很吃力的工作,但也是必须做的一件事。

这项“宣言”并不能归结为一个明显的、自愿的挑战,但如果这一挑战不时把我们引入歧途的话,它是第一种有效的方法。这一挑战首先指向历史学(严格地说是作为人口学家的一个领地的某种历史学),指向一种被视为目光短浅的肤浅的经济学,指向一种不轻易被谈到的社会学,指向一种简直完全被忽略的工作社会学,指向那些“谈到这些年里巴黎的犯罪就像在谈论其他任何时代、其他任何城市的犯罪一样”的犯罪学专家,甚至(噢,真是忘恩负义!)指向“统计学家,即最不可能去理解别人的人……精于自己专业,但也被这专业榨干的人”。

至于说打赌,毫无疑义,特别在所考虑的例子和所选定的时期里,严格意义上的具有多重研究手段的人口学应该能够单独辨识和说明巴黎人群中的劳动阶级和危险阶级的各种问题。他写道:“人口学的计量方法在那里如鱼得水,它处于一个特权地位,在必要时可以排除任何其他计量方法。”他甚至更明白地表示:“由于要处理文献(原文如此),人口学处于支配地位。”其原因并不在于要处理文献,因为传统的文献学和法律文书已经被专横地视为无用的东西而摒弃了。但是我们这位同行以他那令人惬意,但却严谨的固执依然完全恪守他在 1952 年在法兰西公学发表的才气十足但傲慢的就职演说中制定的计划。在他看来,历史的特性体现在两个区域,一个是明亮的,被知晓的,另一个是黑暗的——“在这个区域里,人躲避人,并分解成本能生存的基本形式,不再从属于井然有序的城市,而是从属于人群和空间”。人口学可以抵达这些“深处”,而只能探讨“井然有序的城市”的历史学和经济学则不能。人口学家需要单独行动,或者说至少人口学家路易·舍瓦利耶是单独深入。

坦率地讲,我在发现这一计划时极其兴奋,虽然它并不适合我通常的口味;相反,我偏爱细心地联在一起,轮换,再结合起来的计划。我相信只有那样的计划能够行得通。不过,既然有另外一种,我怎么能不对如此探险的经历和结果充满好奇呢?人口学能否单独架起历史学和其他人文科学的桥梁呢?人们是否应该相信路易·舍瓦利耶的话呢?

只要你愿意,你就能很容易在这本敏感好战的书中找到关于作者的挑战、赌誓和观点陈述的引文。它们自己脱颖而出。由于不间断地潜入深层,就更是如此了。每当作者升到水面上时,暂时被弃之不顾的难题就开始狡猾地重新围上来。于是通常说来,每一次关于面包价格、犯罪统计或工作状况的描述都会要求在这叙述中占有一席之地。作者感到完全有责任告诉我们为什么他不向我们谈论它们或者为什么只是极其有限地谈论它们,为什么我们将会吃不饱和我们应该吃不饱。正是由于这种情况,对19世纪上半叶的巴黎劳动阶级的描述时常被信念的公开主张、辩解以及为了将某个严肃的分析与所有其他的社会解释彻底区分开而插入的题外话所奇怪地打断了。

在这个游戏里,历史学常常是被攻击的目标。当作者遗弃它时就认为它平庸,但当他想到它,并且认为它已经被他本人的劳动改造过了时就承认它。“这些统计不仅给历史学增添一种额外的计量方法……它们拓宽了它,改造了它的内容。”但是,在这位人口学家的控制之外,具有“不完善的内容和刻板的概念”的历史研究是何等可怜啊!难道路易·舍瓦利耶不知道(像很多社会学家和哲学家一样——但他们至少可以因从来不是科班出身的历史学家而被谅解),在很长时间里历史学的概念一直在变化,它的内容无论完善与否在今天当然不再是他似乎误认的那种传统的解释,“编年叙述”?甚至在法国已经有一种向人口学广泛开放的历史学。在此我想到皮埃尔·古贝尔(Pierre Goubert)关于17世纪的博韦(Beauvasis)的相当轰动的博士论文和勒内·贝列尔关于近代高地省的革新性博士论文。这二者在气势上完全可与眼前这本书相匹敌。革新者们自认为,也自愿孤单前行,但实际上他们一直都有同伴。

但是,作者想置之不理的绝不仅仅是历史学。虽然他不时地表示某种忧虑和遗憾,但还是为自己设置了一系列禁忌,而且对之恭敬如仪。他写道(在此被排斥的是政治经济学):“关于经济不平等,我们将几乎无话可说,这方面的研究已经相当繁多了。”这纯粹是遁词,因为问题绝不在于是否已经进行了某种考察,而在于我们是否有必要进行论证或研究。他在另一处接着说:“在经济危机和犯罪行为之间,在面包价格和犯罪数目的平行上升之间,可能确立的相互关联几乎无关紧要。”这的确不重要!然而,他三四次从容不迫地为自己辩护。于是巴黎首先被视为大规模迁徙浪潮的受害者。这种迁徙浪潮压倒和决定了一切。这种迁徙是(高等代数中的)一个决定性变量;其他在它面前都化为乌有。“人口现象是由经济现象所酿成的,然后与经济现象分道扬镳,由自己的动力驱动发展。它的重要性在于……它至少与经济现象同样成为一个原因,值得注意。”在经济局势的上升时期,移民向人口密集处的流动与下降时期几乎同样频繁。既然如此,让我们排除这个原动力——经济事实吧。好吧,让读者去想象吧。但是若没有物质因素,人口流动不会在巴黎停顿下来。如果需要的话,我们可以忘掉诱发了移民的局势,但是移民抵达巴黎时的局势依然存在。难道这一人口现象,即实在过于狭小天地里的过于密集的人口,从"它成为一个原因"时起,在经济安乐的环境下与在饥寒交迫、大量失业的形势里有着相同的后果吗?答案是显然的,但是这将导致我们回到禁地。

作者无疑知道这一点。他不能(甚至也不故意想)否认经济解释的必要性,但他至少在试图限定它们的价值。在他看来,它们只能做短期的而且多少是肤浅的解释。只有人口资料有深刻的价值,并且长期有效。用流行的话说,这是贬黜经济学,让它研究局势,而人口学则把结构留给自己来研究。然而,也可能存在人口局势(如我后面将谈到的,这本书就是一个例子),当然也有经济结构,甚至同时既是经济的也是社会的结构。资本主义就是这些结构中的一个,当然并不是唯一的结构。但是在这本书里要讨论的既不是资本主义也不是富人,尽管这本书的标题——劳动阶级、危险阶级似乎在预先提示要做类似的讨论。我们要强调的是,路易·舍瓦利耶出于偏见而排斥这种"唾手可得的"解释,有意在某种经济虚空上构造他的书:他毫不提及工资、价格、工人开支、整个城市的收入,它的食品供应总量。几乎只是在违背他意愿的情况下,他的笔下旋风扬起了少许尘埃,涉及个别事项。(譬如,第 316 页:"每四磅[面包]十二或十三苏的价格是……一个实际的生理界限。")总之,他有意撰写一本经济方面薄弱的书。正是这一弱点从一开始就使读者惊诧。他或许会幽默地说:"我们应该认识到,政治史和经济史已经经常能和睦相处,完全能够相互满足。当人口史出现时,它们绝没有感到有必要三者相处在一起(ménage à trois)。"但是一切迹象表明,路易·舍瓦利耶完全赞成单身汉的生活。

这些论断和回避比其他任何坚定宣布的方针更能表明一种态度。而且,在避开了所有的社会解释后,路易·舍瓦利耶并不满足于局限在人口解释上。不过如果我没搞错的话,尽管有如此之多的立场表白,他的思想依然不十分清晰。无论如何,对于我,无疑也对于任何真诚的读者来说,它是不清晰的。我不想说路易·舍瓦利耶也想向人口学挑战,虽然这样说能取悦某些人。实际上他的意图在于超越我原称之为传统的、古典人口学的那种东西。无疑地,他开始使用关心自己专业的历史学家——阿尔弗雷德·索维及其杰出的杂志《人口》[1]的读者与学生所熟悉的计量方法和表格,即迁徙控制、出生率、结婚率、死亡率、性别和年龄构成等等。但是这些初步的计量方法如同附属的注释一样,仅仅是个开端,是其他研究(即更深刻和更奥秘的生物学研究)所必不可少的说明。在路易·舍瓦利耶的笔下,滥用"生物学"和"生物学的"这两个词,几乎成了一种语言恶癖。在绝大多数使用"生物学的"一词的句子里,其实可以用"人口的""人类的""社会的""社会学的""法律上的",甚至"地理的"来取代。不过,不必在这种无谓的问题上纠缠。

在各种科学里有所发现,即便说并不像路易·舍瓦利耶所主张的是"把握尚未把握的,理解尚未理解的"的话,那么至少意味着进入知之甚少的领域。虽然路易·舍瓦利耶所说的生物学的现实和结构被他的词汇和思考界定得非常糟糕,但是它们毕竟存在着。它们组成乔治·古尔维奇所说的社会现实的"较深的层面",的确是一个应该在所

---

[1] Edited by the I. N. E. D. , 23, Avenue F. -D. Roosevelt, Paris, VIIIe.

有人文科学之间建立起来的,并且被所有人文科学所承认的主要联系。舍瓦利耶在思想上承认并且特别倡议那种“深入一直被经济和道德(原文如此)事实的厚重积淀物所遮盖的生物学事实”的研究。在我看来,这道出了理由,也证明了它的合理性。如果我能够相信有可以孤立存在的“生物学事实”,那么我甚至能接受它的排他性。实际上,全部人口学、全部历史学、全部社会生活、全部经济学、全部人类学等等都属于生物学,或者说也是生物学的。假若这是一个关于生物学基础的问题,那么就需要展开一个广泛的讨论,但是在这本书中拒绝我们参加讨论。难道在十年以前马克西米利安·索尔没有阐释人文地理学的“生物学基础”吗?路易·舍瓦利耶似乎认为巴黎的例子如此富于启发性,以至于可以用来单独论证。人们可以说,这样做会把一本书混同于一篇宣言。无论如何,我不觉得那个两三次提到的定义是一个特别令人满意的定义:这些基础应该是“在社会现实中,所有与那些个人的自然性质紧密关联的东西”,因为“人们的行为举止与他们的血肉之躯、它的结构、需求、愿望和运作有着严格的关联”。这是无可否认的真理,但是我会更喜欢一个关于这种肉体的和(我愿意再加上)物质的历史、被满足的和未被满足的需求的历史的更详尽细致的定义。假若我们这位同行曾经试图这样阐释的话,他还会坚持将这种深层现实封闭在严格意义上的人口史的架构里吗?我对此很怀疑,因为他显然已经越出了这一架构。虽然自杀显然属于人口学的范畴(而且如他所说的不在那种没有时间的社会学范畴里),但是犯罪、姘居、通奸、托养幼婴、大众剧场、通俗和非通俗读物等这些用以把握生物学的历史的手段,就像出生和死亡那样,并不完全严格地属于人口学的范围。所有这些情况都超出了人口学的帝国,但并未超出还在大大地扩展着的生物学的帝国。路易·舍瓦利耶的“生物学”[1]无疑对我们尘世的食物毫无兴趣。但是难道食物对于与人的肉体紧密关联的人的“行为”没有什么影响吗?费尔巴哈有一个看上去似乎仅仅是文字游戏的论断,即“人是由他们所吃的东西决定的”(der Mensch ist was er isst)。这是格言。

人们会注意到这一理论论证的雄心以及它所引起的众多问题和辩论。这些困难增加了这本书打算处理的例子本身的难度——19世纪上半叶巴黎社会的和生物学的问题的总和。由于内容如此广泛的一篇“宣言”需要将一个极其复杂的例子融于其中,这就无疑使人时时感到难以理解这部面面俱到的著作。假若人们注意它的理论主题,那么这本书就太冗长了。假若人们注意那半个世纪在空前而且几乎绝后(1856年除外)的人口激增的情况下巴黎人的生活向这位历史学家所提供的大量事实,那么这本书就太简略了。在这种复杂的局面里,路易·舍瓦利耶不断受到各种不同的常常彼此冲突的兴趣的妨碍,他被夹在一般和特殊、研究工作的传统和创新、已被阐明的历史(觉醒的历史)和阴影中的历史之间。这些多样化的兴趣和观点造就了这本书的价值,但是也造成了它固有的困难。富有成果的离题话不胜繁多,这就是既值得祝贺又招致抱怨的原因。

整个第一卷——犯罪主题——专用于讨论文学见证。好奇怪的开端!假使他省却这一卷,那么就能空出一百六十多页的篇幅。为什么尽管作者感到不安,但最终还是让这些“描述性资料”“这种不守本分

---

[1] 在他的论著《普通人口学》(*Démographie générale*,1951)的索引里,没有找到任何关于生物学结构研究的条目。为此我们撇嘴一笑应能被谅解。

的意象世界”占据了这部书相当大的篇幅呢？我不由地想到这位不想借助于任何人的路易·舍瓦利耶,居然无怨无悔地诉诸并非一门社会科学的——至少没被视为一门社会科学——文学。我还想到,作者的行为有点像一位导演。熟悉的演员和剧本是好演员和好剧本。《悲惨世界》是可以被重述的。我们将从中获取很大的快乐。作者说他有其他的动机,但实际上谁都不能使我相信巴尔扎克、欧仁·苏(Eugène Sue)、雨果和左拉(虽然他属于较晚的时代)的人物在一本趋向于科学性甚至革命性的书中没有占据过多的位置。我还认为,那些颇有趣味的分析最好辑录成单独的一本书。

但是与我相反的论点也有分量。譬如,路易·舍瓦利耶大概认为有必要将“描述性”因素引入他的书中,因为缺少它就不可能有完整的历史和完整的研究。对此我完全同意。但是也还存在另外的描述性证据,这种证据表明小说通常是最不可靠的。另一条理由是,他之所以给这些觉醒留出空间,是因为没有它们,历史似乎容易被人误认为没有血肉之躯。对此我也赞同。他认为,通过极其小心地把握文学证据,他将能在事件层次下面的层次上,阐明他的研究和发现的重要论点。从巴尔扎克到雨果,可以看到从将犯罪行为视为“例外和怪异”的观念到对普遍化的“社会的”犯罪行为写真的变化。“犯罪不再严格地局限于危险阶级,而普及人口的大多数,劳动阶级的大多数,其意义也发生了变化。”单从数字看,劳动阶级正滑向可怕的犯罪边缘。简单地说,这一边缘就是他们的命运。正如巴兰-杜沙莱特(Parent-Duchatelet)所写道的:“犯罪是社会病。”对于文学见证的全部分析和对巴黎地区阴暗角落的追忆以及整个前言的确阐述得精彩有力。但是我要重申,它本身是一本书,它最好是获得独立自主,因为这种文学见证的大量(和新颖)的混合,也引起了它本身很多的问题。这种做法需要有比任何基于其他任何资料的做法多得多的防范之策。它需要严格考证的不仅仅是所研究的现实,而且还有任何艺术作品自觉或不自觉地在自己与这种现实之间所拉开的距离。我们这位向导看到了这些困难。他说的关于在这些困难领域里用统计进行遥控监视的话非常重要。他关于这类文学见证的见解也很重要:“这种见证永远存在,人们必须知道听取它。不是看它声称说了什么,而是看它不能不说的话。”

第一卷篇幅很长,提出了多种多样的、活跃的问题——我并不打算把这些问题全盘拖出,它并没有总是强加于人——尤其是它的主要论题,所以肯定是引人入胜的。它提出的问题譬如,确切地说,路易·舍瓦利耶是如何解释“社会犯罪”文学觉醒的迟缓性的?我们知道,《悲惨世界》是在它的那个时代终结时才出现的。

第二卷《犯罪:从原因上考虑的病理状态》,是对住房、城市设施、整个居民区的自然和物质结构的研究,同时也提供了古典的人口学计量方法。挤在这座城市里的人群是些什么人?他们是如何分布的?他们的年龄状况如何?这一卷内容丰富而扎实。我唯一的遗憾是收在后面的地图和图表竟然会如此之少,而且如此不便于查阅。

第三卷的标题是《犯罪:从结果上考虑的病理状态》。路易·舍瓦利耶已经牺牲了整套书,或者几乎整套书,为的就是这最后一部分显得必不可少,引人注目。在这一卷里,他研究了巴黎劳动居民的人口条件和生活环境是如何恶化的,而且再次研究了或好或坏的、依据资产阶级观点或工人阶级观点而方式不同的公众舆论是如何逐步意识到这一巨大转变的。那种恶化突出地表现为(工人中的)自杀、杀婴、卖淫、精神病、工人中的姘居、生育,以及死亡这一最大的不平等,或如舍瓦利耶有力地强调,“死亡将一切记入账中”。问题在于要用数字以及将其变得合理的相互关系和假说来估计大部分的贫民,包括公开和暗地的贫民的数量（大约占居民的三分之一到一半）；然后估计危险边缘的人群数量，虽然无法合计他们的实际成员数，但他们的范围是可以计算的。在一部分人口中当然存在着非婚生育与犯罪倾向的联系。私生子组成了"犯罪大军"的重要部分。路易·舍瓦利耶努力来计算这类人口，他们甚至比正常的劳动阶级更处于不利地位，在他们之中，社会生活自然处于紧张状态。

原因既然已经考察过了，那么结果就不会使人惊讶了：整个劳动群众在从斜坡的底部滑向这一可怕的、纠缠不休的、多方面犯罪的边缘。路易·舍瓦利耶不需要用犯罪统计资料来界定这个边缘。对此他提出一个理由，并暗示了另一个理由。第一个理由是，管理当局记录在案的犯罪形式只是实际的和潜在的犯罪的一部分。的确如此。但是，难道司法档案没有既登记犯罪也登记各种各样的"违法行为"吗？

第二个理由确实没有明白地陈述：或许作者希望依然停留在他的估量和论证中。我承认他的考察方法给他提供了丰富的讯息，因此这一理由就显得更充分了。疾病、死亡、自杀、弃婴、非婚生育、姘居、医院、老人院、托养婴儿等所有这些"生物学的"迹象（即使它们并非仅仅是生物学的），足以使人进行一项范围空前的实验室研究。于是，一个对我们很有意义的完整的社会病理就能被提示出来。这样一个成功，有着宝贵的方法论启示。

路易·舍瓦利耶研究的这一总方向显然是正确的。从狭窄的犯罪层到宽阔的社会危险层，再到贫困所笼罩着的如此之多的巴黎居民，最后到作为生物学和社会的范畴的整个劳动阶级，贯穿着一条明确的线索。毫无疑问，不仅要"判定"这最后一个范畴（整本书偏爱它），而且要将体现了他们多方面行为并且显示了他们无法摆脱冷酷无情命运的一系列数字结合成一个整体。之所以说其命运无法摆脱，是因为社会流动绝不造成补偿性的向上运动。人们能够援引的这方面的任何例子都仅仅是例外,反而证实这一规则。

我已经试着从头到尾地概述这部难读的著作。但我要重申,我的目的并不是对它所涉及的巴黎的情况依据做出判断,因为任何类似这本书的热情努力都是冒险的,必将引起其他人的保留和批评。我的任务是探索它的趋向。我尽力做到这一点,并愿意承担一切后果和风险。就将这一理论或"宣言"应用到它借以具体化的这一例子而言,无疑可以展开无休止的讨论。但是目前这样做会有什么益处呢?我希望路易·舍瓦利耶能够给我新的机会,使我理解他的某本新书里面的复杂而独断的思想。假若我当下就参加这样的讨论,我担心会限制辩论的范围。实际上,在人文科学所涉及的范围里,路易·舍瓦利耶关于巴黎的例子的观点正确与否(我认为他是正确的),是否在某个数字或参考文献上搞错了,是否如我认为的那样不当地轻视司法档案——我担心这些档案并不必然与他的论题符合,这些几乎都不重要。他是否不当地诉诸过多的文学证据,这也不重要。

然而,舍瓦利耶巴黎研究中的某些缺陷在我看来相当严重,不是驳斥这本书的立场,就是限制了这本书的观点表达。我惊讶的是,本书没有更细致地将复辟时期和七月王朝时期的巴黎与在此前后的巴黎联系起来进行研究。本来是可以通过分析、大量数字、人口学和生物学的计量方法来对此加以阐述的。就我而言,我有这样的印象,即路易·舍瓦利耶所叙述的巴黎冒险记似乎并非如他想的那样异乎寻常,而且,譬如,与16世纪和路易十三时代的巴黎相比,19世纪上半叶巴黎的恐怖不值一提。如果我错了,那就请提出证据来!最后一点,在法国其他城市,甚至在法国的乡村同时发生了什么?在欧洲其他的首都呢?我感到费解的是,如果说在1800年和1850年间巴黎的人口几乎翻了一番,那么路易·舍瓦利耶没有提到的伦敦人口则增加了两倍(从90万增至250万)。这些比较在我看来大概对于真正理解巴黎和在那里的人口情况是必不可少的。它们甚至对于这本追求在方法论方面的说服力的书也是必不可少的。我完全相信,借用路易·舍瓦利耶的话说,接触到社会生物学基础也就深入到了社会结构的最深层次。但是,我感到惊讶的是,人们竟然想借助于一种归根结底完全是局势的研究来向我证明这一点,而这种狭窄的局势研究仅仅关心向我们展示某个不为人知的偶然事件,就像巴黎生活的某个特例;另一方面,毫不关心将这一事件置于在若干世纪里负载着巴黎、其他首都以及欧洲的最深层生活的那种长期运动的背景之中。因此,路易·舍瓦利耶竟然详述精微的短时期局势(如1832年到1849年的霍乱流行),这几乎是很自然的了。

不过,应该放下辩论和保留意见了。重要的是这本书在人文科学里已打开的,或者说试图打开的裂罅。重要的是它向着生物学的现实和结构的新天地运动,这顺便也会推翻人口学的霸业(当然是为了扩大人口学)。承认这一基本优点无疑是向这部斗志旺盛的著作表示恰当敬意的最好方式。

我所谈论的这三位作者几乎很少有相像之处。我之所以把他们放在一起,是为了更好地分析相对于整个社会科学而言人口学的不同立场。我发现,我将人口学本身在整个人文科学中的位置摆得越高,这些立场就越有意思。奇怪的是,恩斯特·瓦格曼这位旧日的经济学家和路易·舍瓦利耶(人们能否说他过去是历史学家呢?无论如何,他是历史学科班出身)在面对与人口学竞争的学科时都属于最激烈的民族主义者,甚至可以说,属于最激烈的排外主义者。相反,阿尔弗雷德·

索维的思想自然地具有广泛求知的倾向,这就使他避免了乡土观念。

现在既然人文科学正在蜕去它们的旧皮,正在打破使它们隔离的屏障(现在该我进行辩护了),那么自觉或不自觉的狭隘心胸的民族主义就不合时宜了,而且再也不会合时宜了。否则就是完全错了。没有一种科学、一种专业将能统治人的知识这一浩大的尚未建构起来的领域。如同不存在"主导的"社会学、经济学和人口学一样,也不存在"主导的"历史学,更不存在"主导的"历史观念。已经获得的方法、观点和知识是属于全体的。所谓全体,我是指凡是证明自己有能力使用它们的学科。正如我以前所说的,建立一个社会科学的共同市场的困难在于消化他人的技术。我们不要再增添荒谬的边境争端或关于优先权的争论了。在我看来,任何片面的解释都是极其讨厌的,而且既然今天的任务如此宏大,它们就更没有前途了。

想一想马克思,他有着每一个学者所具有的独断愿望,即追求彻底和简明,而且在他关于生产工具占有的理论里有社会和经济解释的双线(至少是双线)。在我们中间,马克思完全有权利因他个人的独创力而陶醉。然而他在 1872 年 3 月 18 日写给莫利斯 · 拉 · 沙特的信里说:"在科学上没有平坦的大道。"我们不要忽略这一点。我们必须走的是各种各样崎岖不平的小径。

# 第三部分

# 历史学和现时代

# 在巴西巴伊亚:用现在解释过去*

反复阅读哥伦比亚大学马文·哈里斯(Marvin Harris)撰写的这部才华横溢的精美之作是一种很大的享受。书名《巴西的城镇和乡村》(*Town and Country in Brazil*)[1]会使人担心它是一般性的理论著作,但是令人欣喜的是这种担心是没有根据的。它所涉及的完全是一次旅游以及在一个巴西小镇的逗留。在最初几页我们就抵达内陆深处的巴伊亚州的心脏米纳斯韦利亚斯(Minas Velhas)。当该书结束时,我们还在那里。我们有一位知道应该怎样观察和理解,也知道怎样使其他人理解的向导陪伴,因而一路上不曾有片刻的厌倦。此外,整本书描述生动、内容有趣,读起来"像一部小说"。这是我想到的一种特殊的恭维。因为一项依据最严格的客观性原则科学地完成的工作竟然会像一次演出,竟能使人忘却眼前而恍如来到现实的、逝去的城市"文明"的发源地——在此依然活生生的,这是极其罕见的。历史学家可能在梦想这样的景色,但是若能目睹和触摸这古老过时的景色,则另有一番快乐。这是多么难得的教育!让我们快点享受它!甚至米纳斯韦利亚斯的新

---

* 原载《年鉴:经济、社会和文明》,第2期(1959年4—6月),第325—336页。

〔1〕 马文·哈里斯:《巴西的城镇和乡村》(Marvin Harris, *Town and Country in Brazil*, New York: Columbia University Press, 1956)。

生活也有迷人之处,因为总有一天它会推翻这整个旧的、脆弱的,竟然奇迹般地设法延存下来的秩序。

## 一

米纳斯韦利亚斯,这个旧矿区位于条件恶劣的、多山的、半是沙漠的乡村,是18世纪采矿业的产物。它曾跻身于巴西广大内地的重要金矿城镇之列。这些城镇中的一部分早在17世纪末就成长起来,而绝大多数兴起于18世纪最初几十年。米纳斯韦利亚斯的采矿业可以追溯到1722年,或许再早一些。无论如何,这个小镇的特许状至少可以追溯到1725年。到1726年,这个小镇有了一个公共会堂。金砂在这里熔炼,其中五分之一被征收交纳给葡萄牙国王。在1746—1747年,伍一税加至十三磅纯金或六十五磅粗金。走私和免税过境的黄金也要算上。只要金属和金砂丰富,这个活跃的小镇就不会有什么问题。因为它源源不断地得到来自各方面、有时来自很远的地方的供给。但是在18世纪末,与巴西各地一样,米纳斯韦利亚斯的金矿枯竭了。

尽管形势不正常,自然环境不安全,这个小镇还是设法在这场灾难中勉勉强强幸存下来了。它继续走自己的路,而且后来设法获得并维持着低水准的行政中心的位置。迄今为止,它一直这样跌跌撞撞混日子。它历经了挫折:作为它的第二个财富来源的行政优势地位不久就遇到竞争,它的"辖区"因而被更改、被破坏、被分裂。1921年,最后一记几乎致命的打击降临了:相当繁荣的邻镇维拉诺瓦(Vila Nova)带着一个完全按照自己意愿组建的区从它之中分离了出去。无须说,这又一次损害了这个老镇及其辖地。除了这些厄运外,米纳斯韦利亚斯在规划通连公路和铁路的道路时也很不幸——地理条件与之为敌。铁路修到很远的布罗马多(Bromado)就停了下来。汽车运输抵达这里只是最近的事,而且颇为不易:一辆满载乘客和杂乱无章的货物的卡车要走一天。

而且,有谁愿意到如此一个被遗忘的城市来呢?旅行者来到最后一座大山,就会在不仅与公路而且与进步(电、电报、可口可乐)息息相通的嗡嗡作响的城市维拉诺瓦踟蹰不前。假使他询问的话,几乎没人会鼓励他骑着骡子通过里约达佩德拉斯峡谷(Rio das Pedras)和巨大的瀑布横穿过来,抵达米纳斯韦利亚斯这个高谷和高原(gerais),那里狂风呼号,只有稀疏的矮小树木和草丛。"留在我们这里吧,"作者被人劝说道,"我们有电、可可豆、大量的新鲜水果和猪肉……米纳斯韦利亚斯是世界上最荒凉的地方。200 年以来那里毫无变化。假使你喜爱喝冰啤酒,你在这里会过得很舒服。在米纳斯韦利亚斯只有一个酒吧,它的生意非常惨淡,根本不配有一个冰柜。[1] ……那里的人极其落后。那里的东西糟透了。那里凄凉、乏味、寒冷、死气沉沉。"

所以当这旅游者离开"文明",抵达米纳斯,发现一个典型的小镇时,就会更加惊异了。这个印象从今天正在生长着的巴西城市是几乎得不到的。米纳斯简直是个奇迹,它的街道是平整的,房屋[2]排列在街道两旁,新近涂过蓝白油漆,总体上很干净。居民穿戴体面,学校里的孩子们穿着白罩衫和蓝短裤。这里有一座石桥、可动的大门、关栅、假围堤,和一处中心广场。广场上有一座石砌的教堂,也漆着金色、白色和蓝色。小镇的荣耀之处和夜晚散步的聚会地点是由若干花坛组成的公园。这位旅游者来到的是令人赞叹的城市吗?

---

[1] 而且,米纳斯韦利亚斯没有电。

[2] 房子用晒干的砖和少量石头建成,屋顶铺瓦。

## 二

后来呢？最好还是关心一下这座城市里的景观,看看它的现实情况。渐渐地,问题变得清晰了。米纳斯韦利亚斯并不完全依赖于它周围那些相当贫瘠简陋的村庄:塞拉多欧鲁(Serra do Ouro)、拜克萨多甘巴(Baixa do Gamba)、格拉瓦唐(Gravatao)、吉兰(Gilão)、巴纳纳尔(Bananal)、布鲁马丁浩(Brumadinho)。有些村庄,如第一个,是白人农民村庄。另一些,如第二个,是黑人农民村庄。不过它们都同样破烂不堪。划分得过于细碎的土地只能有中等的收成。这些村庄总共有1250名农民。相反,米纳斯韦利亚斯的确非常小,但是有1500名居民。难道一个农民能够单独承担一个城市居民的全部重负？当然不能。否则对他的索求就太多了。特别是收获剩余部分——蔬菜、水果、糖、大米、豆类、树薯、小玉蜀黍、马铃薯、红薯和咖啡等并不都进入这个小镇市场。它们远销至维拉诺瓦、格鲁塔(Gruta)和福米加(Formiga)。因此,存在着竞争,虽然这个老镇由于位置较好,仍然可能最终取胜。它的“资产阶级”的地产也保障着它的权利。这些农场(fazendas)中的最大者虽然的确不是非常广阔,但是常常与里约达佩德拉最好的土地接壤。这些地产无论是小块的还是中等规模的,成为小镇和乡村之间的又一种联系。

无论如何,正是通过与这些农民的联系,米纳斯韦利亚斯的人们从骨子里感到自己是城里人。这种感觉远比伦敦人或纽约人对他们的大城市的感觉要强烈得多。作为一个城里人就意味着比起那些更不幸的人,至少是不那么幸运的人,高出一等,就能对自己这样讲也能这样想。农村是多么不同啊！农村意味着孤寂。镇子里有喧闹,有活动,有交谈,有一整套享乐消遣,这完全是另外一种生存方式。不要羡慕米纳斯韦利亚斯镇上住在一所孤立的、偏远的房子里的人;因为真正的房子是那种与邻居相接的、彼此贴近的排列在街旁的房子。假若街上寂静无声,假若"早晨你走出门,没有听到声音",那么一切都乱套了。城镇就意味着其他人发出的令人安慰的亲切声音。这也是一个机会,正如我说过的那样,让人感到与农民,这些星期六的客人(星期六有集市),这些在商店里如此笨手笨脚,从他们的衣服、口音、举止,甚至面孔就能辨认出来的顾客相比有一种优越感。拿他们取乐多有意思啊! 这些乡下人自己知道这个小镇高出他们一头。只要想想,在这里所有的人都用钱买他们的食品! 这个小镇对于他们就是商业(le comercio)。正如来自拜克萨多甘巴的何塞(José)所说的:"只有那些口袋里装满钱的人才能过商业生活。"[1]他的妻子以为"商业就是几个小时的快活。我喜欢这活动(movimento),可是过一会儿后我就厌倦了,我迫不及待地等着回家"[2]。可怜的农民,或者像有人对米纳斯人所说的,可怜的嫩瓜(tabareu)、可怜的乡巴佬(gente da roca)。佩里克莱斯(Périclès)只是米纳斯一个穷困的砖瓦制造匠,但他是一个真正的城里人。他说:"他们被他们自己的影子吓住了。"有几次他陪着马文·哈里斯走出小镇。如果他们到维拉诺瓦,佩里克莱斯就赤着脚,穿着日常的褴褛的衣衫。但是如果他们去拜克萨多甘巴,那就不一样了。他就要打扮一番,甚至要借一双鞋穿。"在维拉诺瓦没有人注意这种事情,但是在拜克萨多甘巴我毕竟不能看上去像个嫩瓜。"[3]

---

[1] Harris, op. cit. p. 145.

[2] Ibid.

[3] Ibid, p. 143.

这些在书中俯拾皆是的掠影比任何长篇大论更能说明小镇的骄傲、持重、对体面的追求、对喧闹以及过分喧闹的宴饮的喜好,对文化,譬如拉丁文法的欣赏,以至于早在1802年就有两名德国的旅游者,博物学者冯·斯皮克斯(von Spix)和冯·马蒂乌斯(von Martius)对此大加赞美。他们也对这个小镇(当时有900名居民)的体面以及它的拉丁文教师的出色感到惊异。

## 三

但是毕竟不能单单靠着喧闹或自尊生活。因为卫星村庄只能提供小镇所需食品的一半,而且并非免费供应,因此小镇必须为生存而工作,以便能够为它的消费付款。它不仅要买农民的东西,而且要买来自维拉诺瓦的面粉和煤油,后者是必不可少的燃料。解决这个问题有两个途径:一是移民,这意味着有钱流回来,另一途径是手工业。

我们在第一个途径上不必花太多笔墨。米纳斯韦利亚斯在这方面是不仅影响了巴伊亚州,而且影响了整个巴西东北地区(城镇和乡村)的无数大迁徙中的一例。人们需要从整体视角看这一重大问题。豪尔赫·亚马多(Jorge Amado)的一系列小说从整体上反映了这一问题引起的无穷尽的悲剧。米纳斯韦利亚斯仅仅是汇入这一大川的涓滴之水。同样明显的是,一切都受到迁徙的影响。迁徙吸走了年轻人,有时是最有才干的年轻人。这些工匠受到巴伊亚的较高工资,甚至圣保罗的更高工资的诱惑。这是很多故事——等待的故事(镇子里有过多的妇女)和重返故里的故事泉源。但是人们真的回来吗?人们怎么能重新适应这个偏僻小镇固有的暗淡生活呢?

除了这些移民外,米纳斯为了生存只有依靠手工匠人的劳动:这里有铜匠、铁匠、马鞍匠、马具制造匠、行李箱制造匠、饰带制造匠、假花制造匠、制砖匠、补锅匠、女裁缝、裁缝店主、木匠等。请想象一个极小的中世纪城镇吧。它为自己的市场劳作，同时如果愿意的话也为远处的市场服务。内部销路就是我们刚刚说过的农民，他们购买马鞍、马具、刀子、鞭子。在 95 个工匠里，有 39 人是冶金专家（如果可以这样称呼的话），28 人是皮革工人。使用简陋风箱的锻铁炉与我们知道的法国农村早年使用过的那种没有多大差别。在店铺里帮助店主干活的两三个工人通常是店主的儿子、甥侄或妻子。买主买的货物实际上是当着他的面制作的，或者差不多是这样。看呐，我们已经暂时被带回到 18 世纪、17 世纪甚至更久远的时代的西方某个地方了。

除了内部市场，还有远处的市场（指巴西内地），范围是骡车所及之处，以及数量很少的铁路不及之处或卡车很快将要来到的扰人之处。这个市场向西远至契克契克（Chique Chique），到三藩河（Sle Sâo Francisco）的邦热苏斯-达拉帕（Bom Jesus de Lapa）的圣地。那里既是朝圣之地，也是集市。7 月，米纳斯韦利亚斯除了朝圣者之外，成群的商人也蜂拥而来。他们的骡子满载着各种商品。他们出售、转卖，以物易物，再出售。小店主在把出售的刀子或鞋委托给他们时早已定好了价钱。整个运作的后果和风险由小店主自己承担。销售者返回后与他结账时会把所有未售出的剩余商品退给他。稍微夸张地讲，这使我们回想起商品托售（commenda）和商业资本主义的初始阶段。起支配作用的不是制造者，而是运输和销售这些产品的人。人们很容易想到，这种原始的贸易形式所笼罩的地区正在受到新交通工具和新商品出现（这二者互为因果）的威胁，并不断缩小。邻近的伯南布哥州（Pernambouc）生产的鞋已经销到维拉诺瓦。仅在 25 年前这些内地贸易线还将米纳斯韦利亚斯与哥亚斯（Goyaz）甚至与圣保罗联系起来，而今天则不同了。然而这个缩小了的供给区依然使米纳斯韦利亚斯能够维持它传统的交换,以物易物和购买的运作。譬如它通过某种小心的旧货买卖获得了金属,这些旧货有废铁、旧铁轨、损坏的汽车引擎里的锌、旧容器上的铜等等。小镇的商人甚至能搞来原始的不可靠的镀镍工序所需的金属。当然能得到巴伊亚的镍片是最好不过的了。但是哪来的钱付款呢?商人们所做的是收集面值400里斯[1]的镍旧币。这种旧币今天已不再生产。虽然已不再流通,但是在这些原始交通线还能找到它们。在邦热苏斯–达拉帕的施舍的财物中也积聚了不少这种旧币。经过物物交换,在7月以后它们就流向米纳斯。

运输者占据支配位置,资本家和中间商也是如此。他们是如何出现的?我们的向导没有找到一个令人满意的答案。他对这个问题谈得过于简略。这些资本家虽然人数很少,但的确存在,而且不难辨认出来。金属部门我们知之甚少:这个工匠世界似乎在通过加速生产二等货来设法摆脱窘境。铁匠若昂·塞莱斯蒂诺(João Celestino)懂得这缘由。有一天他说:"铁匠只有自己说了算。"但是做一个有好眼睛的好铁匠的关键何在呢?"今天的生活再也不给我们机会来生产一件出色的作品。"这是一种怎样的自由,又是一种怎样的不幸?

在皮毛作业方面情况则完全不同。由于工资低,计件作业出现了(非常有趣的是,工匠视此为他们自由独立的象征,而视固定工资为奴役)。同时,家庭作业开始了,甚至新作坊里的专业化也出现了,这是因为"工场手工业"的最初阶段畏畏缩缩地开始了。这是应该在16或17世纪发生的事。作坊师傅是中间商,是"让别人干活的人"。譬如森奥·布劳略(Senhor Braulio)是凉鞋、普通鞋、长筒靴、马鞍的制造商,他

[1] 里斯是巴西一种货币单位。——译注

自己接着又把这些产品卖掉。他实际上是个旧式商人，就像西方各地在资本主义早期阶段有过的那些商人一样。他搞来原料，付给工资，保证销售。在米纳斯韦利亚斯的工匠看来，他就是保护人。我也希望他是。但是他能继续存在多久呢？只要依赖于劳动分工和极低工资的体制能够延续下去，他就能存在。现在这个体制正遇到比森奥·布劳略强大得多的因素的压迫：别的地方已经有了机器，而在米纳斯韦利亚斯还没有，或者说，实际上没有机器。但是，会有一天甚至连周围农村的农民，嫩瓜都不来买他们做的鞋、鞭子和带有皮鞘的刀。因为这场在昨天遭受不幸的巴西与今天气势汹汹的巴西之间的斗争已席卷全国了。这个旧式小镇是在用清心寡欲的相当贫困的经济来抗拒所有这些敌对的条件。在这种形势下，这个城市的富人，或者说所谓的富人的生活标准下降了，穷人——真正的穷人生活得更困苦。这种普遍的贫贱可以从全镇人视为最可羡慕的地位，即零售商人（La venta）的地位看出。那些粮食、蔬菜、水果、粗糖（La rapadura）和白兰地酒（Cachasa）的零售商，那些放利者（因为几乎一切都是赊账出售的），那些整日坐在椅子里的杂货商是快乐之人。顾客、闲话以及整个镇子的运转（movimento）都汇集到他们那里。

## 四

我坚持将马文·哈里斯如此仔细阐明的这些印象，这些活生生的文献，视为具有无可估量的价值的关于过去的证据，这样做是否会得到他的谅解呢？怎样更好地理解中世纪小店主的“小”资本主义以及对同时代人来说远在天涯海角的资本主义呢？现在，这二者都在我们眼前，在这本书的最初几章里。这些章节内容丰富，我们已经在一步步地了解它们。除了这些章节,马文·哈里斯继续按照惯用的方案进行人种志的探究。在讨论了小镇的位置和经济生活后,他接着谈论种族、阶级、地方政府、宗教、大众信仰。在那些始终栩栩如生的精确描写的章节里,他一直希望尽可能地展示小镇与邻近村庄之间的和谐与冲突。他不无理由地以为,这是任何人种志研究中应该研究的主要联系之一。

然而,我不完全赞同依然用非常传统的方式按照预定规则来推行这个惯用的方案。一个小镇是不是现代人观察的理想场所呢?无疑是的,但不能像在人种志学里极其常见的那样仅仅研究它,而且仅仅以它为目的。而要将它视为能够在时间和空间的不同层次上进行比较的证据。就米纳斯韦利亚斯而言,它的整个过去,它这一地区的过去以及巴西整体上的过去都应该加以研究。还应该研究它目前的环境,可以像这位旅游者在本书开头那样在维拉诺瓦止步,但也可以远至福米加、格鲁塔和辛科拉(Sincora),在那些地方从容地停下来,甚至可以探究整个巴伊亚州,它的城镇和乡村。然后,他自然会走得更远,会讨论整个巴西,或许还讨论其他国家。

不过,还是让我们将眼前的例子叙述得更清楚些吧。从这本书的最初几页起,作者就没有向我们掩盖米纳斯韦利亚斯的特殊性质,它使初到者产生的惊奇,特别是尽管它规模很小而且贫困,但它的外表却像个城市。然后,作者的研究方法很简单:研究米纳斯韦利亚斯各个方面的生活和它现代的各种细节,然后与社会学家和人种志学者所制定的城市生活标准相比较,得出结论:米纳斯在本质上是一个城镇。但是我认为,从人文科学的观点看,这一主要问题要用不同的方式提出来。譬如,为什么在那里有这种异常现象?米纳斯异常到什么程度?它是不是一个唯一的独特的例子?或者说,在条件明显相似的其他地方是否也会发生？在什么地方和如何发生？这本书的结论几乎没有触及这些问题,而涉及之处在我看来也是含糊其辞、模棱两可的。

在我看来,在米纳斯韦利亚斯镇上的一切都不是完全新颖的。我以为,这一异常现象从根本上说可以归结为我刚刚跟着作者所谈到的社会经济结构。简言之,我若处在作者的位置上,我会尽可能地仔细考察的突出事实是米纳斯韦利亚斯竟然会在金矿灾祸过后继续存在,而且应该注意,它的确作为一个收入微薄、人口稀少的老式城镇而继续存在。十足令人惊讶的延续本身和它所具有的古老机制会吸引我几乎全部的注意力。我会反复观察它们,既用它们本身也借助于我们在欧洲历史中能够看到的中世纪和半现代的机制来分析它们。我会估量这种年代上的滞后。比起我们这位向导所做的关于居民个人总收入的计算,我要做更多的计算,精确地对贸易区域进行绘图和研究。

就小镇的幸存而言,因为它有档案,我会仔细地考察它。我会尽力弄明白在采金时代这个小镇的实际状况,它的矿工、匠人、店主、地主、黑奴、搬运夫的状况,以便更好地了解小镇的过去。马文·哈里斯告诉我们,在19世纪它作为行政中心而继续存在,那些所谓的办事员的工资总之是取代了金粉。不过这个行政区必须为这种新生活创造条件。它不得不供给财富和足够的人口,维持足以延续米纳斯韦利亚斯城生存的整个交换体制——这一体制今天不断地受到灭绝的威胁。需要附带研究的是:19世纪出现在米纳斯的暴发户(noureauxriches)是从哪里突然冒出来的?

1947年我曾在巴西这个疆域广阔的国家的另一地区做过一次旅行。那一次虽然不如马文·哈里斯的旅行那样有诗意,但是在发现方面却毫不逊色。位于大西洋沿岸、距桑托斯(Santos)不远的圣保罗州(l'État de São Paulo)的马巴图巴(Ubatuba)在1840年前后有过鼎盛的时代。在那个时代,马巴图巴通过一条活跃的骡车马队路线,翻越雄壮的马尔山脉[1],通过这个沿海与内地之间的绿色长城而与陶巴特(Taubaté)建立联系。桑托斯用同样的方式与当时只是个非常小的城镇的圣保罗建立联系。与桑托斯—圣保罗一样,陶巴特—马巴图巴是一个咖啡交易中心与向世界各地输出咖啡的港口之间的联姻。在不久出现的竞争中,圣保罗—桑托斯取得胜利,以至于计划中马巴图巴和陶巴特之间的铁路只修建了火车站。甚至今天马巴图巴和陶巴特之间的联系还是靠一辆巴士。天晓得它是如何在那条古老的骡马路上通行的。整条路是下坡路。一端是由工业赋以新的活力的陶巴特。另一端是条件恶劣的淹没在热带植物中的马巴图巴。它的那些被遗弃的古老小楼房(sobrados)虽然遭到洪水和长自墙缝的棕榈的毁坏,但还是令人印象深刻。它的墓地有很像样的墓碑。这些表明这个小港在以前曾经兴旺过。马巴图巴镇没有幸存下来。现在它是一个农民的、混血土人(caboclos)的村庄。我在那里见到一位法国工程师的女儿。她没有文化,也不会说她的母语。她嫁给一个混血土人,而且在各方面都与他一样。马巴图巴依然有官员,也有一位保安官,后者是圣保罗的法学院毕业生,曾被流放到远低于米纳斯韦利亚斯水准的农村接受教育。有整整一个晚上,我和他一起听由一名六弦吉他(Violão)弹奏者伴奏的民间歌手唱歌:民间歌曲在这里又盛兴起来,这些歌曲似乎是当地特有的。有一首用老办法即兴填词的歌是关于电灯光的到来(chegada da Luz)的叙事歌。他们不是曾经不得不开出一条穿过从山上连绵而下、包围着小镇的森林的小道(picada),以架设电线杆和电线吗?进入森林很不容易,但正如我们的向导所判断的,以前并非无人出入其中。在

[1] Serra do Mar,原意为海岸山脉。——译注

森林里很多地方能够找到咖啡加工厂的遗址。农作物消失了，小镇也消失了。原因在于周围没有任何能够在某种程度上维持它生命的辖区，它本身也没有能允许它适应环境的活力。处于东北地区变化缓慢的环境中的米纳斯韦利亚斯要幸运一些。

## 五

与上述核心问题相比，马文·哈里斯提供给我们的其余的（即第二幅）画面，在我看来就不重要了。实际上我怀疑它的独特性。尽管作者指出各种微妙的差异，但在我看来，无论信仰问题、地方政府问题，还是政治热情问题，米纳斯都与巴西生活的主流一致。不过，马文·哈里斯提出种族问题的方式引起了我的思考。情况真的像他所说的那样紧张吗？一般说来，存在着按照通常的方式划分的“富有白人”和“贫苦黑人”，当然也有绝不富有的白人和受过教育、生活优裕的黑人。结果出现了一个相当奇怪的社会金字塔，它不是由水平层面组成的，而是交叉叠积起来的。这种形势在邻近地区不是很普遍吗？我愿意承认，那里的社会和种族的紧张状态可能比较严重，特别在贫苦白人中间更为严重。那些白人的妻子必须自己去打柴，或到附近河边去洗濯和打水。这本身就是贫困的证明。紧张状态在富裕黑人的层次上也比较严重。他们被邀请到白人家里，但并未受到平等的礼遇。他们待在角落里，胆怯，满腹怨艾，但又故作高傲，太爱面子了。然而，难道人们应该认为因为米纳斯韦利亚斯的生活紧张而封闭，所以有一种完全脱离了巴西文明正常结构的特殊种族主义吗？就全国范围而言，亲善支配着不同肤色人民之间的关系。吉尔贝托·弗雷尔（Gilberto Freyre）早就指出他们在性关系上的随和。的确，如果这种相当温和的小镇种族主义存在的话,它似乎与巴西的历史线索无关。我希望关于这一点有更多的发现。我认为,对于相互竞争的俱乐部、集团以及宗教节日(fiesta)上的拍卖的研究,对小镇上唯一的黑人议员瓦尔德马(Waldemar)的描述都不尽令人满意。如果没有任何与之比较的事物,人们能从中得出什么呢?在附近的区域,在格鲁塔·福米加、维拉诺瓦这些邻镇,同样的问题是如何产生的?米纳斯韦利亚斯的社会和种族的紧张状态是否与众不同,是否是它独有的?如果是这样的话,如果它会有别于整个国家的主流,那么应该怪谁,黑人?白人?或者二者都有?请想一想,米纳斯韦利亚斯的黑人是如何完全割断了与非洲祭礼的联系,而这种祭礼在其他地方是保持他们独特性的生生不息的源泉。这一简单的事实具有重大意义。在宗教方面,还可以得出与哈里斯的态度相左的看法。米纳斯韦利亚斯的天主教在他看来是形式上的、外在的、相当空泛的事物。无疑他是对的。但是我同样确信他从中得出的某些结论是错的。我担心他没有接触过欧洲各种不同的天主教,特别是意大利、西班牙和葡萄牙的天主教。那些天主教在法国人看来也正是形式上的、外在的。与形式更纯粹的基督教相比——打个譬喻说,外衣脱得更多的基督教——米纳斯韦利亚斯的基督教可能显得更令人惊异。但是整个巴西的基督教又怎么样呢?我们这位研究者在年代不同的经文和"合乎道德的历史"里所寻觅的反教权倾向并不能说明很多问题。因为它存在于一个年轻的基督教传统之中,这种教会对自由的言论和略微下流的故事并不介意。实际上,我惊讶的是,尽管有某些无可否认的错误、疏忽、不热心和偏离,基督教竟然像在巴西其他地方一样作为文明的基本成分,在这个古老的城镇稳固地确立下来。对于迷信,我要说同样的话:它们不是现代巴西能在几年之内摆脱掉的。如同在诸如米纳斯韦利亚斯的小城镇中心及其周围的农村一样,它们在大城市的心脏里也相当活跃。

我们的批评首先是延长我们读了这本书之后的明显欢悦的一种方式。但是我们应该收笔了。假使马文·哈里斯能从另外的角度写这本书;假使在两三个地方他能转换角度,提示他所研究的这一小群人的过去;假使他区别出与巴西内地的日常生活的一般迹象不同的这一小群人的独特之处——米纳斯韦利亚斯的异常之处,那么我当然会很高兴的。

如果我前面的话说得有些激烈,那么与其说是针对一位具有无可置疑的聪明、才智和忠心的作者,不如说是针对一种人类学。后者过于偏重直接研究,在现状研究中强求一律,而不愿在应该阐明的明显的个别变化上花费太多的力气。只有在涉及类似这本书的极其出色的著作时,人们才会试图证明这种方法的不可避免的缺陷——因为这位作者本人的能力是无可怀疑的,人们才会再次指出大胆地采用"杰作"的一些规则的弊害——正如吕西安·费弗尔说的那样,不管是主题还是他要求的具体战略那种作法都太令人遗憾![1]

---

[1] 而且令人遗憾的是这本书没有它应该有的插图,也没有一张照片。

# 文明史:用过去解释现在*

这一章讨论的是一个相当不寻常的问题:文明史已经从 18 世纪和伏尔泰的《风俗论》(1756 年)发展至今,它能否帮助我们理解现在,而且必然地有助于理解未来(因为若不联系明天就几乎不可能理解今天)?写下这几行字的人是位历史学家。对他来说,历史意味着理解过去和现在这二者,理解已经存在的和将要存在的,理解不论是今天的还是昨天的每一种历史"时间"的区别,理解哪一种时间是持久的,曾经和依然生生不已,哪一种仅仅是暂时的,稍纵即逝。他会乐于回答说,如果人们要理解现在,那么就应该调动全部历史的积极性。但是,从我们的整个专业来看,文明史准确地说相当于什么呢?它真的是一个独创的领域吗?拉斐尔·阿尔塔米拉(Rafael Altamira)曾斩钉截铁地断言:"说文明等于说历史。"早在 1828 年基佐(Guizot)写道:"这种(文明)史是最大的历史……它包括所有其他的历史。"

显然在这里需要探究的是我们专业领域里的一个极其广大的部分,但是为这一部分确定疆界从来都是不容易的。由于在不同的世纪和不同的国度里,不同的历史学家和评论作家所做的解释各不相同,因

---

* 本文是《法国百科全书》第二十卷《变化中的世界(历史、进化和前景)》的第五章(巴黎:拉鲁斯,1959 年)。

此它的内容已经发生了变化，并一直在变化着。下任何定义都显得很困难，而且充满了危险。

首先，我们要搞清，文明(civilisation)是关于整个人类的概念，而文明(civilisations)分布在不同的时间和空间里。此外，文明这一术语从来不是单独行动的，与它形影不离的是文化(culture)这一术语，但是后者并不简单地与它对应。而且也有 culture 和 cultures 之分。至于形容词“文化的”(culturel)则常常被到处含糊地使用，既用于文化领域(这从词源上看是很恰当的)，也用于文明领域，因为后者自己没有专门的形容词。我们可以说，一个文明就是一个文化的各种特征和现象的总合。

这样，我们已经看到一些语义差异以及可能引起的混乱。但是无论这一特殊历史的对象被称为 civilisation 还是 culture，civilisations 还是 cultures，它第一眼看上去都是一个各种特殊历史的行列，或更像是一支管弦乐队。它包括语言史，文学史，科学史，艺术史，法律史，制度史，感性史，风俗史，技术史，迷信，信仰和宗教(甚至包括宗教感情)的历史，日常生活史，以及很少被研究的味觉史和烹饪(菜谱)史等等，以及我没提到的其他历史。这些次学科中(我并没有都谈到)的每一个都已多少得到发展，具有自己的规则、目标、用语，以及独特的运动。那种运动并不必然是一般历史的运动。困难在于把它们结合在一起。在法兰西公学里，我曾用一年时间寻觅 16 世纪欧洲的科学史、技术史与一般历史其他领域的联系，而没有得到任何结果。不过，无论这些历史是否以相同的节奏行进，这绝不意味着它们彼此毫无关系。莱昂·布兰斯维克(Léon Brunschwicg)和艾蒂安·吉尔松(Étienne Gilson)认为思想史可以独立存在。与这种观点相反，吕西安·费弗尔理直气壮地宣布了普遍历史的权利。这种普遍历史关注生活整体，除非使用武断的方式,否则任何事物都不能从生活整体中分裂出来。但是重构这个统一体是一项无休止的无法完成的任务。

但是,对于文明史的范围是不可能有任何真正的意见分歧的,特别是当它论述的并非某一分支的历史而是整体的历史的时候。在这种情况下,很难看得出它如何能够从通史——有时称作总体史——中分离出来。因为虽然文明史通常宣称提出了一个简化了的观点,但是它依然是在试图解释和驾驭大写的历史。它会将特殊的真理和现实的特殊方面置于前台,但是这些真理和现实应该被视为对整体的解释。所以每一次在历史整体的不同层次上进行得如此简略但必要的研究都涵盖了它的全部范围,也就是说不分轩轾地对它的各个方面,对传统历史和社会史、经济史进行了研究。如果说文明史长期居于某种盟主地位,那么这是因为它提供了当时唯一的逾越的可能性,或者如亨利·贝尔所说的,提供了"拓广"封闭在贫瘠的政治编年史里的传统历史范围的可能性和"承认政治事件以外的事件和官方人物以外的演员"的可能性。简言之,它是新的、更加确定的抵达一种一般历史和一般解释的领域的道路。正是它使得不久前卡尔·兰普雷希特为文化史(Kulturgeschichte)所进行的如此活跃的斗争具有了意义。但是今天这一盟主地位正在受到挑战。因为近来历史学已扩展到社会史和经济史,所以文明史就不再扮演这种侵略性角色,虽然它显然依旧是一个被考虑的特殊领域。

然而,由于所有的领域都有人在耕耘,因此要想将一个复杂的尚不确定的历史投放到现实,使它占据一个它完全不熟悉的位置——近来所说的"预期的"位置,这就必然引起一场持久而艰难的辩论。本章不想对这场辩论盖棺定论,至多试图阐明它的基本背景。

即使如此,仍然需要提出某些告诫,至少有两点值得注意。第一,我们应该遵循亨利·贝尔的综合中心的传统，求助于某些语言研究；对于那些吸引或分散我们的注意力的词汇，必须追溯它们的起源，将它们置于其背景之中，这样我们就会知道它们是否真的可靠。第二，我们应该诚心诚意地将什么样的相互联系的力量、价值和成分的组合和集合体放在文明或文化这些术语下面？在这方面，各种规定应该是清晰的和绝对必要的。如果在我们所研究的领域里前后自相矛盾，如果我们预先的观察能让所有人理解但却违背了“科学的”要求，如果我们不坚定地摆脱历史学中的形而上学的控制，那么我们的尝试当然从一开始就会受到指责。

## 文明和文化

### 这两个词的起源和命运

首先，我们应该感到惊讶：文明和文化仅仅两个词（我们将看到它们很灵活，其含义是很不确定的）就涵盖和把握了如此广阔的领域。它们变为复数增加了它们的重要性但并未增加它们的数目。在1900年前后从德文进入法语和其他语言的“文化的”一词使说和写变得容易了，但仅此而已。两个词并不多，特别是实际上只有其中一个是当代常用的。

譬如，直至1800年文化并不重要。此后这两个词相互竞争。现在两个词还会被混淆起来，或者某个词比另一个更受到青睐。这等于说，如果我没弄错的话，是重新建立了文明观或文化观的单一概念。但是这些统一的倾向并不常有。相反，二者之间的竞争正在逐渐变得激烈，而且通常引起分裂。于是这个庞大王国的统一就被打破了，重大问题也变得支离破碎:由此产生了思想之间的秘密战争以及随之而来的众多错误。简言之,这些词句之间的争执乍看起来可能是而且也的确常常是极其烦人的,但是恰恰能使我们抓住讨论的要害之点。当然,单纯地使用它们并不能充分地阐明要害问题。

在法国,文化和文明几乎是同时出现的。文化已经有很长的历史(西塞罗已经谈到 *cultura mentis*[精神修养]),但只是接近 18 世纪中期时才具有了思想文化的特定意义。据我们所知,文明首次出现在 1766 年的一本印刷物中,虽然它无疑在更早些时候就被使用了。无论如何,它是在动词 civiliser 和分词 civilisé 之后很久才出现的。早在 16 和 17 世纪那两个词就在被人使用。因为需要,于是作为名词用的文明就被杜撰出来。从产生时起,它指的是一种关于思想、技术、道德和社会的进步的世俗理想。文明就是"启蒙"。"文明越在地球上普及,人们越能看到战争、征服、奴役和苦难的消失",孔多塞(Condorcet)在 1787 年做如此预言。因此,很难想象它不靠一个有教养的、良好的、"文质彬彬的"、"开化的"社会来维系。与它相对立的是野蛮。正是对野蛮,前者宣告了来之不易的但却必然的胜利。在任何情况下二者之间都有一道鸿沟。1776 年马布利(Mably)在写给他的一位朋友——一位波兰伯爵——的信中说道:"上个世纪,当瑞典在古斯塔夫·阿道夫(Gustave Adolphe)统治下从野蛮中崛起时,你们受到了很大威胁。"类似的话还有:"(俄国的)彼得一世将他的国家从深深陷入的极端野蛮中拔了出来。"但是值得注意的是:文明这个词并没有作为一种调和的手段出现在这位神父的笔下。它作为一个词的生涯刚刚开始。

这个词的经历表面上或许很辉煌,但未必有多少实绩。至少这是约瑟夫·沙佩(Joseph Chappey)在其很杰出的著作(1958 年)中提出的一个观点。在半个世纪里,"文明"的确在语言和文学中取得很大的成功,但在科学领域里没有完全获得成功。沙佩写道:“当时人们还不能察觉这个词的重要性。”他的理想是,所有的新兴人文科学必须服务于这个新词及它意味着的巨大成果。但是实际上并非如此。人文科学当时尚处于幼稚期,仍在寻求自身。而且,曾经赋予这个词最初的稳定性的踌躇满志的“开化的”社会,不久便在18世纪和19世纪接连发生的改革和革命的冲击下消失了。或许可以说,一个良机错过了。

无论如何,在各种兴衰替嬗之后,接近1850年时,文明(以及文化)从单数变为复数。特殊对一般的这一胜利与19世纪的潮流非常吻合。但是,这是一个多么重大的进展!它反映了其他的进展和变化。复数的文明和文化,意味着放弃了用一种理想,或者更正确地说,用这种理想所界定的文明;意味着在某种程度上忽略了最初所包含的那种普遍的、社会的、道德的和思想的品质。这已经是倾向于同等地看待欧洲的和非洲的人类经验。

早在1850年以前就出现的旅游者、地理学家和人种志学者对“文明的庞大的帝国分为自治的省”(吕西安·费弗尔语)贡献不小。欧洲在不停地发现和再发现世界,因此必须使自己适应这个世界:一个人就是一个人,一种文明就是一种文明,无论它在什么水准上。于是“地区的”文明和某个特定时代的“残酷的”[1]文明纷纷涌现。于是,文明在空间和时间上,在专家们可笑地割裂开的时间上分裂了。文明在时间和空间两个方向上分散开了。在伏尔泰和孔多塞的时代,人们怎么可能谈论爱斯基摩人的文明,或者(在阿尔弗雷德·梅特罗[Alfred

---

〔1〕 约瑟夫·沙佩:《西方文明史Ⅰ:历史学的危机和文明的死亡》(Joseph Chappey, *Histoire de la civilisation en Occident* 1: *La Crise de l'histoire et la mort des civilisations*, Paris, 1958),第370页。

Métraux]出色的论文中出现的更惊人的例子)图皮-瓜拉尼(Tupi-Guaranis)的文明,即巴西印第安人的文明?然而正是伏尔泰在他的《路易十四时代》(1751 年)一书中,虽然在实际上没有用文明这个词,但首先应用了“一个时代的文明”的观念。19 世纪这个词的复数形式的胜利无可否认地是新思想、新的思考方式和新时代的标记。

将近 1850 年时,多少开始明确的这一胜利不仅在法国而且在整个欧洲都举目可见。我们不应忘记,实际上诸如此类的关键术语以及其他众多事物是不断地从一个国家进入另一个国家,从一种语言进入另一种语言,从一位作者传给另一作者的。这个词像个被投来掷去的球,但是当它传回来时,已经完全不同于抛出时的样子。譬如,文化从德国——19 世纪上半叶值得称颂的而且确实大受称颂的德国——回到法国时具有崭新的声望和意义。谦居第二的“文化”立刻在西文思想界变成,或试图变成支配一切的词。从赫尔德(Herder)那时起,文化在德文中是指自由地脱离了任何社会背景的科学和思想进步。文明仅仅是指人们生存的物质方面。一个词被贬低了,而另一个词则被抬高了。马克思和恩格斯在《共产党宣言》(1848 年)里写道:“社会上文明过度,生活资料太多,工业和商业太发达。”

这种看待文明和文化的立场在德国思想界很有势力。人们早已指出[1],它与思想界习以为常的精神和自然(Geist 和 Natur)之间的二分法是相吻合的。斐迪南·滕尼斯(Ferdinand Tönnies)(1922 年)和阿尔弗雷德·韦伯(Alfred Weber)(1935 年)直接继承了这一传统,继续将全部实践的,甚至智力的知识——简言之,全部能使人对自然发生作用

〔1〕 菲利普·巴格比:《文化与历史》(Philip Bagby, *Culture and History*, London, 1958),第 160 页。

的客观手段——都放在文明名下；在文化中则相反，他们承认的是价值、理想和标准的原则。对托马斯·曼（Thomas Mann）来说，“当文明意味着机械化时，文化就等于真正的精神性”。[1] 于是一位德国历史学家[2]在1951年用特有的方式写道：“今天人的责任在于提防文明摧毁文化，提防技术摧毁人。”再清楚不过了。然而即便在德国，这一术语并不是唯一流行的。在1918年到1922年间，奥斯瓦尔德·斯宾格勒稍微修改了这种习见的关系。他将文化视为整个文明的开端、充满激情的创造物和具有旺盛生命力的春天。另一方面，他视文明为秋日之暮，只会一味重复，是空洞的结构、表面的显赫，早已僵化。在斯宾格勒看来，西方在“衰落”并不是由于遇到特殊的困难或悲惨的威胁——虽然他并不否认这些，而仅仅是由于西方达到了文明阶段，即垂死阶段。正是在这个意义上，德国历史学家库恩（G. Kuhn）在1958年说的“农民对战士、乡村对城镇、文化对文明的胜利”这句微不足道的话就可以理解了，这是他谈到蛮族入侵的末期德意志农民战胜古代罗马时笔下自然流露出来的。

但是这种始自1848年和浪漫主义运动的对德国的长时段的偏爱，对文化的支持，并没有结束这场从原则上来说开放的辩论。在英国和法国，文明这个词为自己辩护得相当出色，一直占据首位，在西班牙也是如此。拉斐尔·阿尔塔米拉的大历史——在1900年至1911年间写成的当时的革命性著作——所用的书名是《西班牙和西班牙文明史》（*Historia de España y de La Civilización Española*）。在意大利，人们可以

---

〔1〕 引语出自阿尔芒·居维利耶：《社会学手册》（*Manuel de sociologie*，Paris，1954，2：670）。

〔2〕 沙佩转引自威廉·莫森（Wilnelm Mommsen），第444页。

注意到 civiltà 这个极其古老的词所扮演的杰出的角色。在我们法国,最近出版了一本《法国文明史》[1](*Histoire de La civilisation française*)(1958 年),是继阿尔弗雷德·朗博(Alfred Rambaud)的经典教科书之后又一力作。我相信此书作者不会认为法国陷入物质存在这个精神的对手里,或者从一开始,已经丧失了青春之泉而陷于单调重复和衰老。亨利·马卢在二十年前就建议说,法语中的文化一词应该专用于“个人的精神生活方面”,而文明则用于社会学意义上的现实。在这种分工里,文明会适得其所。实际上我相信赫伊津哈(Huizinga)是循着正确的思路去发现斯宾格勒在这方面失误(后面我将论及这点)的另一原因,即这位德国作家低估了他所强烈抨击的文明一词,低估了它在德国以外的国际影响。

不过,假使说有什么威胁着文明一词的话——对这个词我不置可否,那么更多地是因为人类学者和人种志学者对它的使用,而不是德国思想家理由十足地固执己见。自爱德华·伯内特·泰勒(Edward Burnett Tylor)极其重要的著作(1871 年)以后,人类学者和人种志学者很不习惯谈论原始文明,而更多地谈论原始文化。假使不是因为今天几乎只有他们在试图科学地、“客观地”谈论文明的各种问题[2]的话,上述情况几乎不会引起我们历史学家的不安。读了他们的著作,我们会逐渐熟悉他们的语言。有朝一日这种语言会涵盖一切的。

人们所能得出的结论只能是:文化和文明跨越世界,跨越世界上相

---

〔1〕 作者是乔治·杜比(Georges Duby)与罗贝尔·芒德鲁(Robert mandrou)。

〔2〕 关于文化的基础是指,在某一既定团体里,不是由生物遗传,而是由社会遗传,即社会行为的“模式”,特殊生活方式的“复合体”所留传的东西。关于这个问题参见哲学家彼得罗·罗西(Piétro Rossi)提出的观点“作为描述模式的文化与文明”(“Cultura e civilta come modeli descrittivi”, in *Rivista di filosofia*, July 1957)。

互矛盾的思想和品味,因此,它们告诉我们的比词汇学家还多,但在它们面前有很多灾难,至少人们应该谨慎。所有有生命力的词都在变化而且应该变化,它们也不例外。应该如此,只要需要有一个科学的词汇,只要“文化的”这一形容词在悄悄地进展(中立者总会走好运),只要所有的人文科学遇到良心和方法上的重重危机,就应该如此。属于美国最杰出的人类学者之列的克罗伯(A. L. Kroeber)和克莱德·克卢克霍恩(Clyde Klukhohn)在他们最近的著作里将有关文化方面的这种情况阐述得十分清楚。他们列举了有关这个词的 161 个定义,它们各不相同。当然还没有提及正在陆续出现的定义。阿尔芒·居维利耶(Armand Cuvillier)在其《社会学手册》(*Manuel de sociologie*)中至少列举了 20 个关于文明的释义。这些数目可不小,或许是太多了。至于说试着为这些辩论做出仲裁,最好打消这个念头。当年亨利·皮雷纳在综合中心陷入建立某种专门历史词汇的诱人计划中时,曾主张(1931年)历史学家应尽可能地使用通行的语词,而排除其他所有的词,这样就能使其断然地摆脱诸如哲学家的僵硬的词汇(附带地说,不论人们有何说法,后者也像数学语言一样常常在变化)。我是欣然赞成皮雷纳的。让我们使用那些迄今流行的或者暂时流行的词汇。但是我们也应该了解它们所暗示的或曾经暗示的其他含义,以及它们可能为粗心者设下的陷阱。

原因在于任何人都能随心所欲地处置这些活泼不羁的词汇。年轻的美国人类学者菲利普·巴格比(Philip Bagby)在一本有趣的书(1958年)中建议文明应该专用于城镇,文化则用于非城市化的乡村。因此文明总是精度文化或较高层次的文化。这一解决方案可能不错。当然它并非完全新颖。但是我相信,实际上,无论提出的定义或约定多么有价值,也不能强使用语一成不变。只要现在有人在给模棱两可的名词套上不那么含糊的形容词,有人在谈论物质的、道德的、科学的、技术的,甚至经济的文明或文化(勒内·库尔坦[René Courtin]的一本书名是《巴西的经济文明》),我们就会看到用语的含义在发生各种变化。

因此,这场词句之争并未结束。而且,在有那么多的不速之客还在纷至沓来的躁动不安的人文科学领域里,我们或许需要比我们能想到的更多的、可以塑造的、蕴义丰富的、能够适应研究(及其意外变化)而不阻碍研究的词汇。我必须承认,在一个新的秩序建立以前,我将继续不分轩轾地使用这两个关键词,但是要从上下文中明确其含义。假使这种交替有可能出现问题的话,我将不得已而使用形容词"文化的"。使用这个词在我看来并非"不雅"(约瑟夫·沙佩语),而仅仅是方便而已。而且,我可以从黑格尔开始,列出一大篇大大小小的作者名单。他们使用这两个词时没有特别考虑,尽管预先给出了一些定义。我认为,有更重要的充满混乱和偏见的领域需要探讨。

## 定义的尝试

因为我们已经阐明了上述第一个问题,因此无论这些词怎么样,在它们出现之处,我们都将毫无困难地维持我们的判断和行动的自由。但是,我们在讨论所指的事物时会遇到更多的麻烦。遗憾的是,我们必须承认,同其他社会专家一样,历史学家在研究文明时,他们所谓的文明究竟指的是什么也是不确定的。"文明"对于他们是将历史化成大的视野——他们的视野的一个手段,而不管这个手段正当与否。由于选择标准不同,而且观点独断,所以他们都能自圆其说,但是他们都打碎了文明的领域,把文明归结为它的某一因素。这种因素会因每个作者的选择和意向而异。但研究者判断文明史对于理解当今世界的价值的任务仍很艰巨。这些作者,甚至包括汤因比(Arnold Toynbee),看来都没有感到有必要给我们一个定义，一个他所认为的文明的总体见解。难道这不是很明显的吗？因而我们只能自己从每一本书的上下文中了解每一位历史学家所认为他的任务是什么，以及随之而来的我们的任务应该是什么。

基佐。我们可以从弗朗索瓦·基佐的令人百读不厌的精湛著作《欧洲文明史》(*Histoire de la civilisation en Europe*)和《法国文明史》(*Histoire de la civilisation en France*，1829—1832)(前者在1855年再版时附有一篇新的前言)开始。遗憾的是，它们当然没有明确规定它们的对象。但是，在基佐看来，文明首先意味着一种进步，正如在18世纪它所具有的那种含义。实际上有两方面的进步，社会的和心智的进步。理想的情况应该是和谐，是天平两端之间的平衡。然而英国不是倾向于获取社会进步，德国不是倾向于获取心智进步，法国不是倾向于同时获取二者吗？但关键不在这里。在基佐看来，重要的是发现具有双重运动的文明是如何体现在某个民族——法国——或另一种“民族”(吕西安·费弗尔语)即欧洲上：简言之，一个具体的实体上。遗憾的是，他的成就是以局限于政治史为代价取得的，这就大大地限制了它的范围。这种情况更突出地表现为，在基佐看来，政治本身置于权威与自由这两项原则斗争的摩尼教氛围中——这二者的斗争只有通过有益的多少明智的妥协才能平息下去，或许类似七月王朝。一个当代人虽然确实很少从历史的角度考察当代的事变——即使他既是历史学家，又是活动家，但是人们仍然会感叹，这样一个伟大理论竟然只有如此渺小的成果。

基佐在1855年的前言中写道：“权威和自由这两大力量和两大权利在所有的人类社会的心脏共存和斗争。……我和许多人一样，在从书斋转到一个更为骚动不安的舞台上时一直在政治秩序中寻求权威和自由之间的一种积极的和谐,在它们公开的、公众的、以合法的方式包容和调节的斗争中寻求和谐。难道这仅仅是梦想吗?”

布克哈特。雅各布·布克哈特被赫伊津哈不无道理地称作“19 世纪最睿智的人”。他所撰写的《意大利文艺复兴时期的文化》于 1860 年以有限的印量出版。让我们翻开它,它会将我们带到一个与基佐的世界完全不同的天地。这本书既没有包容西方的全部空间,也没有纵览它的全部过去。它只是集中阐明保留在西方文明的整本巨大画册中的熠熠发光的一页。布克哈特追随米什莱(1855 年)认真细致地考察了文艺复兴这一术语在意大利的起源。今天的学术已经超越了这些论述,但还不能使之黯然失色。因为这本书的才智如此光彩照人,乃至不断地超越了那个时代可能有的各种见解。不过,雅各布·布克哈特在其中年阶段还没有完全形成他的历史观,还没有将其归结为他后来所说的所有的人类历史都可能与之有关的“三要素”:国家、宗教和文化。因此一个很大的很显赫的位置给了国家,给了 15 和 16 世纪的意大利各国政府;然后以鉴赏和智慧的眼光研究了文化的艺术价值(对他来说,价值决定一切);对比之下,宗教只得到一点残羹剩饭。更糟的是,除了这“三要素”外,关于“豪华者”洛伦佐时期的意大利的物质和社会的实体没有或几乎没有谈及。因此这部不朽之作所研究和确定的“上层建筑”,尽管由于作者对具体性的嗜好而变得栩栩如生,但依然是没有根基的。这样做对吗?我是说,一个世纪后的历史学家能够满足于这个此后实际上一直无人予以取代的整体影像吗?

看看雅各布·布克哈特在多大程度上符合早就由赫尔德(1784—1791 年)设计的,因古斯塔夫·克莱姆(Gustav Klemm)著作的发表

(1843—1852年)而流行的德国文化史的潮流或许是有益的。19世纪德国的史学方法屈从于极其危险的二分法。这在韦伯的大部头教科书《世界史》(*Histoire universelle*,1853)中表现得很清楚。这本书被翻译成西班牙文,在西班牙起了很重要的作用。韦伯的教科书划分了外在历史(政治)和内在历史(文化、文学和宗教)。但是一种“内在”历史单靠自己就能构成一种本来意义上的现实吗?

斯宾格勒。然而,奥斯瓦尔德·斯宾格勒在其感情洋溢、仍然炙手可热的著作《西方的没落》(1918—1922年)中真切地向我们展示的还是这样一个世界。我们对这部著作要多费点笔墨。我本想在写这些文字以前,应该再仔细地读读这部著作。我觉得今天有可能在不同于它问世的环境里,用不同于吕西安·费弗尔昨天所用的方式对它进行评论。当然,这部著作一直有口皆碑——独特的笔调、广阔的视野、深刻的理解力以及高雅的趣味。

对于斯宾格勒,每一种文化都是一种独特的经验。即使一种文化来源于另一种文化,它迟早要确立自己的全部独特性,虽然有时这需要很长的时间。譬如,就我们西方文明而言,“我们花费了很长时间才获得勇气来思考我们自己的思想”,才摆脱古代的教条。但最终我们毕竟使自己获得了自由。一种文化最终总是要使自己获得自由,否则它就不是文化。

那么,文化究竟是什么?它同时是艺术、哲学、数学和思维方式。而所有这些在赋予它们活力的精神之外不可能有有价值的现实,不可能被理解。斯宾格勒宣称,正如尼采已经猜到或暗示的,有很多种文化,也有很多种道德。同样,有很多哲学、艺术和数学。(我们不应微笑地补充说有同样多历史和历史研究法吗?)西方是以一种无可否认的数学独特性(即它所发现的数目功能)而别具一格的。因此,斯宾格勒在其著作的最初几页里就阐释了微积分,这些篇页另有一番难以抹杀的光彩。

既然是用很少的独特线索,尤其是用一些独特之点来规定文化,那么,这位文明史学家的方法就很直截了当了:仅仅需要辨明和研究这些独特之点。只要将它们放在一起加以比较就能比较不同的文明。这样就在顷刻之间飞越了时间、世纪和千年,进行一次神奇的旅行。这使人想起我们使星际旅行具有价值的这些描述和预想:由于突然摆脱了重力法则,所有的行李、所有的物体都离开原来的位置而自由浮动,奇妙地组合在一起。在斯宾格勒的复调音乐里的情况正是如此。路易十四王朝、莱布尼茨的微积分、油画与透视法的魅力、多利斯圆柱以及希腊城邦,都并排浮动或互相撞击。所有这些都是失去了历史重心的行李。

这类把戏不能蒙骗我们。斯宾格勒的思想虽然特别容易受到批评,但仍然像最平常的、或者说最有智慧的历史思想一样,被人们不断地用于对付关于各种文化因素之间的关系的困难、棘手问题,尤其是(虽然在此斯宾格勒是几乎再谨慎不过了)对付它们与非文化因素之间的关系的问题。我们这位作者是忽略后面这些因素的,一如他忽略任何可能稍稍妨碍他推理的东西。于是,金钱不过是“一个无机量”,在经济史里讲的并不少。至于轰动一时的事件,也被用一个十分离奇的句子轻率地抛弃:“想一想与轻松短剧的情节一起填充着历史场面的阿尔及尔官员的扇子以及其他类似的中国工艺品。”看来不存在轻松短剧,因而人们一下子就甩掉了所有的政治。抛弃社会生活也没费更多的力气。那么留下的是什么呢?“文化”和它们的一些联系。这些东西都如此显而易见,以致分析它们毫无意义:它们存在着,但仅仅是在某个时段而已。譬如,音乐处于18世纪西文“发展”的中心,这不是显而易见的吗？在这方面，斯宾格勒泰然自若地写道："德国产生了伟大的音乐家，因此也产生了这个世纪伟大的建筑师：柏培尔曼（Pöppelmann）、施吕特（Schlüter）、巴尔（Bähr）、诺伊曼（Neumann）、菲舍尔·埃拉赫（Fischer d'Erlach）、丁岑霍费尔（Dienzenhofer）。"

简言之，"每一个具体的文化都是高级的统一存在"，是历史上最显赫的名人。但是"名人"会是一个贬义词，有机体一词也不比它强多少。正如最近有人指出的[1]，在斯宾格勒的思想中文化是一种存在，但绝不是任何生物学意义上的存在。毋宁说它们是中世纪意义上的实体，是无生命的实体，除非灵魂赋予它们生机（Kulturseele）。因为这部激情洋溢的著作以西方文化的名义所追猎的，归根结底是一种神秘的存在，是一种灵魂，因此便可以听到司空见惯的见解："一种文化是在一个伟大的灵魂苏醒时诞生的，"或者说，"当这灵魂实现了全部可能性时，文化就死了。"

这样，我们就触到了奥斯瓦尔德·斯宾格勒思想的最核心之处，直接面对他所着迷和为之激动的那种解释。他认为，一种文化的历史，更确切地说，它的"命运"，是一个序列，或者用我们当代的术语说，是一种长时段的动力结构。文化的发展是缓慢的，这使得它能够确立自己，然后在一个长时期里维护自己。它不是永生的，因而最终不免一死。但是每一种文化都要充分地展开而且必须预先充分地展开理想的计划的各种可能性，如古典文明的"阿波罗"精神，西方文化的"浮士德精神"。这些理想的计划从一开始就包含在文化里面。在一定时间之后——这段时间一般是相当缓慢地流逝的，全部创造力似乎消耗殆尽。

---

〔1〕 奥托·布伦纳：《社会史的新路线》（*Neue Wege der Sozialgeschichte*, Gottingen, 1956），第186页。

于是,文化由于不再具有一个计划而死亡:“文化突然僵化了,它死了,它的生命之血流尽了,它的力量崩溃了,于是它变成文明。”这样,文明被看作是不可避免的结局,被涂上十分晦暗的颜色。文明总是属于“曾经存在过的”,而不属于“将要存在的”。它没有前途,因为“前途总是年轻的”。它是冬天,是苍老,是桑丘·潘沙[1]!可以判定,文化被分派扮演堂吉诃德。

这种阴郁的命运是不可避免的。它迟早要光顾所有的文化,就像往返重复的生命周期,彼此都是相似的。实际上正因为如此相似,斯宾格勒就毫不迟疑地让它们一起跨越将它们分开的年代上和地理上的间隔。假若我们想把它们看作或展示成“同时代的”,或像斯宾格勒所要我们相信的实际是孪生的,那么就在我们的思想里把这些间隔抹掉。随着法国革命和拿破仑这些在一个多世纪里使欧洲显现了其轮廓的事件与人物的出现,西方文明的时辰降临了。这种情况与亚历山大大帝(Alexandre)横扫一切的征战和希腊精神的全盛时期情况相同:希望是一种“文化”,旋即取而代之的罗马应该是一种“文明”。因此很显然,亚历山大大帝和拿破仑是“同时代人”,他们各自是“站在文明门槛的浪漫派”。换一个类似的说法:“佩加马(Pergame)和拜罗伊特(Bayreuth)配成了一对。”[2]因为瓦格纳(Wagner)仅就其作为彰显西方文明的一个人而言,就应该招致尼采的怒火。

像其他许多人那样抨击这些包罗万象的却又天真幼稚的简化,是毫无用处的。怎样做才能有所裨益呢?将《西方的没落》与明智的同

---

[1] 小说《堂吉诃德》中的人物。——译注

[2] 佩加马是罗马时代的城市。拜罗伊特是德国城市,瓦格纳所创的音乐节每年在此举行。——译注

时代人阿尔贝·德芒戎的著作《欧洲的没落》(*Déclin de l' Europe*, 1920)加以比较,就像是将散文与诗相比较。还是把这种聪明的事情留给别人去做吧。我们在此可以做一总结:在奥斯瓦尔德·斯宾格勒的工作里显然有两个阶段。首先,他不惜花费任何代价清除历史的所谓破烂杂物,即所有纠缠着历史的不真实的东西,目的在于揭示精神价值的命运。在他看来,一切文明和文化都可以归结为这些精神价值。其次,进行最困难的也是争议最大的工作,即把这些精神价值的充分发展组织成一种命运,一个连贯的阶段序列,一种历史;这些迟迟不肯露面的价值比世界上任何力量都更强有力,但是它们终归有一天会突然丧失活力而寿终正寝。如我后面将要谈到的,这两项工作从一开始就似乎不可能被任何理智的历史学家视为正常。但是幸好有些历史学家不那么有理智。我相信,汤因比就是其中的一个。虽然他绝不像斯宾格勒那样轻率,但是他对待这两个明确的阶段的态度与斯宾格勒并无二致。

汤因比。坦率地说,我反复阅读过阿诺德·汤因比的清晰明了的著作,精妙的议论和富于才智的叙述。有时我是怀着极大的热忱读他的著述的。我喜爱他的节奏变化,以及他在不惜代价构建和捍卫一种体系时所使用的技巧,尽管这一体系是相当反复多变的。我甚至更欣赏他选用的实例(所有的历史学家都以实例作为推理的依据),以及他的论点。那些论点的短处常常是不明显的,至少只有经过思考才能觉察。譬如,1500 年前后的地理大发现所导致的革命性变化真的能说成是欧洲船舰对旧世界商路的胜利、环球航行对“无水之海”[1]的胜利

[1] 指沙漠。——译注

吗？毕竟曾经有过阿拉伯人和中国人等等的极其有影响的航行。即便是由于粗心大意，或者是出于隐藏的动机，我们是否可以认为："阿尔比派教徒(Les Albigeois)被征服只是为了作为胡格诺派(Huguenots)再次出现。"但是这些又有何妨？一部著作中最要紧的是它的成就。而在汤因比的著作中，成就是多方面的。阿诺德·汤因比的读者有这样一位经验丰富的向导陪同旅行，会从那闻所未闻、丰富的讯息和思想的宝库中获益匪浅。有他陪伴，对于历史大视野的思考似乎变成一次有益的、甚至饶有趣味的活动。

但是，人们必须承认，阿诺德·汤因比并不慷慨地施展他的才能来照亮他的路和我们的路。既然他非常愿意用文明一词代替文化一词，那么他所说的文明是指什么？(正如人类学家指责他的那样，在他的书中文化一词从来不是在他们所使用的意义上出现。)因此，他所说的文明究竟是什么意思呢？早在二十年前，吕西安·费弗尔就在一篇文章中不客气地向他提出这一问题。虽然自那时以来他著述甚丰，但他的回答几乎只出于一时冲动："众所周知，文明是一种运动，而不是一种状态；它是一次航行，而不是一个港口"；"人们不可能描述(它的)目标，因为它的目标从未被实现过"；"任何文化都是一个整体，其中各个部分是在蓦然之间变得密不可分了"。一个原子具有元素和原子核，……我们已经说得很深入了。有一次他暗示说，对于文明的把握可以通过把握它们的活动，它们的运动，"它们的诞生、发展、错乱、没落和衰亡"。它们存在着是因为它们活动着。当然如此。假若它们首先并不存在，它们就不可能死亡。

至少有一次他似乎要直接阐述这个问题。他友善地写道："在解决它(原文如此)以前，我愿意就一个迄今(1947年)我认为已经解决了的问题说句话，这个问题是：我们所说的文明指什么？"但是我们不要高兴得太早了。这一姗姗来迟的好意并没有超出他的鸿篇巨制《历史研究》(*A Study of History*,1934)的第一卷所提供的可怜解释。他只不过是镇定自若地重复那些解释。他争辩说："我们肯定熟知某种明白易懂的事物,因为甚至在人们试图阐释它的意义以前,这种人类的(文明的)分类——西方的、伊斯兰的、远东的、印度的等等——看来实际上已经被赋予了含义。这些词使我们联想到与宗教、建筑、绘画、道德和习俗有关的清晰的表现。"不过,他承认："我所谓的文明是历史研究的最小单位。当人们试着理解自己国家的历史时就会研究到它。"接着是一项对英国和美国历史的粗略分析。如果人们不愿意去研究全部人类历史——那是一个含混的难以把握的单位,那么应该在哪里止步呢？汤因比通过推理,不断地将这决定性的断代界限向后推移,最后将它确定在8世纪末,具体说是8世纪70年代,即我们西方文明的诞生之时。从各种迹象看,当时西方文明正在或正要从古典遗产中破土而出。这一西方文明在小(相对小)的范围内是有价值的。我十分乐于承认,它使我们得以超越通常的民族历史的框架——任何名副其实的历史学家早已不信赖这种框架。它提供了年代上的框架、工作的场地、解释的手段、分类的方法,但是仅此而已。无论如何我看不出将英国文明归诸西方文明的做法如何能为我们的问题提供某种答案。这样做并没有阐明"文明"以及汤因比所谓的文明。但是,既然没有更好的东西,我们就依据产品来判断制造者。让我们跟着他走吧。

在这种情况下,这一道路表现为一系列相互关联的解释。不过,我们稍后再谈它。我首先想讨论的是他拒绝走的道路,因为这些道路与他所选择走的道路同等重要。汤因比的缄默之处比他所清晰宣布的观点更能说明他的工作的真实状况。他只用一个词或一个有趣的评语就摆脱掉任何矛盾或危险的诱惑。

绝不要关注事件！汤因比注意的只是“突出的”事件。这是一种消除几乎一切事件的方法。当然这并不一定不讨我喜欢。但是,有权漂浮起来的“突出的”事件究竟是什么呢？

在他的研究中,地理条件只具有第二位或第三位的重要性。人们真的可以用文明的环境来解释文明吗？汤因比认为,任何如此极其物质性的东西都不可能决定它们。当物质环境说“是”并且滥施恩泽时——这一点我稍后还要谈及,文明并不响应。但是当自然表现出凶蛮和敌意时,当它说“不”时,只有在这个时候,由于这种情况唤起了心理反应,文明才粉墨登场。

整个关于文化转移、“扩散”的问题因另外的但同样断然的理由也被打入冷宫。扩散是一种“手段”(原文如此),他写道:“借助于它,很多技术、才干、机构和思想——从字母表到缝纫机,在不同种文明间进行交流。”字母表和缝纫机是如此重要吗？它们何足挂齿！重要的是从一个文明推进到另一个文明的宗教大浪潮。其余的交流、冲撞和对话都是次要的。不必注意诸如此类的细节,而应该研究“作为一个连续历史的、循着一个不可分割的线索发展的希腊罗马历史”。这意味着什么呢？在如此明确和坚定的偏见面前,各种破裂、突变、间断和克洛德·列维-斯特劳斯喜欢说的震荡[1],所有这些对预见、计算和规范的挑战究竟会有什么样的遭遇呢？汤因比只想让我们探讨连续性。

同样,在这部庞大冗长的著作里只字不谈或者说几乎只字不谈原始文明(或文化)这整个史前史的宏大领域。我们被告知,从文化到文明的转变是由突变造成的。然后,应用这一思想去获取从不提供给我们的那种解释,就是我们的事情了。

---

〔1〕 此词法文版为 Scandales,英译本为 shocks。——译注

这部著作也没有认真地探讨国家和社会。这里我是指社会结构(如果我们把涉及创造文明的少数积极者以及在这些相同的文明内外的无产者排除在外的话)，也没有探讨技术和经济。它们不过是转瞬即逝的现实。譬如，与能够长期存在的文明相比，国家的寿命微不足道。汤因比于1947年写道："西方文明粗略地说已有1300年的历史，而英格兰只有1000年，英格兰和苏格兰联合王国不到250年，美国则不超过150年。"尤其是，国家往往"短命而暴卒"。因此，我们不必在国家这些微不足道的存在群体上浪费时间，更不必在经济和技术上浪费时间。有两句话可谓重复地恰如其分："人不能仅靠吃饭活着"，"人不能仅靠技术活着"。不必再多讲了。

因而，汤因比不动声色地抛弃了全部社会经济基础，使其只配有平庸的命运。假若两种文明相撞，"这些邂逅之所以重要并不是因为它们**直接**的政治经济后果，而是因为它们**长远**的宗教后果"。我在使这一思想更能为人接受的两个灵活的词下加了重点符号。当然，也存在着短暂的宗教后果和长远的经济或政治后果。但是，承认这一点就有可能颠覆已经一劳永逸地确立起来的秩序。假若人们要研究"历史整体，那么经济和政治史就应该(降到)从属的位置，以便让宗教史居于首位。人类最看重的毕竟是宗教"。人们还会在另一处读到："换言之，最核心的东西是宗教。"但是，难道我们会对"宗教是由什么构成的"取得一致吗？

因而，从一开始就有一系列的故意的缄默、有预谋的回避和对重大偏见的粉饰。在少数我觉得不太清晰的篇章里，汤因比对我们说，文明并不是单一的，进步只是空想。只有复数的文明，但是任何文明都听任一个其主要方面反复出现的命运的支配，都是以某种方式预先决定了的。这就是说，文明可以有若干个，但是"人的精神本性"只有一个，特别是,命运只有一个,它不可理解地保持不变并且涵盖了所有的文明,既笼罩过已经死亡的文明,也预先决定了健在的文明。这样一种观察事物的方法必然排斥诸如马塞尔·莫斯的思考,即认为“文明是人类成果的总和”;更排斥阿尔弗雷德·韦伯的论断,即所有的文明都可以“用普遍的、逐步的进步这统一的运动”来理解;也否定亨利·贝尔的警句,即“各个民族都有自己的文明,所以始终有很多不同的文明”。

阿诺德·汤因比只考虑有限的数量。在他那里,只有 21 个或 22 个名副其实的文明。它们都是持续时间较长的,涉及的都是世界上相当广大的空间。其中有 5 个迄今犹存,即远东文明、印度文明、东正教文明、伊斯兰文明、西方文明。为了维持这可怜的小集团,不少可能的候选者被否决。有些因为持续时间不够长,有些因为独特之处不明显,还有一些则因为明显地在衰退。

不过,我们还是接受这个削减后的名单吧。假若它是适当的,那么它就极其重要。人类的复杂历史若是能像这样归纳为 20 个主要历程,而且能够得到验证的话,这种简化该是多么令人欣喜!无论如何,从一开始接触阿诺德·汤因比的创造性的思想,从这个计算问题起,人们就能发现他的研究工作的方法。这非常像一位探求世界体系的科学家的方法。这一体系的明确秩序和独有的关系是好歹要替代丰富的现实的。首先要做的是简化历史。其次是制定规则,加以协调,以建立社会学家和经济学家意义上的一系列相互关联的“模式”。文明就像人一样有一个不可抗拒的命运:诞生、发展和死亡。虽然对于它们来说幸运的是,每个阶段的持续时间都很长,但是它们永远是发芽、开花和凋谢。

因此,阿诺德·汤因比十分自然地构建了三组模式。一组是诞生,一组是成长,第三组是退化、衰落和死亡。他在这项浩繁的事业上投入了大量的时间、耐心和技巧。这是因为这些体系就像一组时时都会熄火的引擎。规律、主导趋势不断地受到来自例外的威胁，总是有新的、无序的、纠缠不休的因素出现。可以回忆一下亚里士多德曾经遇到的困难。当时他想将被掷出的石头的不规则运动纳入他已经构建好的宇宙里，而他的体系原先并没有考虑这一点。在阿诺德·汤因比的花园里有很多这样的石头。

在诞生、成长和死亡这三组模式里，前两组在我看来并不特别新颖。最后一组虽然归根结底并不令人信服，虽然是其中最脆弱的，却是最有意思的。

作者声称，一个文明只有当它面临无论自然的还是历史的，但必须加以克服的困难时才会有活力。历史的困难是暂时的，但有时是极其狂暴的。从地理方面看，环境强加一些束缚，并提出长久的挑战。如果接受并顶住了这一挑战，克服了这一困难，就将使这种胜利的文明呈现活力，使它进入正轨。雅地加(Attique)[1]的自然条件很恶劣，因此它注定要抗争，要超越自己。同样勃兰登堡(Brandebourg)[2]因为沙丘和沼泽的缘故而强悍起来。安第斯(Andes)高原对于人来说是很严酷的，但这正是人的幸运：这种敌对一旦被克服，就诞生了印加(Inca)文明。

这就是“挑战和应战”(challenge and response)的“模式”。它将环境的作用简化为英国某些公立学校里的教鞭所具有的作用：一个严厉但胜任职责的道德导师。但是像皮埃尔·古卢(Pierre Gourou)那样的地理学家会反驳说，有大量的重大挑战人们并没有注意到。而且，格拉

---

〔1〕 雅典所在地。——译注

〔2〕 普鲁士王国发迹之地。——译注

德·马苏尔(Gerhard Masur)在不久前坚持说,与亚马孙丛林相比,安第斯高原的所谓严酷就显得温和宜人了。印加人是会选择便利的。我还要补充说,假若海涅·格尔德恩(Heine Geldern)的观点是正确的话——这看来是可能的,那么美洲印第安人文明最主要地得益于亚洲和美洲之间反复的和晚近的接触。这个观点类似于皮埃尔·古卢将中国北方视为“典型的交汇点”的说明。从这一观点看,被阿诺德·汤因比冷落的扩散会进行无恶意的和公正的报复。我认为,文明并不仅仅按着直系关系传递火种,譬如西方文明或回教文明之火是被古代文明之火点燃的。两个陌生文明之间的小火星也会燃起持久的熊熊火焰。但是,阿诺德·汤因比已经对自己的挑战—反应理论深思熟虑。他知道在实际应用中需要一再调整。他很谨慎地说,重要的是这些挑战没有超出人的反应能力。所以,存在着各种挑战。有了这样的告诫,这个模式就得以保存了。但是他实际上表达的只不过是常识而已。

下一个论题是,任何一个文明的进步仅仅因为有创造力的少数人或个人激发了它。这种说法几乎使我们完全返回到尼采或帕累托(Pareto)。但是,如果群众再也不愿屈从于积极的少数人,或者如果这少数人丧失了他们的“生命冲动”[1]、他们的创造力,即多少相当于斯宾格勒所说的灵魂(Kulturseele),那么所有的衰落就显示出来了。一切事物照例是从内部瓦解的。

于是,我们不仅被引到最后一组模式——关于衰落的模式,而且被引到这一体系的核心。因为正如索罗金(Sorokin)曾经戏谑地说的,阿诺德·汤因比是文明的大刽子手,在他看来,文明的死亡正是揭示真相的决定性时刻。

---

〔1〕 柏格森用语。——译注

阿诺德·汤因比认为，一个文明只有存在了若干世纪之后才会死亡，但是这一死亡早已由旷日持久的内外交困所预示，而我们认为陈述者——如果有陈述者的话——也不可能走出这些困难的链条。这些困难终究有一天会因那位宪兵的凯旋——我是指一个大帝国的建立——而被制伏。但是，这个"大一统"帝国仅仅是暂时的解决办法。它持续两三个或者四个世纪，但是在整个文明史上，它只是一瞬间，"一眨眼的工夫"。因此，这个帝国很快就在灾祸和蛮族入侵（作者所说的"外部无产者"的来临）之中崩溃了。但是与此同时，统一的教会建立起来，它将拯救一切可以被拯救的东西。这几乎就是汤因比擅自称之为希腊文明的希腊—拉丁文明的结局。在罗马这个例子里，我们看到一个设计。这是个最高级的设计，是关于一个文明死亡的"模式"。它有四个阶段：动乱，帝国或大一统国家，大一统教会，以及蛮族。众所周知，20 世纪初的德国战略家把一切简化为坎尼（cannes）战役[1]的模式。看来，阿诺德·汤因比是把一切简化为罗马帝国的终结，或如安德烈·皮加尼奥尔所说的罗马帝国的"被谋杀"。

这样，他探索并且发现了适用于以往任何文明的模式的各个"时期"（适用于譬如阿契美尼德帝国、印加帝国、阿拔斯王朝、笈多王朝、蒙古帝国等等全部 21 个帝国）。当然不免有些生拉硬扯、削足适履之处。在习惯于短暂但精确的年代量度的历史学家之中，有谁会想到阿契美尼德帝国和几乎是在一天之内冒出来的巴格达哈里发统治，虽然间隔千年之久，但从来没有断绝重要的联系？难道人们会同意仅仅因为持续的时间不够长就从大一统国家的名单里删掉加洛林帝国（l' Empire Carolingien，即查理曼帝国）、查理五世的帝国、路易十四征略的

---

[1] 公元前 216 年迦太基统帅汉尼拔大胜罗马人的战役。——译注

疆域和拿破仑一世的帝国吗?此外,虽然在汤因比的21种文明的清单上的所有列名者都因此被承认是各种“真正的文明”的生命中的重要因素,但是它们任何一个都没有得到宽恕。作者抱有的偏见对它们是不利的。那种偏见很容易诋毁它们真实的面貌。为罗马帝国安排的命运就是一个证明。他写道:“罗马的和平是精疲力尽的和平。”这个故事的开端至少是坏的。

以上简略的概述就是这部巨著的纲要。这个纲要由于作者赋予它的经常性效力而能运用在各个方面。它既适用于过去,也适用于现在。西方文明虽然还存在着,但已“屈膝”(克拉夫的说法),在一个多世纪的显而易见的重重困难中已消耗殆尽。它会不会因某个大一统帝国而延长它的寿命呢?当然这将是个世界范围的帝国,譬如俄罗斯帝国或美利坚帝国。这样一个帝国或是友好地或是用暴力将自己加于这个世界。年轻的历史学家和人类学家菲利普·巴格比采用类似斯宾格勒和汤因比的预言方法问道,我们是否不只处在一个“罗马文风”(prose romaine)的前夜,我们还处在一个美利坚帝国的前夜?我们会有一个美利坚皇帝吗?

与其试着回答诸如此类的问题,不如让我们也提出一个相当大的问题。假设在1519年至1555年间有一位目光犀利的观察者,他持有与汤因比相同的信念,并且根据这些信念长期思考他所处的时代和查理五世的长期统治。他不会经常地在他置身其中的欧洲发现有一种回到罗马秩序、大一统帝国,甚至建立一个大一统教会的趋势吗?因为教会终于在特兰托(Trent)进行了改革,所以当时各种迹象都证明它是一个胜利者,是一个焕然一新的教会。难道今天的预言家们具有更敏锐的洞察力吗?美利坚皇帝会比查理五世有更大的机遇吗?

然而,我们不应该讥笑着与汤因比分手。历史学家们出于各种专业上的原因没有给他以特殊的厚待,但有时并不完全公正。即使我也不例外,但是我至少理解为什么恩斯特·库尔提乌斯那么热忱地对他的著作表示祝贺。他的著作的确给予我们一些相当重要的见识。有些解释是很有价值的,甚至对那些持反对观点的人也是如此。

汤因比将历史加以简化。这是任何体系建筑师都必须做的。不幸的是,他没有一直避免简化中的谬误。但是,他通过这样简化历史本能地选择了极其重要但又危险的长时段的道路。他致力于研究"社会"、社会现实,至少是那些长存的社会现实。他致力于研究那些在以后若干世纪内持续产生强烈影响的事件和那些凌驾于芸芸众生之上的人——耶稣、佛陀或穆罕默德。这些人同时也是属于长时段的。对于千年之隔的阿契美尼德和巴格达的哈里发之间的那种联系,大概我会比吕西安·费弗尔或格拉德·马苏尔更能容忍。埃米尔-费利克斯·戈蒂埃认为,阿拉伯人对马格里布(Meghreb)和西班牙的征服(从7世纪中叶到711年)几乎重建了1000年以前迦太基人的旧疆域。阿诺德·汤因比的重大功绩在于不怕陷于困境而探讨大尺度的时间,敢于将不同世纪里发生的事情加以比较,以及探求那些虽然有些不实际但毕竟是重大的路线。我难于接受的,或者说我根本不能接受的,是他在比较时只考虑相似之处,固执地将多种文明归结为一个模式,简言之一种文明,至少是一种想象中的文明,将这种文明说成任何能够充分发挥才干的人类活动所必然有的结构。汤因比写道:"在各种文化之上存在着同一的人类精神本性。"这是一种将文明一词的意义已经改变的单数文明和复数文明加以协调的方式,但这不是我所欣赏的方式。

阿尔弗雷德·韦伯。汤因比的上述论断大概不会与阿尔弗雷德·韦伯的深刻紧凑的著作《作为文化社会学的文化史》(*Kulturgeschichte als Kultursoziologie*)相抵触。这部著作在我国鲜为人知。它于 1935 年在荷兰莱顿(Leyde)出版。西班牙文译本的书名是《文化史》(*Historia de la Cultura*)。这部书在 1941 年至 1948 年出过四版。这是一部观点扎实有力的著作。阿尔弗雷德·韦伯(1868—1958)是伟大的马克斯·韦伯(1864—1920)的胞弟,也是一位社会学家。他因这部书而成为历史学家,而且是特别细心的历史学家。他给我们的冲击力远没有斯宾格勒或汤因比那样大。他不如他们那般光彩耀人,但也不像他们那样轻率和执拗。尽管如此,他们遇到的困难同样纠缠着他,尤其是因为他对待它们过于温和。他的解释旁征博引,容纳了史前史、人类学、地理学、社会学、经济学和马克思主义者的思想,而且这一切都颇有收益。因此他的著作很充实,这正是其他人的著作缺少的。如果说他对作为他的分析起点的第一组文明,即埃及、巴比伦、印度和中国文明的确立进行了令人赞赏的论证,那么他对于复杂的西方文明(他指的是一大片欧亚区域,即东迄兴都库什[l' Indou Kouch]山脉和峡谷的整个西方)的探讨则不那么令人信服。在他向第二或第三代讲述文明发展时,似乎那个综合解释在遥远的时空适用,在接近我们的时代,接近我们自己的文明时,失去了效力。

最重要的是,我怀疑阿尔弗雷德·韦伯是否为他自己也为我们阐明了一个关于文明、或他所谓的高级文化的令人满意的定义(我所理解的定义)。他仅仅将文明视为一个"历史实体",因此应该在历史川流的背景中规定它。但是那个与整个人类的各种命运相搏斗的历史川流究竟是什么呢?为什么文明会有如此之多的"实体"呢?阿尔弗雷德·韦伯或许并不想要一个超验的"客观"精神(同维尔纳·桑巴特所说的那种能够单独对资本主义做出圆满解释的精神一样,这种"客观"精神也能够用来轻易地解释单数文明或复数文明),但是在他的思想和阐释里还是有一个“时代精神”，人类的精神（人的自觉、人对自由的渴望、人沉思的能力、人作为工程师和制造人的才能）。是这种精神赋予了文明这一历史实体以活力吗？

菲利普·巴格比。本文虽不全面但已经过于冗长了，因此有必要谈得简短些。在不久前（1958年）问世的一部书的署名是一位年轻的历史学家和人类学家——菲利普·巴格比。他是克罗伯的学生。他能使我们接触到人类学方面的最新论述，在这方面他占有不少优势。那些论述正如我们已经说过的显得极其重要。菲利普·巴格比提议将历史学和人类学结合起来，这就使他占据了一个新颖的立场。这一立场与我们《年鉴》历史学派的立场很接近，尽管不相同。与吕西安·费弗尔和马克·布洛赫一脉相承，一门历史科学在年鉴学派慢慢地建立起来。这门科学试图以所有的人文科学为基础，而不是依据其中一个，即便这一个是人类学。而菲利普·巴格比所考虑的只是历史学与人类学的联合。

在他看来，如果不用某种方式简化历史这一过于广阔纷繁的领域，如果不强行从历史中取出某种特殊的科学部分，人为地加以孤立以便于控制，就不可能有历史科学。物理学家在他们的“客观世界”里正是这样处置质量、运动和惯性原理的。他们将改造过的现实加以隔离，然后加以利用。这样的现实利用起来显得很有成效。因此历史学家应该转到享有特权的关于文明的工作领域。之所以说享有特权，是因为它允许比较。既然在生命世界里只有一个历史，即人的历史，因此必须将人加以比较，我们的研究应该从一种经验移到另一种经验，从一种文明移到另一种文明。不过，这是假设文明这个词只是应用于一系列可资比较的命运。

因此,应该从一开始就对文明进行筛选。首先,是最大的主要的文明;其次,是不甚重要的、亚文明或次要的文明;最后,是最小的、有细微差异的、仅仅可称为文化的那些文明。在每一类里,重要的是将它们彼此权衡,目的在于发现它们是否遵循着一个共同的命运,它们是否接受相似的爱好,有规则的动力结构,这些可以使它们有效地结合在一起。在试着进行这些重大的比较之前,人们需要驱散一切奇谈怪想,一切预先的形而上学的解释。譬如,他对阿诺德·汤因比发出了一些相当激烈的、无恶意但严厉的批评。但是,汤因比受到的竟然是这样一种指责,他被说成是一个属于人文主义传统的历史学家,因而缺少人类学方面的素养。

不过,我们还是来谈主要的文明。但我们怎样理解这些伟大角色的内涵呢？遗憾的是,菲利普·巴格比并不试图对它们做出认真的阐释。在那些众多的文明里,他只选取了 9 个文明来与阿诺德·汤因比的 21 或 22 个文明抗衡。我不知道这是否算是进步。我担心他们唱着几乎相同的调子,他们对人类的命运提出了同样的唯心主义的质疑。在读毕这部曾做出更好的许诺的著作时,人们究竟能从他刚开始着手的比较研究中保留下什么呢？是关于缓慢发展的文明通常从宗教时期逐渐转变到越来越屈从于理性的时期的观点？马克斯·韦伯早已同样地论述过欧洲。在他之前还有很多人这样做过。奥古斯特·孔德就是一例。海因里希·弗赖尔[1]最近曾断言:“理性是西方思想的趋势。”那么,它是世界思想的趋势吗？我愿意相信这一点,尤其是因为历史学家对比基佐的(宗教情感和理性)二元论更严格的二元论焦虑不安。理性和宗教应该像白昼与黑夜那样对立吗？为了更公正些,再援引海

---

[1] 布伦纳:《社会史的新路线》,第 17 页。

因里希·弗赖尔的一句话："理性王国起源于上帝的王国。"[1]在无止境的世俗化过程中它们相得益彰。

读者会再次发现，如果我们打算信从这位年轻聪明的人类学家，我们应该飞翔到怎样的高度。如果这是必要的话，那么前面如此之多的反复下降也足以使我们领略较低的高度了。人不可能仅靠祈祷和思想活着，他实际上也是"由他所吃的东西决定的"(der Mensch ist was er isst)。夏尔·瑟诺博司也有类似的隽语："文明是道路、港口、码头……"我们不应完全按字面来理解这句话。但是这缺乏诗意的话使我们再次降到尘世，接近于地面处仔细地观察事物，试着注意是什么把它们分开并使它们特殊化，而不是看是什么把它们搅在一起。

## 处于十字路口的历史学

读者会从我的标题里得到某种观念。实际上，我相信文明史同历史本身一样处在十字路口。无论它愿意与否，它必须吸收比较新的各种社会科学在取之不尽的人类活动领域里的一切发现。这是一项艰难但紧迫的任务。只要历史学坚定地走上这条道路，就会对理解当今世界大有裨益。

在这方面，我想提出某种设想。假若我有幸负责写一部《历史研究》或类似的关于一种文明或几种文明的庞大的皓首穷经的著作，我会认为这样一个计划是必要的。

第一个任务是否定性的但却是必要的，即与某些习惯决裂。在我

---

[1] 汉斯·弗赖尔：《欧洲人的世界史》(Hans Freyer, *Weltgeschichte Europas*, Stuttgart, 1954, 2:723)。

看来,那些习惯无论好坏都必须在开始时置之脑后,即便是为了以后还要返回到原处。第二个任务是力求制定一个最差强人意的文明的定义,即最方便的、最易于用来最好地实现我们工作目标的定义。第三个任务应该是不仅召集历史学家而且召集人文科学的一切专家来检验文明领域的范围。最后,不要做结论,而应该提出具体的任务。

## 必要的割爱

我们在开始之时应该放弃某些说法。譬如,我们不要再说文明是一个存在、一个有机体、一个人物、一个实体甚至一个历史实体。不要再说它诞生、发展和死亡。这种说法无异赋予它一个简单的、线性的、人的命运。我宁肯诉诸乔治·古尔维奇对于西方中世纪的总体社会的思考或对我们当代社会的思考,尽管从历史学家的眼光看,它们显然是不完善的。他认为,这两个社会的前途摇摆于若干相去甚远的可能的命运之间。在我看来,这是对多样化的生活本身的一个合理估价,因为前途不是单行道。因此,我们必须放弃那种线性观念。我们不应相信,因为一个文明是独特的,所以它是一个封闭的独立世界,似乎各个文明都是汪洋大海上的孤岛。相反,实际上,它们的交汇点,它们的对话是必需的,尤其是今天它们正在愈益拥有一个丰富多彩的共同基础。玛格丽特·米德(Margaret Mead)写道:“文明——在我前面引述的莫斯使用这个词的意义上——是今后人们不可能遗忘的全部东西”,即语言、字母、计数、三率法、火甚至数字函数、蒸气等等。所有这些在今天已成为客观基础,而且为任何特殊类型和层次的一切文化所共有。

我同样要放弃使用任何文明或文化命运的循环论,实际上也就是放弃“诞生、发展、死亡”的这些习惯的、不变的阶段的任何变体。这就意味着同时拒绝维柯(Vico)的三个时代(神的时代、英雄时代和人的时代），奥古斯特·孔德的三个时代（神学时代、形而上学时代和实证时代），斯宾塞（Spencer）的两个阶段（压抑，然后自由），涂尔干的两个相互关联的部分（外在的和内在的），瓦克斯韦勒（Waxweiller）的不断协调的阶段，希尔德布兰特的经济阶段，弗里德里希·李斯特的经济阶段，布赫尔（Bücher）的经济阶段，勒瓦瑟（Levasseur）和拉策尔（Ratzel）的不断增加的密度，以及卡尔·马克思的链条（原始社会、奴隶制、封建主义、资本主义和社会主义）等等理论。应该将它们统统置于一边，虽然有时不免后悔，而且始终有可能再返回到它们那里。我并不主张反对所有这些解释，甚至不主张反对用以解释的原理，即模式或周期。相反，我认为这种原理是十分有用的，但是作为预防性措施，在开始时必须排斥它。

为了完成排斥这些原理的章节——其中当然包括斯宾格勒和汤因比的图表，我还要拒绝所推荐给我们的关于文明的小范围的名单。我相信，要真的有所收获，就必须研究从最朴素的文化到主要的文明的一切事物。重要的是，应该把那些主要的文明分解成次文明，再把次文明分解成更小的因素。我们不妨在一个标题下展开微观历史和具有更传统取向的历史的各种可能性。搞清楚我们在这个基础上能够走多远会是极有意思的。我认为无论走出多远，尤其在今天，无论国家、人民或民族在其他领域里会有何种程度的技术上的统一，它们仍都倾向于拥有各自的文明。无论这个标签是什么，仍旧存在着与众不同的法国文明、德国文明、意大利文明、英国文明，各个文明都有自己的特色和内在矛盾。把它们合在一起放在西方文明这一普遍词汇下加以研究，这在我看来是一个过于简单的做法。尼采曾宣称，自希腊文明以来只有一个文明，即法国文明，“这是不容反驳的”。当然，这个论断大可怀疑。但有意思的是，在汤因比的分类表上竟没有法国文明的位置。

马克·布洛赫的思想是——我不以为我违背了他的意思,一方面在欧洲的框架里重新安置法国文明,另一方面则把法国打碎成各个不同的法国,因为我们的国家同其他国家一样是多种生气勃勃的文明的星群,尽管它们各自的光芒可能很微弱。归根结底,重要的是能够看到这些无论大小的因素之间的联系,了解它们是如何重叠交错、如何被控制、如何一起受到损害,或在意外情况下如何发展或不发展(假定有衡量类似的发展的可靠标准)。

## 应谨记的标准

一旦场地清扫干净,我们就可以进一步问:什么是文明?

我所知道的只有一个恰当的定义。所谓恰当是指易于用来观察,而且足以排除任何价值判断。研究者可以在某个人类学家的学说中或在马塞尔·莫斯的某篇文章中找到这个定义。我所使用的定义就是从他们那里借用的。我对这个定义并没感到后悔。

文化区域。一个文明首先是一个空间,或者如人类学家所说的,是一个"文化区域",一个场所。这个场所或多或少会延展,但绝不会太狭窄。人们应该描述这个场所里的各种各样的"财产",即从房屋样式及其建筑材料和屋顶,到诸如羽箭制作技术、方言、方言群、饮食口味、特殊技术、信仰结构、性交方式,甚至指南针、纸、印刷术等等文化特征。正是这些经常性的组合、文化特征的反复出现及其在一个明确区域的普遍存在构成了文化一致性的最初标记。如果能够在这个空间一致性上增添某种时间持续性的话,那么可以称文明或文化为这一系列特征的"总合"。这一"总合"正是被承认的文明的"形式"。

当然,文化区域之于地理学的关系比人类学家一般承认的要大得多。而且,它是一个具有中心、“核心”和边界的区域。在边界处能够最经常地发现最有特征的方面、现象和张力。有时这些边界及其囊括的区域是极其广大的。“譬如,就我们而言,”马塞尔·莫斯写道,“我们一直主张,沿太平洋海岸和在太平洋的全部岛屿上很有可能存在着一个极其古老的文明。……这方面确实有大量的吻合之处。”也存在着大量的变异,因而有必要进一步分解这个广大的地区,分析那些对照差别,标出发展的轴心和“最高点”。不过,在此不可能适当地分析太平洋的例子,甚至一个不那么庞大的例子也是如此。重要的是,一个区域总是包括若干社会或若干社会集团。我要重复地说,正因为如此,就有必要尽可能仔细地注意最小的文化单位。各地的文化单位对于它的位置、对于人、对于各种社会集团有多大的需求？它的最低生活水准是什么？

借鉴(emprunts)。所有这些文化财产、文明的微观因素总是在流动(正是这一点使它们有别于普通的社会现象)。各种文明在同时交替地输出和借鉴它们。一些文明是贪婪的,一些文明是慷慨的。这种广泛的交往从未停止过。某些文化因素,诸如近代科学和技术,甚至很易于传播,虽然并非所有的文明同样地允许这种交流。至于是否如索罗金所说的精神财产的借鉴甚至比技术的借鉴进行得要快得多,尚属疑问。我对此是怀疑的。

抵制。然而并非每一次交流都是一帆风顺的。实际上,无论是对思想方式、信仰方式、生活方式,还是仅仅对工具的借鉴都存在着抵制。有些抵制是有意的,非常明确,另一些则是盲目的,似乎是由于门户关闭或封锁造成的。当然,每一种抵制,特别是自觉的和反复申明的抵制,是极其重要的。正是这种情况下,每一个文明做出坚决的选择,并以此肯定和揭示自己。在我看来,不被汤因比看重的"扩散"现象是极好的试金石之一,可以用来判断一个文明的生命力和独特性。

总之,在我们借用的这个定义里有三个起作用的因素:具有边界的文化区域、借鉴和抵制。每一个因素都提供了各种可能性。

这三个因素为研究工作提供了种种可能性。用一个特殊的具体例子,即莱茵河和多瑙河这两重边界,可以清楚地说明对文化区域及其边界的研究。罗马人的征战正是在那里停顿下来。一千年以后,大体上沿着这条旧边界,教会的统一性几近撕裂:一边是对宗教改革充满敌意,另一边不只是反宗教改革的强有力的反应,还有对罗马的忠诚。此外,有谁不知道这两条河所表示的特殊的精神分界?歌德在赴意大利途中在雷根斯堡(Ratisbonne)渡过多瑙河时已经懂得这一点。斯塔尔夫人(Mme. de Staël)在渡过莱茵河时也懂得这一点。

第二个因素:借鉴。对借鉴的兴趣和有关的丰富档案是难以叙述穷尽的。西方文明已经统治了这个星球,它已经成为"没有海岸线"的文明。它把自己的无论好的还是坏的东西,包括它的桎梏和它的冲突带给各地。但是,早先它曾不分远近地借鉴伊斯兰世界、中国,甚至印度的文明。查理六世(Charles VI)统治下的有点儿疯狂的法国社会开始流行来自遥远的唐代中国的尖塔形头饰、圆锥形女式高帽和袒露的胸衣。这些在其发源地早已不时髦了。但是这些易碎的商品在五百年里沿着旧世界的商路越走越远,在14世纪抵达塞浦路斯岛(Chypre)和吕西尼昂家族(Lusignan)的辉煌宫廷。从那里开始,极为活跃的地中海商路到处都是这些陌生旅客。

不过,还有更切题的例子。在这方面,巴西社会历史学家吉尔贝托·弗雷尔曾很乐意列数他的国家在18世纪和19世纪从营养丰富的欧洲所借鉴的所有东西。这些组成了一个奇特的清单：英吉利和汉堡啤酒、白亚麻衣衫、假牙、煤气灯、英式别墅、汽船（早在1819年就有一艘汽船在圣萨尔瓦多湾航行）、较晚的实证主义、较早的秘密会社（从法国，经由西班牙和葡萄牙，然后经由大西洋岛屿的通常路线传来）。当然，这还没有结束。自1945年以来，来自法国的萨特和梅洛-庞蒂（Merleau-Ponty）的存在主义信息传遍整个拉丁美洲。它实际上是一种德国思想，但经我国传播后获得新的动力。因为法国依然享有特权：在复杂的文化转移和交流的相互作用中，它依然是一个进行选择的交汇点。这似乎对于这个世界很有必要。这个交汇点（地理学家称之为"地峡"）的开放性，无疑是我们法国文明的主要特征。正是这个特征使我们的重要性和荣耀得以延续。玛丽·居里（Marie Curie）出生在华沙这个古城的小屋里，因她对波兰的忠诚，小屋被重新修建；莫迪利亚尼（Modigliani）[1]出生在意大利的莱亨；梵高出生在荷兰；毕加索从西班牙来到我们国家；保罗·瓦莱里的祖先是热那亚人……

第三个因素，也是对于确定我们在历史中的准确位置最有提示意义的，是抵制。因此是对深刻分裂欧洲的、具有决定性作用的宗教改革的抵制。意大利、西班牙和法国（后者只是经过剧烈的摇摆以后）对宗教改革，对几种宗教改革说不。这是一个波及广远、影响深刻的事件，触及了欧洲文化的核心。另一个例子是，1453年君士坦丁堡宁要土耳其人的统治也不要他们所痛恨的异母兄弟拉丁人来解救他们。我们会通过土耳其历史学家拉希德·萨费特·阿塔比南（Raschid Saffet Atabinen）的笔记再现这个事件。他的笔记凭直觉而写，"充满异端思

---

〔1〕 法国巴黎画派画家。——译注

想”,有讨论余地,但很有启发性。假若为了做出一项对文明的新解释,我必须选择一个宗教战役的事件,那么这个事件不会是罗马的被谋杀,而是君士坦丁堡的被遗弃。

尽管人们并不想在一切问题上将抵制视为中心,但是谁不知道它在当今好斗的马克思主义的生动例子中所占据的中心地位呢?盎格鲁-撒克逊世界深深地拒绝马克思主义。意大利、西班牙和法国虽然并不敌视它,但也拒绝它,而且是远多于半数的选民拒绝它。原因不仅仅是经济水准、社会结构、最近的历史及偶然事件。文化在此也起着作用。

从前面可以看出,我对“扩散”的信念到了何种地步,以至于与克洛德·列维-斯特劳斯不谋而合。他在一次论战中曾经说明,在他看来各个文明就像是一个巨大牌桌四周的玩家,因而它们都与一般的博弈规则有某种联系。假设他们互相帮助,彼此通报自己的牌和出牌意图,他们串通得越多,其中一位赢的机会越大。在各种事物中,西方一直得益于它处在无数文化潮流的交汇点。多少世纪以来,在它能够回报和散射之前,它从各方面甚至从已消逝的文明吸取了各种各样的事物。

### 关于历史学和人文科学的对话

在第三阶段,我们需要认识“文化的”整个范围。这绝不是任何一个历史学家能单独做到的。需要进行“磋商”,要使所有的人文科学都聚在一起,无论是传统的还是新兴的,无论是哲学家还是人口学家或统计学家。用德国方式将文化与其基础——文明隔离开来,实际上是幻想。如果说忽视上层建筑是荒唐的,那么时有发生的对基础的忽视也同样荒唐。文明是站立在地上的。换一个简单化的说法,无论花费什么代价,我们都需要一方面与汤因比或吕西安·费弗尔这样的人携手并进,另一方面又与社会学家、人类学家、经济学家,甚至马克思主义者合作。在唯心主义盛行的文明研究中对马克思的鄙视纯粹是一种幼稚病。实际上,我们历史学家应该与人文科学中的每一重要部门进行一系列的对话。

首先是和地理学进行对话。文明的位置远非偶然的事情。如果它是一个挑战的话,那么它是一个反复的长时段的挑战。1950 年的一个晚上,费代里科·沙博(Federico Chabod)、皮埃尔·勒努万(Pierre Renouvin)、约翰·内夫(John U. Nef)和吕西安·费弗尔在《年鉴》编辑部友好地讨论文明这一大题目。当时考虑到了地理学。吕西安·费弗尔坚持认为,任何文明的基础是它与命运中创造的或不得不再创造的环境之间的生命攸关的无限重复的联系,是它与土地、植物、动物种群、传染病等等的基本的朴素的联系。

还应该与人口学家进行类似的对话,因为文明是数字的产物。汤因比对此只是附带地说说。这怎么行呢?人口的发展能够而且确实造成断裂和变化。一个文明的人口负担会低于或高于它的正常负荷。任何人口过剩都会导致大规模的持续性迁徙。正如库利舍兄弟已经说明的,这种迁徙不断地发生在历史表层下面。

还应该与社会学、经济学和统计学进行对话。在这方面,请吕西安·费弗尔原谅我,因为我更赞同阿尔弗雷多·尼切福罗(Alfredo Niceforo)而不赞成他,虽然前者的参数可能是很可怜的计量文明的手段。不过,完善的计量手段是不存在的。我也很欣赏乔治·古尔维奇对“总体社会”即文明的实体(我不揣冒昧也使用这个词)的“探讨”。即便在我看来这些探讨依然过于拘谨,但是,与索罗金轻佻的唯心主义相比,它们看来是多么接近现实!此外,为了判定文明与社会结构或社会阶级之间的关系,需要再进行一次全面的讨论。最终我要坚持说,没有政治、社会和经济的强大支撑,就不可能有文明,它们也改变了文明的或好或坏的道理和心智生活,甚至改变了它的宗教生活。1945 年以后,法国人坚持说,尽管我们丧失了元气,但是我们的思想影响还在。我与很多人一样持另外的想法。单是力量并不足以维持影响,但一切都起作用。一个文明同样需要力量、健康和权力。正因为如此,尽管我对雅各布·布克哈特的著作深表赞赏,但是我依然认为有必要改写这部著作,至少有一个根本原因:应该为意大利文艺复兴再套上物质躯干,或再套上几个物质躯干。一个文化不能仅靠纯粹观念生存。谢泼德·班克罗夫特·克拉夫说得对:一切文化都必须有盈余,即经济剩余。文化就意味着消费,甚至浪费。

### 打破专业界限

上述这一整套引发争议的告诫、排斥和约定,怎样才能付诸实践呢?需要有一个什么样的可行的研究程序呢?怎样做才能使我们获得最开阔的,尤其是最可靠的观点呢?

无须说,我首先关注的是明智的方案,即文化生活的短期阶段、文化"局势"。局势一词迄今专门用于经济生活。或许有人会扩展到文化局势这一领域,譬如我就希望能够这样做。我认为,选择那些划分精细、编年精确的时期会大有裨益。我们不要立刻铺开数以百年、千年计的整个空间,即便那样做也有其价值。年代上的位置一旦确定,下一个任务应该是毫无偏见地察看那些严格意义上的文化成分(艺术、文学、科学、宗教情感等等)与其他无论是否应该称作"文化"的成分之间的关系究竟是什么。所谓其他成分是指经济、地理、劳动史、技术、习俗等等。所有这些人类生活的部分都在被专家们研究着。这很好,但是它们几乎仅仅被专家们研究着,似乎它们是被不可逾越的边界所束缚的诸多独立的国度。这就糟了。至于实际地打破这些边界,说来容易做来难。

亨利·布伦瑞克在其关于德国浪漫主义的社会起源的论文中提供了这方面的一个很好的例子。他展示了德国文明在 18 和 19 世纪是如何颠倒自己的。它似乎是个巨大的沙漏。最初它完全是“理性的”,受启蒙运动(Aufklärung)——一种法国式理性——影响。然后,它倾向于至当时为止已成为规则的东西,选择了直觉、想象和浪漫主义。但是最重要的是试着发现在全部行为举止、全部社会结构和经济关系中究竟是什么在根本上与这种价值颠倒联系着。赫伊津哈在研究西方中世纪的末期、“垂暮之时”的著名的众口称赞的著作里,所做的并不完全是这样。他后来称这一时期为文明的“末日”。但实际上如果是末日的话,也不是无法挽回的。在我看来,这更像是西方文明的一个阶段、一个时刻。而我最不满意的是他的目光始终盯着高处,因而他固执地考虑的仅仅是这一景观的最后阶段,柴堆的顶部。令人惋惜的是,他没有利用今天的权威性著作,即那些关于 15 世纪西方的严重衰落的人口学和经济学研究成果。否则,他的著作会有坚实基础。因为应该强调的是,怀着大喜大悲的情绪不可能独立遗世。

正因为如此,我高度赞扬吕西安·费弗尔最近的大作《拉伯雷的宗教》的第三部分。在这一部分里,他力图辨识拉伯雷时代的“心智装备”可能是什么,他可能得到何种词汇、观念、论据和情感。这是一个如何制作水平剖面的问题。但是这一课只是在一个毕生之作(1942年)的终结时才提出来。吕西安·费弗尔一直想最终完成它,使它“名副其实”。实际上,他一直想将这个剖面,这个视角与那个引人入胜的但必然受到限制的拉伯雷本人的个案分开。他想知道从根本上看这种水准是否迟早会成为普遍情况。他想发现发生变化的时间、原因、地点以及程度。16 世纪上半叶的心智水准似乎是用某种方式固定住的。

为什么这么说呢？这是因为才智无疑具有自身的原因和连贯性。我相信这一点。但是,正如吕西安·费弗尔的全部工作所表明的,也可以用社会和经济生活的惯性或用长时段的特殊惯性来阐明它。长时段的惯性在很大程度上是文明本身的一个特点,因为文明背着由无数古老因素组成的庞大的难以想象的重负。

*对结构的系统研究*。前面说明了我会何等谨慎地推进研究工作。下一步则要冒着重大风险对结构、对任何忍受短时段的暴风骤雨的、或汤因比所说的“退隐和复出”的事物进行系统的研究。因此,在探讨结构时,我所关心的理所当然地应该是建立模式,即首先适用于一种文明然后能用于其他文明的,将种种解释综合起来的体系。无论什么也不能预先使我们相信所有的文明都容纳类似的结构,或者说,它们的全部历史都遵循着同一的因果关系。更合乎逻辑的应该是相反的情况。乔治·古尔维奇说:“总体结构(总而言之,即文明)的类型之间的连续性和可比性是一种幻觉,那些结构实际上是不可归并的。”但是,与我相反,大多数历史学家不会认为古尔维奇在这方面是正确的,或基本正确。

## 历史学面对现实

在陈述了所有这些必要的分析、谨慎以及疑虑之后——为什么不承认这一点,我觉得还不能得出任何极其大胆的结论,尤其是因为这并不是回顾已经多少成功地表述出来的东西。千真万确地说,我们在这最后几页的任务是冒着反驳这些已经十分生涩的推理的危险,回答不仅为本章而且为整卷书指引方向的这个隐秘的问题。历史学被要求说明它对于现实的效用和益处，因此这多少是属于它所习惯的领域之外的事。我说历史学，这是因为文明多少也是历史。乔治·古尔维奇的极其有效的社会学里的最高成果“总体社会”多少或差点儿也是历史。

这样说并没有使一个需要花费精力的，而我并没有耐心地准备的答案变得简单易懂。实际上，历史学家有一种关注现在的特殊方式。通常，他所关注的仅仅是如何摆脱它。但是，不时地回顾以往的踪迹毕竟具有不可否认也无法估量的价值。无论如何，这是值得一试的。因此正是在这里我们面对着现实。

## 文明的寿命

或许我们比其他任何社会观察者更熟谙的，是世界在根本上的多样性。众所周知，任何社会、任何社会集团，无论密切与否都深深地卷入一种文明，更准确地说，卷入一系列层叠的文明。这些文明彼此联系着，但有时则显然各不相同。各个社会单独地以及所有的社会总体地把我们带进长时段的巨大历史运动之中。这种运动是一切社会的内在逻辑和无数矛盾的源泉。譬如，正如我们每个人都体验到，把法语作为一门精确的工具来运用，试着驾驭它的词汇，意味着回溯千百年以前的词源。这样的例子俯拾皆是。同样，文明史家能比其他人更明确地肯定的是，文明是长时段的现实。它们并非像保罗·瓦莱里的名言所说的“不免一死”，这是在我们的个体生命范围内而言的。我的意思是，如果有致命的灾祸——当然确实有这样的灾祸，而且它们能够打乱一个文明的基本组织，那么它们发生得远不如想象的那么频繁。在很多情况下，文明只是陷入沉睡。那些凋谢者通常是最纤美的花朵、最罕见的成果，而深固的根柢则历经摧残和严寒而存留下来。

文明作为无限长时段的现实，不断地使自己适应于命运的变化。

它们的寿命超过其他任何集体现实。它们在空间上超越了特定社会的边界(那些社会永远漂浮在大于它们的世界里,而且它们有时是不知不觉地从中得到各种特殊的推动力)。在时间上也存在着类似的,汤因比所熟知的超越。这种超越留给它们的奇异遗产是任何仅满足于观察和懂得最严格意义上的"现在"的人无法理解的。换言之,文明历经政治、社会、经济甚至意识形态的大变迁而延存,而且它们实际上悄悄地,但有时是非常强劲地支配这类大变迁。法国革命并没有完全打破法国文明的命运。1917 年的俄国革命也是如此。有人将更大范围的俄国命运称为东正教文明。

就文明而言,我不相信有无可救药的社会突变和灾祸。因此我们不要过于匆忙地、过于断然地宣称,如夏尔·瑟诺博司(于 1938 年)在笔者的一次友好讨论中断言的,没有中产阶级就不可能有法国文明。科克托[1](Cocteau)以他的方式表达了同样的意思:"中产阶级是法国最坚实的基础。……支撑着我们国家任何重要工作的是一幢房屋、一盏灯、一碗汤、一把炉火、一杯葡萄酒以及几个烟斗。"和其他文明一样,法国文明能够在紧急关头改变它的社会支撑物,或创造一个新的支撑物。即便它丧失了一个特殊的中产阶级,也会有另外一个冒出来。这种情况至多会改变文明的内在色调,但是它几乎依然保存着相对于其他文明的差异和特点。它会基本上保持它的大多数"品质"和"缺陷"。至少我是这样看的。

同样,对于那些想理解当今世界的、甚至想在其中有所作为的人来说,也需要知道如何辨认当今文明的世界分布图,以便能够确定它们的

---

〔1〕《公鸡和小丑》,载《恢复秩序》("Le Coq et l'Arlequin", in *Le Rappel a l'ordre*, 7th ed.,Paris, 1926, p.17)。

边界、中心、边缘地带，它们的辖区和那里的氛围，以及它们内部存在的、相互联系着的、一般和特殊的“形式”，这是一项“有利可图”的任务。否则，会铸成何等严重的认识错误！在50年或100年间，甚至在两三个世纪里，无论历史的机遇是否一直垂青那些文明（正如经济学家的聪明说法，即其他一切都是平等的，而且显然只要人类并没有在此之际自杀——很不幸，今天人类有这样做的手段），那些文明非常可能在世界地图上占据着差不多原有的位置。

因此，首要的是，我们应该相信世界文明的异质性和多样性，相信它们个性的持久性和生存能力。这就如同今天将一个荣耀地位赋予对获得性反应、不大灵活的态度、顽强的习惯和只有缓慢发展的、古老的和不大有意识的历史加以阐明的癖瘾——根据精神分析法，前面所说的这些是成人行为的基础——的研究。我们甚至应该在做学生时就关注这一点。但是各个民族太喜欢从自己的镜子里看自己而排斥所有其他的民族。实际上，这种宝贵的认识还是太罕见了。这就需要抛开那些只在短期有效的宣传词句，思考一切有关文化联系的严肃问题，需要在一个个文明中寻找尊重和偏爱那些几乎不可能相互归并的不同立场的受欢迎的语言。

法国的地位。昨天的法国恰恰能提供这种受欢迎的语言，今天依然如此。昨天，这种语言对于伊斯兰教世界来说是“近代古希腊文化”（雅克·贝克[Jacques Berque]）。它还会是整个具有特殊魅力的拉丁美洲——这另一个美洲——的教师。无论人们怎么说，在非洲它曾经是而且继续是有效的权威。它提供了唯一通用的对于欧洲的阐释：到波兰或到罗马尼亚的一次旅行足以证明这一点；到莫斯科或到列宁格勒的一次旅行也会如此。如果这个世界不想毁灭自己，通过相互理解而不是挑衅而生存下去,那么我们还将对这个世界有用。在很长的时间里,未来还是我们的机会,或许正是我们存在的理由。尽管目光短浅的政治家会坚持相反的观点。

## 全世界同一和多样的持久性

所有的观察家、所有的旅游者或者兴致勃勃地或者一脸不快地告诉我们,世界的同一性正在加强。我们应该赶在这个世界显得单调一律之前去旅游。从表面上看,人们对这些观点没有任何反应。昨天世界风景如画、五光十色,而今天所有的城市、所有的人民仿佛相差无几。里约热内卢的摩天大楼已有二十多年的历史,莫斯科使人想起芝加哥。到处都有飞机、汽车、轿车、铁路、工厂,地方服装相继在消失。这样说,难道不是置某些相当明显的观察于不顾而犯下一系列相当严重的错误吗?昨天的世界已经有自身的同一性。技术——我们在各地看到的正是技术的外貌和象征——当然仅是人类存在的一个因素。最重要的是,这不是又一次有混淆单数文明和复数文明的危险吗?

地球在不断地缩小,人们比以往更感觉到自己是“在同一屋顶下”(汤因比),不得不设法共同生活。因此人们在某种程度上分享食物、工具,甚至某些共同的偏见。技术的进步使为人服务的手段增加了。单数文明到处提供它的服务、股票以及各种商品,但它并不总是乐善好施。假若我们有一幅大工厂、高炉、发电厂,甚至明天的核电厂的分布图,或者仅仅是一幅现代基本产品的世界消费图,那么很快就会明白,这些财富和工具在世界各地的分布是非常不平均的。地球上既有工业化国家,也有成效不一地改变着自己命运的不发达国家。单数文明并不是平均分布的。它提供了可能性和希望,但也刺激了贪婪和野心。实际上,一门课程开始后,就会有优等生、中等生和不及格的学生。进步使人类各种可能性的扇面展开了，因而也扩大了差异的范围。假若进步停滞了，那么一切都会重新组合。但是，现在还没有这种迹象。坦率地说，只有真正经得起竞争的文明和经济才会在这场竞赛中不落后于形势。

简言之，尽管单数文明很可能膨胀，但是如果我们认为它一旦胜利就会消除复数文明，即总是留在原地而且延续若干世纪之久的真正角色，那就太幼稚了。后者已经加入了进步的竞赛，为了成功肩负起努力的任务，赋予或不赋予进步以某种意义。任何文明都不会拒绝一切新的财产。但每一种文明都赋予它们一个特殊的意义。莫斯科的摩天大楼与芝加哥的不一样。中国的土高炉和高炉与洛林（Lorraine）的高炉以及巴西的米纳斯吉拉斯（Minas Gerais）和沃尔塔雷东达（Volta Redonda）的高炉尽管有某些相似之处，但都不一样。需要考虑整个人的、社会的、政治的甚至神秘的背景。工具组成了既成事实的重要部分，但是工具使用者、所完成的劳动以及劳动时具有的或不具有的献身努力，也都占重要份额。如果我们对世界的这种大规模改造的分量视若无睹的话，那么这是很轻率的。但是这种改造并非处处发生。在所发生之处，它的形式，涉及人群的范围和共鸣很少雷同。这就很能说明为什么技术并不是一切。我敢说，像法国这样一个古老的国家熟知这一事实。单数文明的胜利并不意味着复数文明的灾难。单数与复数进行对话，相互补充，同时相互区别。有时这是很明显的，肉眼即可看出，几乎无须专门考察。我记得有一位阿拉伯汽车司机，他在阿尔及利亚南部的艾格瓦特（Laghouat）和盖尔达耶（Ghardaïa）之间无尽头的空旷道路上驾车奔驰，每到规定的时间，他就停车，让乘客自由活动，而自己则走出几米去做祈祷。

这些以及其他一些形象的说法并不成为一种论证。无论如何，生活往往充满了矛盾:世界在被粗暴地推向同一,但同时它在根本上依然是多样的。过去也是如此:同一和歧异尽可能地共处。我们暂时将这个问题转换一下,看看以往时代的同一。很多研究者就像他们断然肯定今天的同一那样断然否定以往同一的存在。他们认为,由于距离遥远和跨越这些距离的困难,昨天的世界是分裂的。高山、沙漠、浩瀚的大海和连绵的森林,形成如此之多的极其真实的障碍。在这个被隔离的世界上,文明必然是多样的。这是毫无疑问的。但是只要历史学家面向这些逝去的时代,注视整个世界,那么将觉察到如此之多的惊人的相似之处以及远隔千里的节奏之间的类似。比起毛泽东的中国之于法兰西第五共和国,屡罹亚洲战祸的明代中国被认为更近似于瓦卢瓦(Valois)王朝统治下的法国。我们不应忘记,甚至在那个时候技术也是能够传播的。这种例子不胜枚举。但是,技术并不就是同一性的伟大创造者。事实上,人是他无法逃避的限制的囚徒。这些限制因时而异,但是它们从地球的一端到另一端是明显地相同。无论什么时代,正是它们在一切人类经验上留下它们同一的印记。在中世纪甚至晚至16世纪,由于技术、工具和机器的低劣,家禽家畜的稀少,一切活动都要靠人本身,靠人的气力和劳动。那时各地的人都同样稀少、脆弱,生活是同样地贫苦和短暂。因此,一切活动、各种文明都是这样在一个可能性非常有限的范围里展开的。这些禁锢圈定了任何努力,预先遏止了它们,使它们在各个时空中都深刻地相似。时间只是慢慢地设法将这些限制向后推移。

因此,现时代的革命这一根本变动恰恰在冲破这些旧的“封套”和重重禁锢。任什么也不能躲避这一大变动。这就是新的文明,它使一切文明受到考验。

规定了现时代的革命

我们应该就现时代这个词的词义取得一致。我们不应用我们个人生命的尺度，用个体存在代表的日常的、细小的、微不足道的和半透明的每日的片刻来判断这个现实。理解和把握文明以及其他各种集体结构，完全应该使用其他的尺度。今日文明的现实是一个极其广阔的时间区域。它是从 18 世纪初开始的，而它的黄昏还远未降临。将近 1750 年[1]时，这个拥有多种文明的世界经历了一系列的剧变和灾难（这些并不仅仅是西方文明的特权）。今天我们还在受其折磨。

这一革命和反复引起的麻烦不仅仅由于工业革命，而且由于科学革命（迄今影响的仅是客观科学。这意味着世界的倾斜。人文科学依然在试图寻找自己有成效的道路），最后还由于生物学革命。这些革命的原因是多种多样的，但是它们的显著后果总是相同的，即涌现出这个星球上前所未有的人口洪流。在 1400 年，勉强有 3 亿人口，而现在很快将有 30 亿人口。

假若有人敢于谈论历史的运动，那么就应该从这些结合起来的，无所不在的潮流谈起。人的物质力量改良了世界，改良了人，使他与自身分离，并把他推向一个尚未成形的未来。一个习惯于探讨相当晚近时期——譬如 16 世纪——的历史学家还会觉得，从 18 世纪初人类正被运送到一个新的星球。正是当前的空中旅行使我们习惯了关于牢不可破的屏障的错误观念。而这些屏障终究有一天会被打破的。今天这个坚实的屏障是声音的速度和地球引力，后者笼罩着这个世界远至八千公里以外。在 15 世纪末尚未征服的大西洋水域曾是妖魔丛生的屏障。

[1] 疑有误，似应为 1950 年。——译注

现在一切表明,从18世纪至今,人类虽然并不始终有所意识,但已跨越了其中一个险境和屏障。这些屏障甚至今天在世界某些部分依然横亘在路上。由于现代医学创造的奇迹,锡兰才开始熟悉改变了世界的——惊人地延长了人的寿命的——生物学革命。但是与这一革命相随的出生率的下降尚未影响到这个岛屿。那里的出生率依然很高,维持着自然的最大数目。这种现象可以在其他不同的国家如阿尔及利亚看到。中国只是在今天才全面地大规模地开始工业生活,而我们国家则已狂热地投入到工业生活中。

无须说,这个新时代打破了旧的周期和人类的传统习惯。如果说我声明强烈地反对汤因比或斯宾格勒的思想,那么这是因为这些思想固执地把人类带回到古老的、陈旧的、早看见过的时代。若是承认今天的各种文明是在重复印加文明或其他什么文明周期,那么我们首先必须承认无论技术还是经济或人口都与文明没有任何重大的关系。

实际上人在改变自己的面貌。单数文明、复数文明,我们的一切活动,无论物质的,还是精神的或是理智的,都因此受到影响。谁能预见到明天人的工作、奇异的伴侣以及闲暇会是什么样子?夹在传统、意识形态和理性之间的宗教会是什么样子?谁能预见到除了现在的公式外,明天的客观科学学说会向什么方向发展?今天还在襁褓中的人文科学会呈现什么面貌?

### 对各种文明的超越

广阔的现实尚在形成之中,因而有一种巨大的"扩散"在起作用。它不仅滋扰着文明之间曾经存在的平静而古老的关系,而且滋扰着每一文明的内部关系。我们称这种扩散为我们的文明向全世界的辐射,并引为骄傲。如果有谁想相信这些专家说的话,那就是说,新几内亚中部的土著部落或喜马拉雅山东麓的居民几乎是仅有的没受到这一辐射的人。但是，即便西方曾是这一系列扩散的煽动者，很显然的是，现在这些扩散已脱离开西方。这些正在进行的革命已与我们没有关系了。它们掀起一种潮流，使这个基本文明过分地扩大。现时代的特点首先在于这种文明的膨胀，以及似乎是单数对复数的报复。这一报复的结局尚难预测。

看来如此。正如我早已说过的，这是因为如果说这个新的桎梏或者说新的解放，归根结底，这个冲突的新泉源和这种适应的必要性影响了整个世界的话，那么引发的运动是多种多样的。很容易想象，突然引进的技术及其引起的一切加速运动必然在各个文明的内部规则里，在各自的物质和精神领域里造成大变动。但这个规则并不明确，它以文明而异，每一个文明也因它而异，每一个文明在面对这一规则时，不由自主地受限于古老而且牢固的现实——因为现实就是它的结构本身，每一个文明都被置于一个独特的位置上。正是由于古老的"态度"与新的"必要性"之间的冲突或和谐，每一民族每日在铸造着自己的命运、自己的"现实"。

哪些文明能够驯服、制服机器和社会技术呢？所谓的社会技术是卡尔·曼海姆于1943年就敢于做出的明确的、睿智的，但也有点悲伤的预言中谈到的：社会技术因民众的统治而成为必要，并且是由民众的统治引发的，但是它也很危险地增加了人对人进行统治的权力。这种技术将会有利于少数技术官僚，还是有利于一切人，进而有利于自由？复数文明和单数文明在各条战线以各种名义进行着激烈但盲目的斗争。这是一个征服单数文明、疏导它和强加给它一个新的人本主义的问题。在这个新的战斗中，这并不是用一个资产阶级取代一个贵族阶级，或者用一个几乎全新的资产阶级取代一个旧的资产阶级，或者用一个审慎而忧郁的帝国或总是诉诸某种统一的意识形态的宗教取代令人难以容忍的民族的问题。在这个史无前例的斗争中,很多文化结构会同时裂开。这种骚动渗透到深层,触及了一切文明,即触及最古老的和最灿烂辉煌的文明——它们在历史上留下了痕迹,也触及了最朴素、恬静的文明。

从这一观点看,毫无疑问,最令人兴奋的现代景观是新大西洋和旧印度洋之间的黑色非洲这一广袤大陆的“处于转变中”的那些文化,即古老的撒哈拉以及南部的赤道丛林的原始人群。这些文明是巴格比所谓的“文化”。附带地说,这就是为什么无论斯宾格勒还是汤因比、阿尔弗雷德·韦伯、费利克斯·萨尔蒂奥(Félix Sartiaux)以及菲利普·巴格比本人都没有为我们论及它们的原因。所谓“真正的”文明的世界是倾向于排斥它们的。若是将一切都与扩散联系起来看,黑色非洲与埃及和地中海的古代关系就没有建立起来。通向印度洋有高山阻隔。至于大西洋,在很长时间里它是无意义的。自 15 世纪以来,大部分非洲不得不向它偏斜,从它那里既得到恩惠也承受了邪恶。但是今天黑色非洲的有些方面变化了:顷刻之间,机器闯入了,教育兴办起来了,真正的城市猛增,过去和今天的努力有了收获,西方化虽然还没有渗入骨髓,但在那里打开很大的缺口。诸如马塞尔·格里奥勒(Marcel Griaule)那样的钟情于黑色非洲研究的人种志学者对此耳熟能详。不过,黑色非洲已经开始意识到自身,意识到自己的行为和潜力。这种转变的条件,它的痛苦代价和它所带来的欢悦,这些是人们到了那里就会了解的。实际上,假若我有必要力求更清楚地了解这些文化的艰难演变的话,那么我会动身到黑色非洲去,而不是选择拜占庭的末日作为我的战场。我对此热情高涨。

走向现代人本主义。对于我们中间的某些人来说,文化和文明这两个词似乎显得越来越没有价值。那么,今天我们需要除此之外的第三个新词吗？正如18世纪中期的人们一样,处于20世纪中期的我们对于一个能使人避免可能的危险和灾难以及我们全部执着的希望的新词有一种潜在的需要。乔治·弗里德曼(Georges Friedmann)以及一些人推荐现代人本主义(humanisme moderne)这个术语。如果人类不想被迫去消遣娱乐,那么人类、文明就应该抑制对机器,甚至对一切机械、自动化的需求。人本主义是一个希望的方式,它希望四海之内皆兄弟,希望各个考虑自身的同时也顾及大家的文明能够得救并且拯救我们。这就意味着承认和希冀现实的一切门户都应该向未来敞开,而超越怪异的预言家们(他们都出自阴沉的文献)所预言的失败、没落和灾难。现时代不可能是昔日悲剧层出不穷的一切世代所视为障碍的边界,而是自有人类以来,人类的希望所不停地跨过的边界。

# 附　录　布罗代尔:作为"局势中的人"的历史学家*

沃勒斯坦(Immanuel Wallerstein)

根据《年鉴》的传统,一切历史著述都应该将"历史"组织成"问题"。因此,评价布罗代尔及其历史学也必须从问题开始:我们怎样才能估量他以及《年鉴》学派在反对法国(和世界)的正统意识形态方面的成功?我们怎样才能估量这一事实,即这种成功导致一种新的正统的创立,而布罗代尔既统治着这一正统又与之进行着斗争?

《年鉴》教导我们,应该用思想史而不是用纯历史(即用分析史而不是用编年史)回答问题。因此我将用布罗代尔提出的三种社会时段来组织我所做的回答。这三种时段是:结构(Structure)、局势(conjoncture)和事件(event)。我将试着谨记:甚至在传记中,事件也不过是"尘埃",只有结构和局势的结合才能给出最终的解释。我还将试着谨记:无限的长时段(即永恒的无历史的时段)不可能是真实的,我应尽量避免求助于这种时段。布罗代尔的主要著作《地中海》一书处理这三种时段的顺序是:结构、局势和事件。但是我认为,这是该书的一个严重

---

* 译自《激进历史评论》第26期,1982年。

错误。如果布罗代尔先考虑事件，再考虑结构，最后以局势做总结，那么该书的说服力就会大大增加。因此，我在此将依照更改后的顺序，先从布罗代尔一生中的事件谈起。

布罗代尔于1902年出生在法国东部的一个小村庄里。他自述他有“农民的血统”。但是，他的父亲是一名数学教师（这一点可以解释为什么他与同辈中的大多数历史学家不同，从不讨厌精确的数字和计算）。不过，他对于农业生产类型一贯怀有兴趣，这似乎反映了他的“农民血统”。他提醒我们，他（以及《年鉴》学派的其他人）来自“与德国毗邻”的地区。正因为如此，他一贯对德国学术颇感兴趣，甚至五年的战俘营生活似乎也没有消磨掉这种兴趣。无论出于何种原因，德国的史学思想确实对布罗代尔和《年鉴》有很大的影响。当然这里所说的德国是施莫勒（Gustav von Schmoller）的德国，而不是兰克的德国，是发出抗议的德国，而不是发号施令的德国。最后，他“热爱地中海，或许因为我是北方人。……”这纯粹是诗吗？但这也可能反映了渴望飞出他的外省故乡的心理。这决定了他的历史想象力。

在布罗代尔取得中学教师资格以后，很幸运的是，他的第一个主要职位是在阿尔及利亚。他在那里生活了十年之久。正是立足于阿尔及尔的一个地方，他关于西班牙菲利普二世的外交史的研究才会发展成对地中海的更宏大的研究。这是一种很不同的对地中海的研究，即把它作为一个物理—空间场所，在其中可以看到16世纪的各种局势。正是在阿尔及利亚，布罗代尔发展了有关西班牙或许还有欧洲的与众不同的见解。他在阿尔及利亚度过十几年以后，又在巴西度过了几年。这恰恰加强了他站在欧洲之外观察欧洲整体的能力。当他从巴西归国时，他很幸运地与《年鉴》的一位创始人吕西安·费弗尔搭乘同一艘较小的轮船。他的生涯因而大大地改变了。他与费弗尔的同船旅伴关系很快地变成了友谊,而且使他返回巴黎,与《年鉴》学派建立了直接的组织联系。费弗尔还大胆地建议他将论文的重点从菲利普二世转到地中海。

1940 年法国战败,布罗代尔成为一名被俘军官。整个战争期间,他被囚禁在德国的军事监狱里,最后被关在了吕贝克。即便在那里,他也是一位领导人。监狱变得有某些优越之处。布罗代尔有时间写他的论文了。诚然,他既无笔记又无档案。但是费弗尔寄给他书,他则将手稿断断续续地寄给费弗尔审阅。若干年后,有一位意大利历史学家在得知布罗代尔是在狱中撰写的《地中海》后,宣称难怪他一直认为这是一部"沉思录"。总之,布罗代尔本人告诉我们战俘营的生活如何影响他写作:"我不得不超越、抛弃和拒绝面对事件。让偶然事件,尤其是令人恼火的事件见鬼去吧!我只能考虑在一个更深的层面写历史。"

战后,布罗代尔经历了和他的老师吕西安·费弗尔同样的命运,被巴黎大学拒之门外,但被提名入选法兰西公学。后者是没有学术权力的荣誉。但这也是一种幸运。因为这意味着无论是费弗尔还是布罗代尔都必须在巴黎大学之外为自己的工作建立可靠的组织基地。这个基地便设立在法国高等研究实践学院的第六部里。第六部自 19 世纪的 70 年代便被批准建立,但一直要到 1948 年才在费弗尔和布罗代尔的努力下发挥作用。第六部办得生气勃勃。于是在 1963 年布罗代尔建立了一个附属机构——"人文之家"(Maison des Sciences de l'Homme)。1968 年五月骚动发生时,布罗代尔和《年鉴》多少有些吃惊地发现,他们也被视为正统机构。布罗代尔相当成功地度过了那几个月的危机。但是,此后不久,他便退出构成他的"正统机构"的三个组织中的两个。他于 1969 年将《年鉴》编辑权让给了"新"(即后布罗代尔)《年鉴》。

他于1970年辞去了第六部主任之职。第六部不久便被改造成一所新大学——法国社会科学高等研究院。因为只保留了人文之家主任职务，布罗代尔也就与“新”《年鉴》和社会科学高等研究院里的“碎片化趋势”(émiettement)无关了。

难道上述这些转折点都仅仅是幸运吗？当然不是。但是可以肯定，布罗代尔是一个每次都能够抓住机遇的人。仅凭幸运是不可能成为社会科学方面的世界性名人的。但是，抓住机遇不仅需要有去抓的意愿，而且还要有可以抓的机遇。可以抓的机遇是在局势里面。而为了估价局势，我们必须把局势放在结构里来考虑。因此我们先考虑结构，再考虑局势。

1600年至1750年欧洲国际经济的长期“停滞”导致经济角色发生重要的地理转移。荷兰霸权结束后，接踵而来的是自1689年开始的第二次英法百年战争。当时英法争夺对已经联结完整的世界贸易网的控制。这一贸易网联系着前所未有的紧密联系的生产过程。如果说1763年英国赢得了与法国的这场竞争，那么也可以说，直到1815年法国才承认失败。一旦像在1815年那样，英国在经济、军事和政治方面的霸权得以确立，便产生了在文化和意识形态领域里强化和论证这一霸权的动力。于是，在19世纪中叶，“普遍化—专门化思想”(姑且名之)便大奏凯歌。当然，这种思想有各种表现形式，但是任何一种形式的核心都是由两个前提论点组成的。一个是，认识起源于特殊而结束于抽象。这是“普遍化思想”(Universalizing Thought)。另一个是，知识不同领域(sectors)的独立、并行的发展反映了现实世界的独立、并行的进程。这是“专门化思想”(Sectorializing Thought)。

“普遍化思想”有两种主要形式。它们貌似对立，但实际上其结构却是相似。一种认为，从对经验现实的描述开始，可以通过归纳形成抽象的法则,这种法则是放之四海而皆准的真理。这种认识成为现代社会科学的意识形态。(它也成为现代物理学和生物科学的意识形态。不过对此暂且不必讨论。)19 世纪,英国是这种意识形态的大本营。这很合乎情理。因为当时英国正在统一所有重要的世界组织的网络。

第二种"普遍化思想"也从对经验现实的描述开始,但就此止步。它不无理由地否认超出这些描述的可能性。在此,"普遍化"意味着一切特殊的事物都是平等的,不存在任何外生的结构差异。这种态度成为现代多数历史学家(以及一部分人类学家)的意识形态。19 世纪,这种意识形态的大本营在德国,其代表人物是兰克。它要求写历史必须"一如其实际发生的情况"(wie es eigentlich gewesen ist)。这种地理位置是恰如其分的。不能独立的思想是处于世界中心之外的,但是它需要在一个强大的半边缘国家设立有组织的基地来支持它的兴盛。在 19 世纪后期,甚至在 20 世纪,这两种"普遍化思想"的信奉者曾经展开大辩论,争论焦点是法则研究和个案研究孰为根本。但是这一争论实际上是一场文字游戏。

第二个前提论点是,知识可以专门化并且并行不悖。这种论点导致产生了社会科学里面的各种所谓的"学科"。如果说在 18 世纪,哲学、道德经济学、政治经济学都是包容性的重叠的描述辞汇(即都是知识整体的部分),那么到了 20 世纪,不仅"历史学"变得与"社会科学"全然不同,而且"社会科学"也至少分成五个独立的学科:人类学、经济学、地理学、政治学和社会学。这种分立不仅仅是思想上的,而且也是组织上的。这种分立获得了"普遍化思想"的论证。因为我们曾经寻找普遍性法则,所以我们必须找到那些与现实世界各个部门相符的法则。那些法则虽然可能在形式上彼此相似但实则各不相同。那些主张个案研究的人只不过将这种意见修改成因为普遍性法则是不可能成立的,所以我们必须将我们的描述局限于直接知识的领域。这样做不仅可以获得“专门化”知识,而且可以使各个“学科”,尤其是历史学和人种志实现高度专业化。

英国霸权的受益者究竟从这种理论中得到了什么好处是显而易见的。人们对“普遍化思想”产生了一种平庸的理解(虽然平庸但很有影响),即英国的道路是一种普遍道路的模式。这种观点有两层含义:一是英国人享受到的好处是他们挣来的;二是如果其他人想获得类似的好处,那么他们必须仿效英国人。这种“辉格派历史观”曾极其流行,甚至在那些被这种历史观含蓄地贬斥的人中间也很流行。这种意识形态既令人慰藉又很有效力,因此当20世纪美国继承了英国的霸权地位后,美国学者就全盘接受了这种意识形态。

至于“专门化思想”,它的目的是否定性的。它不允许考虑真实的历史的世界的整体和估价这一世界的辩证运动。在这方面,它使得任何人都更加难于构想支撑着世界体系的基础结构,因而也难于组织起来去改变这些结构。

虽然困难,但并非无望。实际上曾经有三种对抗“普遍化—专门化”思想的重要思潮发展起来。第一种是“国家学说”(Staatswissenschaften)。它发源于德国,产生于从李斯特到施莫勒的时代。实际上,它的内容很简单:自由主义的、自由贸易的英国并不是其他一切国家能够或必须仿效的模式。世界各地的不同社会类型是不同历史的发展结果。这必然导致不同的制度化结构,从而也决定了当代社会进程的差异。

这种思想被称为“国家学说”是为了强调国家结构在近代世界中的中心地位。对于“国家学说”不言而喻的是,国家实际上是世界经济中的无霸权地区对抗中心地区(当时主要指英国)的经济、政治和文化统治的主要防卫机构。这种思想的倡导者力图确认既是民族的也是结构上的特征,因而也抨击两种形式的"普遍化思想"。它所使用的两个主要术语——国家经济学(Nationalokonomie,通常译为"国民经济学")和民族经济学(Volkswirtschaft)——就表明了它的关心所在。

围绕这一学派展开的重大思想论战比在很大程度上华而不实的法则研究与个案研究的争论要深刻得多。这一论战被称为"方法之争"(Methodenstreit)并非偶然。1870 年奥匈帝国首相办公室里的一位公务员卡尔·约瑟夫·门格尔(Carl Joseph Menger)在这一论战中与以施莫勒为首的德国历史学派较量。奥地利人将他们的赌注压在英国人一方来反对普鲁士人,一如他们在奥地利王位继承战争中所做的那样。从根本上讲,门格尔是出于同样的理由来捍卫"普遍化"思想和反对德国学术界对这些思想的公然践踏。

第二种对抗思潮诞生得稍微晚些。我们称之为《年鉴》学派。法国历史学成为现代意义上的"学科"是自 1876 年《历史评论》创刊之日起。这份杂志完全有意识地遵循兰克的模式,将注意力集中于经验资料、原始资料以及政治和外交史。后来,费弗尔形容它是"1870 年的战败者写的历史",它对外交史的偏爱反映了这样一种情绪:"若是我们仔细研究过外交史,我们就不会有今天这个下场!"如果说加布里埃尔·莫诺德(Gabriel Monod)和埃米尔·布尔茹瓦(Emile Bourgeois)是从兰克那里获得了历史学模式,那么 1929 年吕西安·费弗尔和马克·布洛赫则几乎是直接将施莫勒学派的德国权威杂志的名称《社会—经济史季刊》(*Vieteljahrschrift fur Sozial-und Wirtschaftsgeschichte*)迻译过来,为他们的新杂志取名为《经济—社会史年鉴》。当然,"《年鉴》传统"早于创办该杂志的 1929 年,一般认为可以追溯到亨利·贝尔和《历史综合评论》。

《年鉴》学派主张“总体观念”(holism),不赞成“支离破碎的思想”,即主张研究经济和社会根源、长时段、“总体的人”(global man),而不赞成研究政治假象、事件(événementielle)和“片面的人”(fractional man)。它对“普遍化思想”的抨击集中于法国流行的个案研究上。它主张研究定量的趋向,而不赞成编年叙述,鼓吹将历史学与“社会科学”结合起来,而不赞成历史独一无二性的信念,鼓吹结构历史(histoire structurelle),而不赞成唯历史的历史(histoirie historisante)。尽管《年鉴》对于“普遍化思想”的法则研究形式抨击较少,但是它认为这种形式与个案研究同样不正当。这一点可以从布罗代尔对列维-斯特劳斯的多次批评中看出来。

从《年鉴》学派的所作所为中可以看出,在其造反思想中民族主义占有很大的比重。正是这一点支持着它,最终使它兴盛起来。这种情绪是真实的,而且毫无忌惮地表达出来。据此可以理解为什么《年鉴》的国际主义冲动流泻在法国特有的文化渠道里,也可以理解为什么《年鉴》的重要人物迄今都是法国人。(对于“国家学说”也可以说类似的话。)民族主义作为一种知识动机通常并不受人尊敬,但是对于文化民族主义的否定态度本身也是世界体系内的支配势力的文化统治的一部分。《年鉴》学派的民族主义激发了一种潜藏的热情,因而使它能够长期成为反体系的抵抗运动的一个场所。

第三个重要的抵抗学派是马克思主义。它是在学院之外,在工人阶级反体系(反资本主义)运动之中诞生和壮大的(至少十年前是这样)。马克思从一开始就抨击“普遍化思想”的一个基本哲学前提,即人性的概念。他认为,人的行为是社会的而不是个人的,是有历史根源的而不是超历史的,但依然可以做结构分析——“一切历史都是阶级斗争的历史”。至于“专门化思想”,马克思主义者认为这些见解恰是资产阶级思想的精义,必须用无产阶级的真正总体思想加以克服。

这三种抵抗学派——国家学说、《年鉴》和马克思主义——有某些共同的假定。这些假定来自它们对于普遍化—专门化思想的共同批判。但是,很自然的是,它们在组织方面几乎完全是分立的。在某种意义上,《年鉴》的早期人物吸收了国家科学的传统,但在他们的著述中从不强调这一点。后来的《年鉴》学者们是否读过施莫勒的著作也是大可怀疑的。至于马克思主义,因为它处于学院之外,所以它可能与另外两个真正的学院思想流派毫无组织联系。在20世纪初,国家学说的传人与马克思主义展开重大论战;在法国,至少到第二次世界大战,《年鉴》和马克思主义者几乎老死不相往来。

第二次世界大战结束后,无论在德国还是在其他地方,国家学说作为一个思想派别实际上已不复存在。它已经走完了它的历程。但是《年鉴》刚刚达到它的顶点,马克思主义作为一种思想观念正在进入一个新阶段。我们应该将布罗代尔的著作及其影响放在从1945年至1967/1973年这个特殊的局势里考察。

在1945年以前,《年鉴》曾经有过伟大的思想,也产生过伟大的著作,但它实际上还是一个微不足道的思想力量。《年鉴》的订户不过数以百计,而且大部分在法国。从1945年到1968年,《年鉴》获得了世界性的声誉(虽然迟至70年代才真正蜚声英语世界)。正是在这四分之一世纪里,虽说不是在世界各地,但也是在很多国家,马克思主义和《年鉴》学派"通过经济史而具有奇妙的影响"。1968年以后,《年鉴》成为一个"正统机构";出现了"碎片化现象"(至少某些人这样看);内部产生了怀疑:"还有一个《年鉴》学派吗?"

那么,在1945年至1967/1978年这段时间里,是什么情况使《年鉴》流星般腾空而起,并且与马克思主义一道产生"奇妙的影响"呢?

在这里面，布罗代尔扮演了一个什么样的角色呢？众所周知，虽然盟军赢得了第二次世界大战，但是法国曾经遭受被德国人打败的耻辱，在维希建立过合作者的政权。抵抗运动和戴高乐将军的自由法国力量的功勋没有得到足够的评价，因为美国和英国对这些力量在夺取胜利中的作用的实际重要性没有特别的印象。美国和英国把法国看作一个“饱受苦难的大国”，法国也这样看待自己。这就意味着从此它必须为自己在这个世界上的地位进行斗争。

同时，战后几年是冷战时期和最僵硬的斯大林主义的巅峰时期。因此，颂扬对抗美国的法国民族主义的那些势力也反对苏联的对外政策。这种两难之境使得法国一些人寻找表达“第三种力量”立场的方式：既反对苏联，但也不导致直接从属于美国。法国国内的很多政治辩论都起源于平衡的重心应放在何处这一问题。最容易实现既非盎格鲁-撒克逊又非苏维埃的领域之一可能就是文化和观念领域。

在这种背景下，《年鉴》学派的存在便为这种情绪提供了一个极其便利的集中点。它是一个抵抗盎格鲁-撒克逊霸权的学派，同时显然与法国共产党无关（虽然分析起来它的观点与古典马克思主义的某些观点有关联）。因此，毫不奇怪，“大学里的所有年轻人都转向《年鉴》式的历史”。当然，《年鉴》历史观并不是大学生唯一瞩目的意识形态，存在主义也很流行，但究其原因则是相同的。然而，如果说《年鉴》学派蒸蒸日上，而存在主义日渐消退，那么其原因在于费弗尔和布罗代尔聪明地建立了持久的制度化结构来维持《年鉴》学派，即第六部和人文之家。他们之所以能够创建这样的结构，原因在于他们的思想立场在高级官员和内阁部长中得到了共鸣。那些人最终提供了资金和政治支持。如果存在主义者也试着做的话，他们或许也能获得同样的效果。但这只有天晓得了。

此时,世界马克思主义正处于争论时期。在 1923 年至 1956 年的斯大林时代,除去其他不说,马克思主义理论在苏联逐渐地变成一套为一种特殊的政党国家(party-state)服务的简单化教条。其结果是在苏联和其他各地本土化了几乎所有的有原创性的马克思主义学术:要么成为一个斯大林主义者(或托洛茨基主义者——托洛茨基主义变成了反对派的教条),要么缄口不谈本土化马克思主义。毫无疑问,这一时期也有少量的有价值的著作,但总的形势是理论成果不多。在那些具有虽然有限但很强大的马克思主义学术传统的西方国家里,即在法国、意大利以及某种程度上在英国,世界马克思主义学术的这种争论引起某些人的特别关注。因而至少在这些国家里有某些马克思主义学者寻求既不与现存的马克思主义政治运动公开决裂又能结束这种争论不休的方式。

因而这种"奇妙的影响"便不难理解了。布罗代尔于 1957 年写道:"马克思主义是所有模式的集大成。萨特以特殊性和个性的名义来反对这种综合模式的僵化、根本形式和不充分。我也会与他并肩造反,但不是反对这种模式,而是反对长期以来人们对它的自以为是的使用。马克思的天才及其影响的持久性的秘密在于他第一个在历史的长时段的基础上构造了真正的社会模式。但是,这些模式由于被赋予放之四海而皆准的法则效力和被当作现成的自动的解释而停留在简单的形式上。反之,假若它们被放回到生生不息的时间川流中,它们便会不断地再现出来,但是重点会有变化。由于存在着其他法则和其他模式所限定的结构,因而它们有时会变得模糊,有时则变得鲜明。在这方面,这一上个世纪最有效的社会分析方法的潜力一直受到阻遏。……难道还需要我补充说,当代马克思主义不正是反映了任何致力于纯粹的模式,为模式而模式的社会科学所面临的危险吗?"

这样，如果说不是在政治上，那么也是在思想上伸出合作之手——《年鉴》“不疏远马克思主义”。这种合作的邀请是向一切关怀真正的经验世界，关怀结构和局势，愿意与《年鉴》合作的马克思主义者发出的。

那些没有成为斯大林主义者或托洛茨基主义者——无论是脱党分子，还是现行党员或是无党派人士——或者含蓄地、或者公开地响应了这一邀请。霍布斯鲍姆（Hobsbawm）在谈到英国的马克思主义者时说道：“一般而言，（他们）认为自己是站在《年鉴》一边战斗的。”这种响应在波兰和匈牙利特别强烈。当时，在那些国家里做一名非斯大林主义者尤其困难。但是在魁北克，这种响应也很强烈，因为当时在魁北克自称任何形式的马克思主义者也同样困难。

而在西方主要国家——法国、英国和意大利，马克思主义者的反响是不同的。有些人感到这种影响很亲切；另一些人则感觉不舒服而加以拒绝。最孤立的英国马克思主义者则最积极地做出响应。意大利马克思主义者具有克罗齐的非经验主义传统（这就使得《年鉴》不那么令人感到亲切），而且有能力利用葛兰西（Gramsci）的思想而成为合法的非教条主义者（这就使得与《年鉴》的联系不那么必要），所以他们的反响最微弱。法国马克思主义者的反响是各式各样的。皮埃尔·维拉（Pierre Vilar）可以被视为一名《年鉴》派分子，但阿尔贝·索布尔（Albert Soboul）则不是。法国共产党本身从对《年鉴》的敌视转变为低调的怀疑。此外，至少在1967年以前，在冷战的两个策源地，即美国和苏联，以及在两个意识形态方面依附性最强的国家，即联邦德国和民主德国，这种“奇妙的影响”毫不存在。一旦缓和局面确立，变化就会发生。但即便这时，《年鉴》也花费了很长的时间才取得“公民权”。

1945—1967年的局势至少在世界体系的某些地区是对《年鉴》有

利的。这种局势对于布罗代尔所强调的重点也是有利的,即强调经济史而不是社会史,强调所谓"近代早期"(early modern period)历史,强调分析多种社会时段的历史,强调"并不疏远马克思主义"的史学方法。

1967 年前后局势多少有些变化。譬如,A 阶段(经济扩张)结束了,B 阶段(经济停滞)开始了。这种转变总会引起世界的各种经济变化和政治变化。1968 年的世界政治危机就是这种转变的一种表现。这些危机在法国表现为五月事件这种极其尖锐的形式。在 B 阶段,一个"新"《年鉴》开始形成,一种"新"马克思主义开始出现,而"奇妙的影响"在某种程度上受到顿挫。

"新"《年鉴》在某种意义上并不完全是新的。它继承了《年鉴》的传统兴趣,而将这些兴趣向前推进。《年鉴》以往一直强调系统资料的重要性。现在这种兴趣越来越接近于美国的计量"社会"史学中新的学术潮流。后者是一种新实证主义,倾向于采用结构—功能社会学的方法来处理历史资料。

《年鉴》以往一直强调分析社会总体的重要性。现在这种兴趣越来越接近于结构人类学及其对日常社会互动作用的传统结构的详细分析。但是结构人类学在很长时间里即便不是反历史的也是非历史的。《年鉴》以往一直强调理解心态(mentalites)的重要性。所谓心态是指特定人群在特定时间所共同具有的一套思想方式。现在这种兴趣越来越接近于正在兴起的心理历史学。心理历史学的方法倾向于减少对长时间的经济和社会结构的注意,而将个人作为分析单位,提倡一种新的复杂的传记。

在所有这些方面,"新"《年鉴》都发现在有关世界体系的文化论战中自己已不再具有与众不同的思想立场。《年鉴》本来是一个反体系的思想派别。某些马克思主义者也是将它作为反现行体系的盾牌(无论在波兰还是在魁北克,使用它的动机都是如此)。而它正在变成一种使流行的世界观越来越感到亲切的思想体系。某些反马克思主义者可以用它作为拥护现行体系的盾牌。

在“新”马克思主义里发生的情况则全然不同。1953年斯大林去逝。但斯大林主义时代并没有结束。它的结束是在1956年,其时赫鲁晓夫在党的第二十次大会上做了秘密报告。官方的揭露打破了斯大林主义的硬壳,而且使它不可能再恢复原状。继之而来的是苏联和中国之间关系的破裂、中国“文化大革命”、毛泽东的去逝以及邓小平的重新上台。

在西方国家里,新左派兴起,其高峰是1968年学生起义及以后几年。从思想观点和组织形式看,新左派本来应该是暂时的现象。但是,正是这一运动而不是其他事物结束了一些重要国家,如美国、联邦德国和英国的自由主义思想的无可置疑且盲目乐观的统治。冷战不再受欢迎了,左派也合法了。马克思主义第一次在某种程度上进入这些国家的大学,成为合法谈论的对象。

一方面,马克思主义学派多如牛毛。不再只有一种马克思主义(甚至不再有两种马克思主义,即斯大林主义和托洛茨基主义),无数的马克思主义在争奇斗艳。另一方面,非僵化的马克思主义者不再需要盾牌或《年鉴》之类的帮助。他们可以从事自己的事业了。既然有了很多种《年鉴》和很多种马克思主义,在这种形势下再谈“影响”或“分歧”还有什么意义呢?对前一时期的局势的种种概括也就不那么适用了。

既然目前的局势还在发展,那么《年鉴》和马克思主义会发生什么情况呢?《年鉴》会复兴吗?我不敢断言。即便它复兴了,我也不敢断言除了在形式上延续费弗尔和布洛赫的《年鉴》,尤其是延续布罗代尔的《年鉴》之外,还会有什么。如果我们现在能够说国家学说曾经有过辉煌的岁月,那么今后20年间就不会有人对《年鉴》做出同样的评论吗?或许会有人这样做的。但是,我们是否应对此感到惋惜呢?像国家学说和《年鉴》这样的思想运动是有偏向性(partial)和宗派性(partisan)的。它们所回答的问题是现实的,常常是局势性的,而不是结构性的。因此,当局势消逝后,保留其名称就没有太大的意义了。固守名称往往破坏美好的回忆。

马克思主义的情况不同。它被设计成一种有关结构的而不是有关局势的意识形态。它宣称是资本主义世界经济中一切反体系力量的意识形态,是世界从资本主义转变为社会主义的意识形态。看来这种宣言正在实现。随着反体系政治力量的发展,马克思主义作为一种意识形态也在传播。很可能,在不久的一天,我们会发现马克思主义突然成为资本主义晚期的统一的世界观(Weltanschaung)和接替资本主义的体系。

如果发生了这种情况——而且可能很快会发生,那时就会有真正的"散伙现象"。因为如果所有的人(或者说,几乎所有的人)都是马克思主义者,他们还会是什么呢?将会出现左、中、右的马克思主义者。现在已有这种情况。将会出现决定论的和意志论的马克思主义者。现在已有这种情况。将会出现经验论的和理性论的马克思主义者。现在已有这种情况。将会出现"普遍化—专门化"马克思主义者和反抗的马克思主义者。现在也已经有这种情况。在下一个世纪里,政治转变的动乱将表现出思想大混乱。无疑,马克思主义作为一种思想方式的过早胜利将对此负有很大的责任。如果那时真是这样的话,则于《年鉴》学派作为一种反抗学派的记忆,将有助于保持马克思主义者中反抗的马克思主义。

总之，布罗代尔这位历史学家是作为一个局势中的人出现的。这一局势完全与他成为思想上和组织上的一代宗师的时期相吻合。他在很大程度上使反抗传统在一种不利的局势中得以延续。在这方面他所做的是强调了某些思想主题，创建了某些组织架构。与此相关的是，他也促使人们考虑对历史上的社会科学的前提重新进行评估。这种评估在今后一段时间里可能像在 1815 年至 1873 年那段时间所做的重新评估一样是非常重要的。但是，更重要的是，布罗代尔提供了一个追求真理、关怀人类的范例。我们基本上可以仿效这一范例，学会在危难之时如何保持正直完整的人格。

# 人名索引

D



E



F

**G**



**H**

I



J



K



L

**M**

**N**



**O**



**P**



**Q**

## R



## S

**W**



**Z**